MARRIAGE & FAMILY

결혼과 가족

윤명길 저

양 성 원

머리말

사람은 가정을 이루면서 친밀한 관계를 맺기를 원하고 사랑받고 존중받기를 원한다. 가정은 인간이 태어나 처음 사회적 관계를 습득하는 곳이며, 인생 초기 양육자와의 관계를 통해 신뢰감과 불신감을 형성하게 되는 곳이기 때문이다.

양육자와의 관계에서 애착을 잘 형성하게 되면 세상에 대해 신뢰성을 가지게 되며, 불안정 애착을 형성하게 되면 세상에 대한 불신을 가지게 되고 이 불신감은 성인이 되어서도 많은 영향력을 미치게 된다.

결혼과 가족 책을 발간하며 저자는 공통적으로 이러한 마음이 들었다. 가정과 사회는 서로가 떼려야 뗄 수 없는 불가분의 관계에 놓여 있으며 가정이 살아야 사회가 살고 사회가 건강해야 가정이 건강하다는 생각이다.

결혼은 각각 다른 환경에서 다른 문화를 경험하면서 성장하게 된 두 사람이 만나 결혼이라는 관습과 법률에 따라 부부관계를 맺는 것이다.

오늘날에는 관습과 법률의 강제성을 띠기보다는 개인의 자유 선택의 문제가 되고 있기도 하다. 둘이 만나 하나의 가정을 이룬다는 것은 어찌 보면 쉬울 수도, 쉽지 않을 수도 있다. 가정생활을 하다 보면 가족 간에 문제가 없는 가정은 하나도 없을 것이다. 크고 작은 문제들이 언제나 존재하고 이 문제들을 어떻게 대응하고 해결해 나가느냐의 경험은 가족들에게 영향을 미치게 된다. 벽에 작고 미세한 금이 가 있다고 가정 해보자. 처음은 임시방편으로 살짝 가릴 수 있다. 그러나 시간이 가게 되면 이 금은 점점 벌어지게 되고 나중은 큰 공사를 통해 보수해야지만 생활하는 데 문제가 없을 것이다.

한편으로 가족 간에 문제가 발생했을 때 문제를 회피하고 방관하기보다 부부가 함께 문제를 놓고 충분한 대화를 나누고 어떻게 대응하고 해결할 것인지 협력하는 자세가 필요하다. 하나하나의 문제를 해결하다 보면 부부가 함께 성장하고 더욱더 친밀해지고 든든한 가정을 이뤄 나갈 수 있을 것이다.

가정의 기초를 바로 세울 때 이 기초를 발판으로 든든한 가정을 세워 나갈 수 있을 것이다. 서로 다른 환경과 상호작용하며 살아온 각각의 인격체가 가정을 이뤄 하나의 가정이라는 정원을 가꿔 나가는 데는 협력이 필요하다. 자녀라는 새싹이 잘 자라도록 적합한 환경을 제공하고 좋은 열매들이 맺어질 수 있도록 주변의 잡초들을 뽑아 주고 관리하고 그 열매들을 통해 온 가족 구성원들이 성취감과 행복감을 맛보도록 하는 것은 혼자 하는 일이 아니라 함께 아름다운 정원을 가꾸어 가도록 하는 노력이 필요하다. 이 책을 통해 많은 것들을 담아내지는 못 했지만 결혼과 가족이라는 한 프레임으로 도움이 되었으면 한다.

마지막으로 출판을 맡아 수고해 주신 양성원의 노고에 진심으로 감사드린다.

2021년 1월
눈 부신 햇살이 비치는 오후에

차 례

chapter 05 결혼전 동거(cohabitation) / 107

chapter 06 결혼을 생각하기 / 117

chapter 07 배우자 선택의 범위 및 유형 / 139

chapter 08 부모 되어 가기 / 189

chapter 09 가족의 건강성과 부부 의사소통 / 209

chapter 10 이혼 / 231

01

결혼과 가족의 이해와 개요

Marriage & family | chapter 01

결혼과 가족의 이해와 개요

가족은 모든 문화, 사회에서 발견되는 보편적인 사회제도로서 역사와 민족, 시대적 흐름에 따라 다양하게 변화된다. 가족은 개인과 사회의 중간에 위치하면서 사회에 대해서는 기본적 사회단위 집단이며, 개인의 성장과 발달에 영향을 미치는 일차적 집단 체계이다. 이에 가족은 오랜 역사를 통해 개인이 존재하는 사회와 개인을 연결시키는 주요한 사회제도로서 존재해 왔다.

한국 가족은 확대가족의 전형적인 구조를 유지하면서 경제적 생산 활동과 가족부양을 포함한 기능을 수행해 왔다. 이후 급속히 진행된 산업화 및 경제발전 과정에서 핵가족으로의 전환이 전면적으로 이루어졌으며, 그에 따라 전통적인 가족 기능이 축소되고 약화되었다.

1990년대에는 IMF 경제위기, 노동시장의 구조 변동 등의 사회 변화를 경험하면서 가족의 형태는 맞벌이 가족과 한부모 가족의 증가, 기러기 가족 및 다문화 가족의 출현 등 전통적인 가족 유형에서 벗어난 다양성의 모습을 보이거나 출산율의 저하, 이혼율의 급증, 가족관계의 파편화와 같은 새로운 고민을 제기하고 있다. 이러한 가족의 변화는 구조나 기능적인 측면과 기존의 가부장적 가족의 가치체계와 제도, 문화적인 측면에서의 의미의 변동과도 관련되어 있다.

현대 한국 가족의 모습에서 결혼이나 가족에 대한 전통적 가치와 의미가 빠르게 변화되고 있음을 보여 준다. 특히 성역할의 변화로 인한 생계부양자의 역할의 변화 속에서도 가부장적 사고를 가진 남성과 가족 내에서의 개인적 정체성과 권리를 찾고자 하는 여성들의 가족관계는 부계중심 가족제도에 대한 변화를 가져올 가능성이 높다.

하지만 그럼에도 불구하고 가족의 범위는 혈연 중심의 친족연결체인 '가문' 중심에서 핵가족으로 축소되었을 뿐 가족의 현재적 모습은 전통적 가족 이념을 상당 부분 유지하고 있으며, 가족중심성과 가족의 절대화 현상은 여전하다. 전통적 가치와 근대적 가치의 충돌, 제도로서의 가족이념과 경험으로서의 가족생활이 경합하고 공존하는 가족의 현재는 개인화된 삶의 방식이 지배하는 미래의 가족을 위한 새로운 과제와 문제의식을 제기하고 있다.

1. 가족의 이해

사회가 변화함에 따라 가족제도는 역사적이고 사회적인 문맥 안에서 그 모습을 달리하게 된다. 세계화 및 개인화의 흐름 속에서 후기 근대의 진행과 함께 가족은 독신가구의 증가와 저출산, 재혼 및 한부모 가족의 증가 등 구조상의 급격한 변화를 경험하고 있다.

1990년대 후반 경제위기를 겪으면서 별거나 학대와 방임, 가정폭력, 이혼 등의 가족 해체적 징후가 확산되면서 가족의 변화에 대한 사회적 관심이 대두되었다. 하지만 이러한 현상에 대해 현대 가족의 변화는 단순히 해체나 위기의 측면에서 간단하게 정의 내릴 수 없는 매우 다양하고 복잡한 양상을 보이고 있다. 가족은 사회를 구성하는 기본 단위이자 제도이지만 동시에 인간의 삶에 대한 고정관념, 도덕적 규범, 일상의 실천과 같은 문화적 의미와 이념을 가지고 있기 때문이다. 이러한 맥락에서 가족이 무엇이고 가족을 구성하는 기본원리가 어떻게 변화해 왔는지를 성찰할 수 있도록 가족의 가치체계와 문화의 변동과정에서 이해할 필요가 있다.

1) 가족의 정의

가족에 대한 정의는 역사적, 문화적, 사회적 요구에 따라 개념적 변화를 가져왔다. 이러한 가족에 대한 개념은 어느 사회에서나 존재하는 사회제도 중 하나로 인간의 출현과 더불어 존재해 왔으며 현존하는 사회제도 가운데 가장 오래된 기본적인 사회제도라고 볼 수 있다.

가족의 사전적 정의를 보면, 한국어 사전에서는 "부부를 중심으로 하여 그로부터 생긴 아들, 딸, 손자, 손녀들로 구성된 집단"이며, 한국가족문화 대백과사전에는 "혈연, 인연, 입양으로 연결된 일정범위의 사람들로 구성된 집단"이다. 이들의 정의를 보면, 가족의 개념을 주로 가족구성원의 범위를 중심으로 기술하고 있다.

사회가 인정하는 결혼을 통해 구성된 가족은 "공동의 거주, 경제적 협동, 자녀의 출산과 양육을 특징으로 하는 사회적 집단"으로 Murdock(1949)은 정의하였다. 이것은 "사회적으로 인정받는 성적 관계를 유지하는 최소한의 두 성인 남녀를 포함하고 한 명 또는 그 이상의 자녀들로 이루어진 집단"이다.

구드(Goode)는 가족이란 "적어도 두 명의 성인 남녀가 거주를 같이하며 경제적, 사회적 교환을 하고 음식, 성, 주거, 재화, 사회활동 등을 공유한다. 성인과 자녀는 부모관계를 맺고 자녀들 간에는 형제자매 관계가 존재하여 구성원 간에 서로 보호하고 돕고 함께 나누어 가질 의무를 가지는 집단"이라고 하였다. 이 정의는 가족 구성원

간의 관계를 강조하였다(문혁준 외, 2020).

가족에 대한 과거의 개념은 결혼을 통하여 부부의 인연을 맺은 두 성인과 그들의 자녀로 구성된 것으로 인식되어 왔으나 오늘날 사람들의 가치관과 생활양식이 다양해지고, 국제결혼의 증가, 이혼과 재혼 증가 등의 사회 변화로 다양한 형태의 가족공동체가 나타났다. 이러한 가족공동체는 혈연 중심의 가족을 넘어 서로 가족으로서 지속적인 관계를 유지하며 유대감을 가지고 생활하는 공동체를 의미하는 것으로 보고 있다.

2015년 통계청 가족실태조사에서의 가족의 개념을 '혈연, 혼인, 입양 등으로 함께 살고 있는 사람들'의 개념으로 보고 있다. 한국민족문화대백과사전을 인용하면, 현대사회에서는 한 가족의 전체 가족원이 언제나 하나의 집단 안에서 함께 생활하지 않고 학업과 취업 등의 이유로 가족원의 일부가 일시적으로 가족을 떠나는 경우, 일시적으로 다른 가구를 형성하거나 다른 가족(가구)의 비가족원이 되어 있는 경우라도, 그들이 생계를 공동으로 하며 한 가족의 가족원이라는 의식이 있는 한 동일 가족의 구성원으로 간주해야 한다고 보고하고 있다.

학자들은 가족을 정의하는데 하나의 '가족(the family)'이라는 고정된 시각에서 '가족들(families)'이라는 새로운 개념으로 바뀌어야 한다고 주장하고, 그 이유는 가족에 대한 고전적 정의가 현대의 모든 가족을 포함하지 못하고 한 가족을 다른 가족보다 정상적이고 우월한 것으로 여기기 때문이다(정옥분 외, 2020).

가족이란 "둘 또는 그 이상의 구성원들이 서로 몰입되어 있으며 애정과 친밀감, 가치관 의사결정, 그리고 일정한 정서적 유대를 경험하고, 개인과 가족의 욕구충족을 위하여 과업을 수행하는 상호의존적 사람들로 구성된 집합체"라고 가족을 정의하였다(Anderson, S. A. & Sabatelli, R. M. 1992). 이 정의들은 가족원 간의 인간관계와 기능에 중심을 두는 것이 공통점이며 가족을 포괄적인 의미로 확장시켜 이해해 가는 최근의 추세를 반영한다.

또 다른 개념으로 가족이란 아동의 기본적 사회화를 수행하고 성인이 사회의 구성원으로서 역할을 할 수 있도록 안정감을 제공하는 집단으로 구성되며 애정과 친근감을 바탕으로 서로 헌신하고 가치관을 공유하는 특성을 지닌 집단"으로 보았다(정현숙 · 유계숙, 2001, 재인용).

이처럼 가족은 아동에게 사회적 가치, 규범, 제도 등을 전수하고 성인에게는 심리적 안정 및 정서적 지원을 제공함으로써 사회의 구성원으로서 기능할 수 있도록 하는 집단이라고 정의할 수 있겠다(문혁준 외, 2020).

2) 가족의 특징

사람들은 힘들거나 괴로울 때 가장 가깝고 믿을 만한 사람에게 의지한다. 그 사람을 통해 위로와 확신을 얻는 것이다. 의지하는 대상이 꼭 문제를 해결해 주는 것은 아니다. 단지 그에게 속을 털어놓는 것만으로도 기분이 한결 나아진다. 이 같은 이유에서 사람들은 결혼을 통해 가정을 만들어 가는 것은 아닐까 하는 생각이 든다.

가족이 형성되는 기초는 두 성인의 헌신적인 관계로 시작되며, 인류가 존재하기 시작하면서 어느 사회나 존재하는 사회제도로서 결혼은 발전되어 왔다. 즉, 혼인 당사자들에게 새로운 책임을 주어지게 하는데 이것이 곧 가족에 대한 역할과 책임인 것이다.

우리는 부모, 가족, 부부에 속해 있으며, 기업, 사회, 지역사회 등 나를 기준으로 내 주변을 둘러싼 환경과 상호작용하며 자기 정체성을 확립하고 마음의 안정을 누린다. 우리 모두가 공통적으로 소속감을 느끼는 곳이 가족이며 가족들과 애착을 잘 형성할 때 여기서 느끼는 소속감은 사랑과 행복감의 원천이 된다. 이 때문에라도 우리는 이 세상에 완벽한 가정은 없지만, 가정을 따뜻한 둥지로 만들어 각 구성원들이 그 안에서 소속감을 느껴 평안할 수 있게 노력을 기울여야 한다.

인간은 부모가 되면서 자녀들이 사회 구성원으로 잘 기능하도록 사회화시키는 책임을 가지게 된다. 누구나 세상에 태어나 가족을 통해 처음으로 사회적 관계를 맺게 되는데 이를 통해 어떤 관계를 맺고 어떤 감정을 경험했는가는 대인관계에 대한 기본적 믿음과 기대를 갖게 되며 수많은 관계 속에 영향을 미치게 된다.

이상에서 언급한 내용을 토대로 가족을 하나의 사회집단으로 보았을 때 다른 사회집단과 구별되는 특성은, 첫째, 가족은 일차적 집단이다. 둘째, 가족은 공동사회집단이다. 셋째, 가족은 폐쇄집단이다. 넷째, 가족은 형식적 집단이나 가족관계는 비형식적 집단이라는 것이다.

3) 가족의 기능

가족의 기능은 가족이 수행하는 역할, 행위로서의 가족행동을 의미하는 것으로, 그 행동의 결과가 가족원의 욕구충족과 사회의 유지존속에 어떠한 영향을 주느냐 하는 문제와 관련된 개념이다. 즉, 가족이란 개인과 사회의 중간에 위치한 체계로서 전체사회에 대해서는 하위체계로, 개인에 대해서는 상위체계로의 양면적인 특성을 가지므로 가족의 기능은 개인적인 측면에서 수행되는 역할과 사회에 대해서 수행해야 하는 대내적, 대외적 역할 모두를 가지게 된다.

가정은 사회의 기초가 되는 곳이므로 가족이 수행하는 기능은 가족원의 욕구충족과 사회의 유지발전에 기여한다. 가족의 기능을 살펴보면 다음과 같다.

(1) 경제적 공동체의 기능

결혼은 두 배우자가 하나의 경제 공동체로서 소비와 지출을 함께하며 공유의 재산을 모으고 자녀를 낳아 함께 양육하기로 합의하는 법적절차이다. 결혼생활을 시작하는 순간부터 주체인 두 남녀는 가정에서 각각 고유 영역을 책임진다.

과거 농경사회에서 가족은 스스로 생산한 농산물을 소비하는 자급자족이 가능했지만 현대 사회에서는 자신의 노동력을 제공하고 그 대가로 임금을 받아 가족원의 욕구를 충족시키기에 합리적이고 절약적인 재정관리가 필요한 시대가 되었다.

보편적으로 가정을 이루고 나면 남편은 주로 경제활동을 담당하고 아내는 집안일과 자녀 양육을 맡지만 오늘날은 가족체계에도 많은 변화를 가져왔다. 가정에서의 고유영역을 주장하기보다는 일과 양립의 문제를 해결하기 위해 아이들을 양육함에 있어서도 함께 양육을 책임지는 경우가 많아졌다.

부부가 맺어질 때는 사랑으로 맺어지지만 가정이 유지되기 위해서는 반드시 경제력이 필요하다. 이는 외면할 수 없는 현실이다. 경제적 기반이 없는 가정은 언제 해체될지 모르며 현대 사회에서 돈을 벌 수 있는 능력은 곧 생명을 보존하기 위한 수단이다.

우리나라 「민법」에서도 혼인한 배우자 간에 부양의 의무가 있음을 규정하며, 부양의무 불이행은 악의의 유기로서 이혼의 원인이 될 수 있다. 또한, 이혼 시 배우자는 재산분할청구권을 행사할 수 있는데 이는 혼인기간 동안 축적한 재산은 부부 공동의 것이라는 의미를 지닌다. 부모는 미성년 자녀에 대한 양육비를 지출해야 하고 경제적 능력이 없는 노부모에 대한 부양의무가 있다.

(2) 성적 요구 충족 및 통제의 기능

결혼은 인간으로 하여금 개인의 성적 욕구를 충족시키는 한편 성적 무질서를 통제하기 위한 제도적 성격을 함께 가지고 있다. 즉, 결혼 생활에서 만큼은 성과 관련해 철저한 자기 관리와 통제력을 일관되게 유지하는 것이 필요하다. 가족의 가장 기본적 기능 중 하나가 혼인을 통해 성인 남녀의 성적 욕구를 합법적으로 충족시키는 것이다. 즉, 결혼을 통해 두 배우자는 상호 간의 성행위를 합법적으로 인정받게 되며 동시에 상대방에 대한 배타적 성적 권리를 획득한다. 이는 결혼을 통해 보장받는 배우자의 성적 행위에 대한 독점적 권리를 의미한다.

우리나라는 2015년 "간통죄는 과잉금지원칙에 위배하여 국민의 성적 자기결정권 및 사생활의 비밀과 자유를 침해하는 것으로서 헌법에 위반된다"라며 위헌 결정을 내렸다. 하지만 결정문에서 "부부간 정조의무 및 여성 배우자의 보호는 간통한 배우자를 상대로 한 재판상 이혼청구, 손해배상 청구 등 민사상의 제도에 의해 보다 더 효과적으로 달성될 수 있다"라며 결혼제도에서 부부 사이의 성적 욕구 충족 및 통제 기능을 명시하였다.

인간은 생물학적으로 성적 욕구를 충족하려는 생리적 특성을 가지고 태어난다. 만약 성적 충족에 완전한 자유나 개방이 허용된다면 사회 기본 질서를 유지하기 어렵게 만들 것이다. 서로에게 상처가 되지 않도록 가족 간에 친밀감을 유지하면서 성과 관련해 철저한 자기 관리와 통제력을 일관되게 유지하는 노력이 필요하다.

결혼은 개인에게 성욕을 합법적으로 충족시키는 기회를 마련해 주는 것이지만 성 관계의 해방을 의미하는 것이 아니라 성 관계를 규제하고 통제하는 공인된 사회적 방법이라고 볼 수 있다(유영주 외, 2008).

(3) 사회적 지위 부여의 기능

결혼은 새로운 사회적 지위를 새롭게 혼인당사자에게 부여하는 기능을 하여 가족 간의 결합으로 여겨지는 사회에서 특히 중요한 의미를 가진다.

개인은 부모의 가정과 결혼으로 형성된 가족의 관계 속에서 일정한 지위에 따른 주어진 역할들을 수행하게 된다. 가족 내에서 자신의 정체성을 가지고 자신의 역할이 무엇인지를 인식하고 지각하면서 소속감과 책임감을 가진다. 이는 대내적으로 자기 성장과 발전이 되며 대내외적으로 사회안정과 발전에 기여하게 된다. 중매혼의 경우, 지위 부여의 기능은 결혼이 개인의 선택이라기보다 가족 간의 결합으로 여겨지는 사회에서 특히 중요한 의미를 갖는다.

가족에서 자녀로서, 부부로서, 부모로서, 형제자매, 시부모, 며느리, 사위로서 각각의 지위에 다른 역할을 일생 동안 수행하는 과정에서 잠재력을 개발하고 인생의 의미를 깨달으며 인격성장과 사회발전에 기여할 수 있다는 점에서 가족의 사회적 지위 부여 기능은 현대 사회에서 더욱 중요시된다(최규련, 2011).

(4) 출산 · 보호 및 돌봄의 기능

결혼을 통해 형성된 가족은 사회를 유지하기 위해, 부부간의 성 생활의 결과로 자녀를 출산하여 자손을 재생산하고 종족을 보존하게 된다. 부모는 아동이 성인이 되기까지 필요한 의식주를 제공하며 양육할 의무를 가지며 아동의 인지적 · 도덕적 발달에 대한 책임이 있다. 가족의 자녀 양육과 자녀는 사회화 기능을 통해 자녀는 사회생활에 적응해 나가는 데 필요한 지식과 기술을 배우게 된다. 그 외에도 가족 문화를 전달하고 바람직한 가치관을 심어 주며 올바른 시민이 되도록 한다. 또한, 돌봄의 기능을 통해 가족을 부양해야 할 책임이 있는 것이다. 돌봄은 건강 여부를 막론하고 건강한 생활을 유지하거나 증진하고, 건강의 회복을 돕는 행위라고 볼 수 있다. 돌봄 기능의 일차 대상은 가족 내 아동과 노인이다. 부부 사이 및 부모와 미성년 자녀 사이의 부양의무는 생활 유지를 위한 가족공동체의 본질이라고 할 수 있다. 그 밖에도 질병이나 사고로 일상적 기능을 수행하지 못하는 구성원이 발생하면 가족이 이들을 돌보게 된다. 우리나라 민법에서는 직계 혈족 및 배우자 사이의 부양 의무뿐만 아니라 생계를 같이하는 그 밖의 친족사이에도 부양의무를 명시하고 있다(문혁준 외, 2015).

(5) 정서적 안정 및 지지 및 사회화의 기능

가족은 친밀하고 대면적인 관계를 지속하는 특징을 갖는 1차적 집단이다. 친밀한 관계는 서로의 마음을 읽고 이해하는 관계다. 가정 내에서는 가족 구성원이 친밀감을 형성하는 것은 중요하다. 현대 사회가 복잡해지고 경쟁이 가속화됨에 따라 정서불안과 스트레스가 증가하고 정신건강 문제가 많이 발생하고 있다. 이에 따라 가족이 쉼과 안정감을 주고 수용해 줄 것을 기대하게 되었고, 이 기능이 수용될 때 가족원의 정신건강과 행복감은 증진되는 것이다(최규련, 2011).

인간은 누구나 존엄성과 가치 있는 삶을 살기 위해 가족이 안정감을 주고 수용해 줄 것을 기대한다. 가족은 경쟁적 관계가 아닌 상호 보충적으로 관계를 증진시키고 누릴 수 있는 장소 중 하나이다. 이러한 가족은 사회와 분리 불가능한 집단이다. 가족의 건강성은 사회의 건강성으로 이어진다. 또한, 사회의 불안은 가정의 불안으로 이어지기도 한다.

현대 사회가 복잡해지고 경쟁이 가속화됨에 따라 가족은 쉼과 안정감을 주고 수용해 주는 기능을 하고 사회는 각종 질병과 개인적 · 사회적 위협으로부터 가족구성원과 재산을 보호해 준다. 또한, 가족은 부양과 보호가 필요한 노약자나 장애인을 보호한다. 오늘날에는 정부가 사회보장 · 사회복지제도를 통해 아동이나 노인, 환자, 장애인 등 사회적 약자에 대한 보호와 부양의 일부를 담당하고 있다. 사회활동에 참여하는 취업여성의 가족은 가정 내에서 수행되는 아동과 노인에 대한 보호 기능을 어린이집, 유치원, 노인학교, 양로시설 등의 사회적 시설 혹은 기관을 활용하여 충족시키고 있다(박주현 외, 2019)

가족이라는 집단에서 구성원들은 자신의 생활과 인생에서 경험하는 실망과 기쁨을 함께 나누는 동료이므로 가족 구성원은 서로의 성공을 진심으로 기뻐해 주고 실패했을 때 고통을 함께 나누는 분위기를 조성하는 것이 필요하다.

다함께 생각해 봅시다

어느 마을에 40대 부부가 담 하나를 사이에 놓고 나란히 살고 있었습니다.

그런데 두 가정이 사는 스타일은 정반대였습니다.

한 부부는 부부만 살면서 하루가 멀다 하고 부부 싸움을 하고, 다른 부부는 시부모님에 두 아이까지 함께 살지만, 언제나 웃음이 넘쳐 났습니다.

늘 싸움을 하던 부부는 옆집을 찾아가 그 비결을 묻기로 했습니다.

"이렇게 많은 식구가 사는데 어떻게 작은 싸움 한 번하지 않는 건가요?"

그러자 옆집 남편이 미소를 머금고 대답했습니다. "아마도 우리 집에는 잘못한 사람들만 살고 있어서 그런 것 같습니다." 놀란 부부가 다시 물었습니다.

"잘못한 사람들만 살다니요? 그게 무슨 말인가요?"

옆집 남편은 웃으며 다시 말했습니다.

"가령 제가 방 한가운데 놓여 있던 물그릇을 실수로 발로 차 엎었을 때, 저는 내가 부주의해서 그랬으니 내가 잘못했다고 합니다. 그럼 제 아내는 빨리 치우지 못한 자신의 잘못이라고 말합니다. 그럼 또 저희 어머니는 그걸 옆에서 보지 못한 당신 잘못이라고 말합니다."

이렇게 모두 자신이 잘못한 사람이라고 말하니 싸움을 하고 싶어도 할 수 없지 않겠습니까?

좋은 건 내 탓! 나쁜 건 네 탓! 언쟁의 지름길입니다.

좋은 일이 있을 땐 '덕분에', 좋지 않은 일이 있을 땐 '괜히 저 때문에' 라는 말로 시작해 보세요. 작지만 따뜻한 변화가 시작될 것입니다.

여러분에게 가족은 어떤 의미입니까?

2. 결혼의 개요

1) 결혼의 정의

법률상 혼인신고를 함으로써 생기는 남녀의 관계로서 생물학적으로는 성(性), 출산, 육아와의 연관이 중요시된다. 대부분의 결혼은 양가 부모로부터 독립하는 새살림 혼인(neolocal marriage)의 형태를 취하는데, 부부는 자신들의 가계를 스스로 꾸려 나간다. 부계를 따르는 곳에서는 부거제(父居制) 혼인(patrilocal)이라고 하며, 모계를 따르는 곳에서는 모거제(母居制) 혼인(matrilocal)이라고 한다. 또한, 결혼은 당사자가 한 사람과 결혼하는 단혼제(monogamy)나 여러 사람과 할 수 있는 복혼제(polygamy)가 있다. 여기에는 한 남성이 여러 명의 부인을 갖는다든지, 한 여성이 여러 명의 남편(종종 그 남편의 형제들일 수도 있다)을 가질 수 있는 일처다부제(polyandry)와 일부다처제(polygyny)가 있다. 대부분의 결혼은 남편이 부인보다 나이가 많은 연상혼(年上婚, hypergamy)이다.

결혼은 젊은 남녀가 부부가 되는 것이다. 비록 둘의 역할이 분리되거나(각자는 자신의 고유한 역할, 인간관계를 갖는다), 혹은 공동적이라 하더라도 둘의 관계는 일정한 사회단위를 형성하는 것으로서, 노동의 성적 분업은 사회의 일반적인 형태로 나타난다(네이버 지식백과, 2000. 10. 30).

2) 부부관계의 의미

부부란 법률상 혼인관계에 있는 남녀의 신분을 뜻한다. 부부에게는 다음과 같은 혼인의 효과가 발생한다. 먼저 일반적 효과로서 부부는 혼인에 의하여 배우자로서의 신분을 취득하여 친족이 되며(민법 777조 3호), 부족(夫族) 또는 처족(妻族)과 인척관계를 가지게 된다(777조 2호).

서로 다른 가정에서 자란 두 사람이 만족스런 부부관계를 형성해 가기 위해서는 계속적인 노력이 필요하다. 현대가족에서는 부부는 애정을 기초로 하여 상호 인격적인 결합과 정서적 유대 관계에 의존하고 있으므로 원만하고 만족스러운 부부관계는 가족의 안정성에 핵심적인 역할을 한다. 부부관계는 비혈연적이지만 두 사람의 지속적인 전인격적 발전을 기초로 가장 친밀하고 만족스러운 관계로 발전해 나갈 수 있는 동시에 가장 파괴적이고 고통스런 관계가 될 가능성도 가지고 있다. 행복한 부부관계는 서로의 이해의 폭을 넓혀 나가고 상대방의 욕구를 충족시켜 주려는 노력과 서로의 장점을 보완하여 적응해 나가는 헌신적인 자세가 필요한 것이다.

3) 결혼의 의미와 부부관계의 속성 변화

우리가 살아가면서 때로는 사랑하는 사람과 함께 동거, 혼외출산, 결혼, 이혼, 재혼 같은 사회적 현상을 경험하며 살아가게 된다. 현대 사회에서 독신이나 동거에 대한 사회적 허용성이 증가하면서 결혼의 중요성은 점차 감소하고 있다.

결혼에 대한 태도변화가 가져온 이러한 변화를 위기로 인식하는 관점도 있지만 반대로 가족의 변화에 대한 유연성이 증가한 것으로 보는 관점도 있다. 미래에는 결혼의 대안적 형태가 사회에서 자연스럽게 받아들여질 것이고 사람들은 결혼 전에 성관계를 갖고, 결혼하지 않고 동거하며, 결혼하지 않고 아이를 출산하고, 결혼을 거부하며, 결혼한 사람들도 결혼생활에 문제가 있으면 이혼할 것이다.

Marriage & family | chapter

02

가족에 대한 이론적 접근

Marriage & family | chapter 02

가족에 대한 이론적 접근

1. 가족의 생활주기의 의의와 관점

1) 가족생활주기의 의의

인간은 태어나서 특정한 발달단계를 거치며 단계마다 과업이 있는 것처럼 가족에게도 발달단계와 과업이 있다. 가족생활주기는 시간이 경과함에 따라 가족 내의 발달적인 경향을 묘사하기 위해 일반적으로 사용하는 용어이다.(Cater & McGoldrick, 1989, 1996). 가족은 인간 환경에서 전해져 오는 일정한 관계와 형태에 따라 발전하며, 사회적, 정서적 및 경제적 요구에 따라 변화된다. 그러므로 가족생활주기는 대부분의 가족들이 일생 동안 거치는 중요한 단계들의 연속이라는 뜻으로 오랫동안 사용되어져 온 용어이다.

가족생활주기는 시간의 흐름 위에 가족의 형태가 변하는 것에 초점을 두고 있으며, 세대 간 반복되어 일어나는 연속이나 완전한 원을 의미하므로 주기(cycle)라는 용어를 사용한다.

가족은 영속성을 가지고 있다. 시간이 흘러도 지속적으로 존재하는 특징을 가지고 있으며 가족은 인간 환경에서 전해져 오는 일정한 관계와 형태에 따라 발전하며, 사회적, 정서적 및 경제적 요구에 따라 변화된다. 그리고 개인과 마찬가지로 가족 또한 출생에서 죽음에 이르는 과정을 경험하게 되는데 각 과정을 통과하는 모습은 가족마다 다르며, 이것은 가족의 개별성을 드러내는 것이다.

가족생활에는 인간의 생애주기처럼 탄생과 죽음이 있다. 남녀가 결혼하면서 새로운 가족생활주기가 시작되고 부부가 늙어 사망하게 되면 이 주기가 끝난다. 그러기에 부부가 이러한 가족생활주기의 단계를 순조롭게 거치려면 결혼생활에 부과된 특정 과업을 완수해야 한다. 그러나 가족생활주기의 한 단계에서 다음 단계로 넘어갈 때 적응의 문제가 생기기 쉬워 가족은 적응과정에서 심각한 문제가 생기게 되면 스트레스를 많이 받게 되므로 가족생활주기상의 위기가 가족문제의 원인이 될 수 있다.

2) 가족생활주기의 관점

(1) 듀발(Duvall,1957)

가족생활주기의 단계는 치료자에 따라 다르게 구분된다. 가족생활주기의 대표적인 학자인 듀발(Duvall, 1957)은 가족생활주기를 2세대 핵가족 중심으로 8단계로 나누었는데 결혼, 출산, 자녀의 성장, 사망 등으로 가족성원이 늘어나거나 줄어드는 것을 축으로 단계를 나누어 "가족의 형성으로 시작되어 해체될 때까지 가족의 생활을 통해서 계속적으로 나타나는 일련의 특징적인 단계들"이라고 정의하였고, 듀발의 8단계에 맞추어 살펴본 생활사건의 빈도는 다음과 같다.

〈표 2-1〉 듀발(Duvall) 가족연구를 위한 발달의 준거틀

구분	Duvall	
세대	2세대	
단계		발달과업
1단계	결혼부부	• 서로 만족스러운 부부관계 확립 • 임신과 부모가 되는 것에 적응 • 친족관계에 참여

듀발(Duvall)은 〈표 2-1〉에서 보는 바와 같이 가족생활주기 중 결혼부부기는 결혼이라는 새로운 삶의 형태에 적응하는 시기로 남편과 아내로서의 역할, 앞으로 출산할 자녀, 부모로서의 준비 등에 대해 논의하면서 가족체계를 갖추게 된다. 이 시기는 부부관계 만족도가 높은 시기로 정의하고 있다.

〈표 2-2〉 듀발(Duvall) 가족연구를 위한 발달의 준거틀

구분	Duvall	
세대	2세대	
단계		발달과업
2단계	자녀 출산	• 유아가 발달하도록 환경을 조성하고 그에 적응하고 격려 • 부모와 유아에게 만족스런 가정 만들기

듀발(Duvall)은 〈표 2-2〉에서 보는 바와 같이 자녀 출산기는 첫아이의 출생부터 첫아이가 만 5세 정도가 될 때까지로 부부만의 생활은 종료되고 부부간의 관계 및 생활패턴이 급격하게 변하는 시기다. 자녀 양육에서 발생하는 스트레스를 부부가 함께 대처하면서 효과적인 문제 해결방법을 도출할 수 있어야 한다고 정의하고 있다.

〈표 2-3〉 듀발(Duvall) 가족연구를 위한 발달의 준거틀

구분	Duvall	
세대	2세대	
단계		발달과업
3단계	학령전 아동	• 성장을 촉진하는 방법으로 학령전 아동이 가지고 있는 욕구나 흥미에 적응 • 에너지의 고갈이나 사생활이 줄어드는 것에 대해 적응

듀발(Duvall)은 〈표 2-3〉에서 보는 바와 같이 학령전 아동기는 첫아이가 유치원에 입학하는 만 5세부터를 말하는 단계로 이 단계의 아동은 신체 · 정서 · 사회적으로 현저한 변화가 이루어지므로 부모가 전적으로 자녀들에게 집중함으로 인해 부부 상호작용이 자녀를 중심으로 이루어져서 배우자에 대한 관심과 배려가 적어지는 시기로 정의한다.

〈표 2-4〉 듀발(Duvall) 가족연구를 위한 발달의 준거틀

구분	Duvall	
세대	2세대	
단계		발달과업
4단계	아동기 자녀가족	• 학령기 가족들의 공동체에 참여 • 아이가 학업부분에서 성취할 수 있도록 격려

듀발(Duvall)은 〈표 2-4〉에서 보는 바와 같이 초등학교 자녀기는 자녀의 초등학교 재학기간으로 자녀들이 학교에서 많은 시간을 보내기 때문에 직장 생활을 하지 않는 배우자는 시간적으로 여유를 갖게 되는 것으로 정의한다.

〈표 2-5〉 듀발(Duvall) 가족연구를 위한 발달의 준거틀

구분	Duvall	
세대	2세대	
단계		발달과업
5단계	청소년 자녀가족	• 자유와 책임의 균형 유지 • 부모의 관심과 경력 형성

듀발(Duvall)은 〈표 2-5〉에서 보는 바와 같이 청소년 자녀기는 첫아이가 중·고등학교를 다니는 시기로 자녀들이 성장함에 따라 부모도 중년기에 들어설 나이가 된다. 부모와 자녀가 큰 변화를 경험하는 시기로 두 세대 간의 갈등이 발생할 가능성이 매우 높다고 정의한다.

〈표 2-6〉 듀발(Duvall) 가족연구를 위한 발달의 준거틀

구분	Duvall	
세대	2세대	
단계		발달과업
6단계	청년기 자녀 떠나 보내기	• 청년을 적절한 예식과 도움을 주면서 떠나 보내기 • 지지적인 가족의 토대를 유지

듀발(Duvall)은 〈표 2-6〉에서 보는 바와 같이 성인 자녀기는 자녀가 성인으로 사회에 진출하는 시기로 자녀들은 직업과 배우자에 대한 탐색에 많은 에너지를 투입하는 시기로 부모와의 관계가 소원해지는 등 큰 변화를 겪을 수 있다.

〈표 2-7〉 듀발(Duvall) 가족연구를 위한 발달의 준거틀

구분	Duvall	
세대	2세대	
단계		발달과업
7단계	중년기 부모	• 결혼 관계를 다시 확립 • 나이 든 세대와 젊은 세대와 친족관계 유지

듀발(Duvall)은 〈표 2-7〉에서 보는 바와 같이 중년기는 막내 자녀가 집을 떠나는 때부터 부부의 은퇴기 까지를 말한다. 빈 둥지 시기라고도 부르는 이 단계는 부부의 결혼 시 연령, 자녀의 수, 자녀의 교육 기간, 자녀의 결혼 유·무 등 여러 가지 요인에 의해 기간이 결정된다.

〈표 2-8〉 듀발(Duvall) 가족연구를 위한 발달의 준거틀

구분	Duvall	
세대	2세대	
단계		발달과업
8단계	노년기 가족	• 사별과 혼자 사는 것에 적응 • 가정을 종료하거나 노령에 적응 • 퇴직에 적응

듀발(Duvall)은 〈표 2-8〉에서 보는 바와 같이 노년기는 은퇴부터 배우자의 사망까지를 이루는 시기로 만성적인 질병과 경제적인 문제, 지위와 역할과 관련한 문제들이 발생하기도 한다. 자녀들의 돌봄을 받아야 하는 시기이므로 자녀와의 관계가 변화하는 경우가 많다.

가족생활주기에서 가장 광범위하게 이용되는 단계는 듀발(Duvall)이 제시한 8단계이다. 그러나 이 단계는 많은 학자들에 의해 가족의 여러 다양한 측면(즉, 자녀가 많은 가족, 단계의 중복, 배우자의 사망 등)이 고려되지 못했다는 비판을 받고 있다.

에릭슨은 가족생활주기를 6단계로 나누고 가족의 긴장은 가족생활주기의 한 단계에서 다음 단계로 넘어가는 전환점에서 가장 높으며 가족구성원의 증상은 가족생활주기의 발달과정에 장애요소가 나타날 때 발생한다고 하였다(Haley, 1986). 미누친(Miinuchin, 1974)은 가족생활주기가 가족을 하나의 체계로 보는 데 중요한 시각을 제공할 수 있으며 가족치료를 받으러 오는 대부분의 가족은 새로운 환경에 적응하는 데 어려움을 경험한다고 하였다.

(2) 카터와 맥골드릭(Cater & McGoldrick, 1996)

카터와 맥골드릭(Cater & McGoldrick, 1996)은 결혼한 성인자녀를 부모세대와 자녀세대를 연결하는 3세대 중심의 6단계 가족생활주기뿐만 아니라 이혼, 재혼 가족의 발달단계를 제시하였다. 즉, "미혼 단계에서 시작하여 배우자 중 한 사람만 생존하게 됨으로서 가족이 해체될 때까지의 전 과정"으로 정의하였다.

그들은 가족생활주기의 시작을 결혼 전기로 하였는데 결혼 전기에 원가족과 분화가 잘되고, 본인과 맞는 배우자를 만나면 그 외의 가족생활주기에 적응을 잘할 수 있고, 발달과업을 잘 수행할 수 있다고 보았기 때문이다. 결국, 다른 생활주기에 잘 적응하기 위해 가장 기본적으로 해야 할 과업이 결혼 전기에 시작하므로 이 시기가 중요하다.

〈표 2-9〉 Carter & McGoldrick의 가족생활주기

구분	Carter & McGoldrick	
세대	3세대	
단계		발달과업
1단계	결혼 전기	• 원가족으로부터의 독립 • 친밀감을 소유한 이성 관계 • 일과 양립의 문제
2단계	결혼을 통한 가족으로의 합류	• 부부간의 체계를 형성 • 친구와 친족 관계의 재정립
3단계	어린 자녀가 있는 가족	• 부부와 자녀의 3인체계 형성 • 자녀 돌봄 및 경제, 가사 분담 체계 형성 • 조부모님을 포함 확대 가족관계 재정비
4단계	청소년 자녀를 둔 가족	• 청소년 자녀의 자율성의 허용 • 부부의 진로 문제와 중년기 부부의 결혼생활 재정비 • 조부모를 포함 위 세대를 돌보기 위한 준비
5단계	자녀를 떠나 보내고 계속 나아감	• 부부관계를 재정립 • 성인자녀의 독립과 관계 재정비 • 부모 또는 조부모의 무능력과 죽음에 대처
6단계	말년의 가족	• 노령화에 적응 • 주변인의 가족의 사별과 주변인의 죽음에 대처 • 삶의 지혜와 경험 활용 다음 세대에게 전수 • 자신의 삶을 돌아보기

가족생활주기의 접근은 시대마다, 사회마다 사람들이 결혼하는 연령, 자녀의 수, 수명 등이 다르기 때문에 변화하고 다양해질 수밖에 없다. 그러나 기존에는 생물학적 연령이나 소득을 기준으로 한 구분이 많았다. 과거에는 비슷한 시기에 결혼과 출산 등을 하였지만, 사회가 변화되면서 개인적인 상황에 의하여 달라지고 있어 생물학적 연령을 적용하여 사회 복지를 실천하기에는 욕구에 맞는 서비스를 기대하기 어렵다. 그리고 가구소득의 구분도 가구주가 속한 가정의 성장과 발달을 무시하기 때문에 가구의 특성을 대표한다고 볼 수 없다. 그러나 가족생활주기는 전체적으로 가족발달에 기초하여 공통성이나 유사성 등으로 인하여 비슷한 상황들로 나눌 수 있어, 소비를 비교할 때 대상의 특성에 따른 결과를 볼 수 있으며 그에 따른 예방 및 해결책을 더 세분화하여 접근할 수 있는 장점이 있다.

유영주(1984)는 외국 학자들이 제시한 가족생활주기를 수정하고 시작 및 종결 시기를 조정하여, '첫 자녀' 기준으로 총 6단계로 나누었다. 국내 연구에서 가족생활주기를 구분할 경우 대부분 유영주의 6단계를 기초로 하고 있으며, 연구자의 목적에 따라 자녀의 연령이나 가구주의 연령을 임의로 선정하여 실행하고 있다.

〈표 2-10〉 유영주의 가족생활주기

가족생활주기	시작 시점과 종결 시점
형성기	결혼으로부터 첫 자녀를 출산 전까지 약 1년간
자녀 출산 및 양육기	첫 자녀 출산으로부터 자녀가 초등학교 입학할 때까지
자녀 교육기	첫 자녀의 초·중·고 교육기
자녀 성년기	첫 자녀가 대학에 다니거나, 취업, 군 복무, 가사협조 시기
자녀 결혼기	첫 자녀 결혼부터 막내 자녀 결혼까지
노년기	막내 자녀 결혼으로부터 배우자 사망 및 본인 사망까지

출처: 유영주 외(2010).

2. 한국인의 가족생활주기

가족은 사회의 기초가 되며 사회의 변화와 불가분의 관계에 있다. 현대 사회에서 가족 변화를 살피기 위해서는 현대 사회의 흐름을 살펴보는 것이 중요하다고 본다. 이는 사회 변화가 가족 변화에도 영향을 미칠 수밖에 없기 때문이다.

1) 한국문화의 특징

유교 사상에 문화적 뿌리를 두고 있는 한국인은 개별성보다는 상호 의존적 특성을 강조하며 주위 사람이나 사물과의 조화를 중시한다. 한국은 주변국인 중국이나 일본과도 많은 유사성을 가지고 있지만, 그 어느 나라에서보다 혈연을 강조하며 나름대로 독특한 문화를 발달시켰다. 특히, 한국 사회의 문화적 특징을 가장 잘 설명하는 개념은 가족주의라고 할 수 있다. 가족주의의 핵심은 사회의 기본구성 단위가 개인이 아니라 가족 집단이라고 보는 것이다.

두 번째로는 인정주의를 들 수 있다. 한국문화를 거론할 때 빠뜨릴 수 없는 것이 바로 인정주의다. 한국 사회에서는 이상적인 인간관계를 가족과 같은 관계라고 보고 가까운 사람을 식구처럼 지내는 사람이라고 지칭한다.

세 번째로 권위주의를 들 수 있다. 가정 내에서 아버지를 중심으로 한 가부장적 제도는 권위주의의 원형으로 부모의 절대적인 권위를 중시하는 가치 규범에 바탕을 두고 있다. 비록 오늘날 가정 내에서 가부장의 권위가 많이 사라지긴 했어도 아직 윗사람 중심의 서열을 중시하는 한국 사회에서는 체면이나 눈치를 중시하기 때문이다.

네 번째로 연고주의를 말할 수 있다. 가족주의에 기인된 것으로 볼 수 있는 것이 바로 연고주의이다. 대부분의 한국 사람은 학연, 지연 등을 통해 내집단을 구성해 그것에 의지해 자신의 힘을 확대하고자 하는 동기를 갖는다. 즉, 한국인은 어떤 개인이 '우리'속에 들어올 때 그 구성원에 대해 좀 더 친밀감을 가지고 이해하거나 밀어주어야 한다고 여긴다. 한국 사람은 독자적으로 행동하기보다는 어떻게든 다른 사람과 연결고리를 만들어 '우리'로 묶으려는 경향을 보이기 때문이다.

2) 한국 가족의 구조적 변화와 생활주기

최근 한국은 새로운 인구학적, 구조적 특성을 보이고 있는데, 첫째가 저출산과 고령화이다. 둘째는 혼인감소와 이혼증가인데, 젊은층의 혼인율은 감소되고 이혼율은 전 연령에 걸쳐 확대되고 있다. 셋째, 가족형태의 다양성 증가인데 이는 사회・문화적, 경제적 영향, 수명의 연장, 가치관의 변화 등에 의한 것이다.

산업화의 원동력이었던 '개별성'이 봉건적 대가족과 부부 중심의 핵가족 해체에 기여하고 있으며 개인과 가족의 소외로 여러 가지 역기능적 증상이 나타나고 있다. 이혼, 별거 등으로 인한 결손가족이 늘어나고 있고, 청소년 비행과 노인 소외현상이 갈수록 심각해지고 있다. 또한, 가족들의 생활시간대가 서로 달라서 가족이 한자리에 모일 기회가 거의 없는 가정도 적지 않다. 가족과의 대화보다는 소셜 미디어와 SNS를 더 즐기는 경향이 있으며 함께 TV를 시청하거나 식사를 하는 모습이 점점 사라져 가족들 간의 소외현상은 심각해지고, 가족 구성원들 간의 여러 가지 갈등들이 사회적인 문제로 대두되고 있다.

노년기의 황혼이혼, 이혼으로 인한 자녀유기, 자녀의 부모폭력, 부모의 자녀 학대와 방임 등은 새롭게 증가하는 가족생활주기상의 문제라고 할 수 있다. 그중 큰 문제점 중의 하나가 노인 소외현상이다. 핵가족 제도에서는 전통적인 가족제도에서의 효 개념의 약화와 아내와 어린 자녀들에 대한 애정만이 강화되었다. 부부 중심의 핵가족 가치가 자리 잡아 가면서 노부모들의 위치는 구조적으로도 불안정하게 변했고, 여전히 부모 부양의 가족 책임론이 우세하지만 효 규범은 개인주의적 성향이 압도해 가는 현대의 변화한 가족생활과 여러 가지로 불협화음을 드러내고 있어 노부모, 며느리, 아들에게 따뜻하고 만족스런 삶을 가져다주지 못하고 있다. 서로 다른 세월을 살아왔기 때문에 서로 다른 가치와 기대를 갖는 이들 부모와 자식들은 세월의 의식, 정서의 괴리로 인하여 세대 간에 문화적 갈등, 심리적 갈등을 겪으며 살아가고 있다.

현대 사회에서 시장경제에의 의존은 물질만능주의를 확산시켰을 뿐만 아니라 계층 간의 생활 수준의 차별과 간격을 심화시켰고, 가족생활의 질을 비인간화하며 인간적 연대를 약화시켰다. 게다가 소비 조장의 상품경제는 환경공해와 자연생태계의 위기를 가져오며, 생명보존과 건강을 위협하고 있다. 작은 사회라고 불리는 가족 안에 이러한 여러 가지 사회문제가 집약되어 나타나고, 이러한 문제들은 가족관계에 갈등과 불안을 조장하며 가족을 위협하고 있다.

한국은 1960년대 이후 급속한 경제성장을 거치면서 단기간 내에 많은 사회적 변화를 거치게 되었다. 부모들이 성장했던 사회와 자녀들이 성장한 사회는 그 구조나 기능면에서 크게 달라짐을 알 수 있다. 특히 오늘날 교육의 기능이 가정보다는 사회에서 대부분 전담하게 되면서 가정 교육이 학교 교육을 보조하는 위치로 전락해 버렸다. 부모들의 가치관 변화와 학교 교육에 대한 맹신에 의해서 인간교육에 있어서 가장 중요한 가정에서의 인격교육이 제대로 행해지지 않고 있다. 또한, 대학입시 중심의 학교 교육이 가정의 유대를 약화시키고 있다. 매스컴 역시 청소년의 정서 세계를 기성세대와 점점 더 멀게 하여 가정 속에서의 세대 간의 벽을 더 두껍게 만듦으로써 우리 가정의 정서적 유대를 약화시키고 있다.

(1) 저출산과 고령화

현대의 한국 가족은 소가족화, 가구원 수의 축소, 세대의 단순화와 더불어 핵가족화가 증가하는 추세이다. 통계청에서 내놓은 자료를 보면 가족구조의 변화 중 가장 특징적인 것은 자녀 수의 감소 현상이다. 2019년 통계청 자료에 의하면 평균 가구원 수는 2.44명으로 2017년 2.47명보다 0.04명 감소했으며 2005년 이전 가장 주된 유형의 가구는 4인 가구였으나, 2010년에는 2인 가구, 2015년 이후로는 1인 가구가 주로 많이 나타나고 있다. 이처럼 낮은 출산률과 평균수명의 연장은 전체 가족생활주기에 반영되고 있다. 일반적으로 가족생활주기는 첫 자녀의 출생과 발달단계에 따라 범주화되는데 최근 증가하고 있는 자발적 무자녀 부부의 경우 규범적인 가족생활주기를 따르지 않는다. 또한 많은 젊은 부부가 1~2명의 자녀를 갖고 있어 첫 자녀 출산에서 막내 출산에 이르기까지 가족확대기는 상당히 단축되거나 없어지는 반면, 자녀교육기간이 길어지고 자녀의 결혼연령이 늦어짐에 따라 막내 출산 후 첫 자녀 결혼까지의 확대 완료기는 상당히 길어진다. 또한 수명연장으로 막내 결혼부터 한쪽 부모 사망까지의 가족 축소 완료기 역시 길어져, 자녀가 모두 떠난 후 부부만 남아서 보내는 빈둥지 단계가 대폭 길어진다. 비록 자녀 수가 줄었지만 노인 부모를 부양해야 하는 시기가 길어짐에 따라 양육과 부양 등의 보살핌의 기간이 가족생활주기에서 차지하는 비중은 더욱 커지고 있다.

3. 한국의 다양한 가족

1) 독신 가구

해가 거듭될수록 1인 독신 가구가 증가 추세이다. 독신가구는 성인 단독으로 독립적 거주를 하는 1인 가구를 말한다. 가족은 "상호작용하는 최소한의 2인"을 일반적인 구성요소로 갖기 때문에 단독 거주자에 대해서는 가족이라기보다는 가구라는 용어가 사용되고 있다.

현대 사회에서 다양성에 대한 가치가 존중되면서 결혼의 당위성이나 규범적 가족에 대해 회의적이고 제도적 결혼을 기피하고 동거만으로 가족을 형성하기도 하며 결혼을 하지 않고도 자녀를 입양하거나 자발적 미혼모가 되는 사람들도 증가하고 있다. 1인 가구로 형성된 독신 가구는 급속한 산업화에 따른 가족구조의 변화, 취업 경쟁의 격화, 개인주의의 확산, 삶의 여유에 대한 욕구 상승과 함께 증가하고 있다. 대표적인 1인 가구 집단은 결혼 전 젊은 청년층과 노인가구다. 과거에 개인의 삶이 집단적으로 가족생활에 의해 통제되던 것과 달리 혼자 생활하면서 누리는 자유와 가족원으로서의 의무에서 해방된다는 점은 독신가구의 증가에 이바지하고 있다(문혁준 외, 2017).

2019년 통계청 집계자료를 보면 1인 가구 비율은 29.3%(5,849천 가구)로 전년 28.6%에서 0.7%p 증가하였으며 연령계층별로 1인 가구는 70세 이상 18.3%, 20대가 17.4%, 30대 17.0% 순으로 높게 나타났다. 또한, 1인 가구 중 남자는 30대(21.9%), 여자는 70세 이상(28.1%)이 가장 높은 것으로 보인다. 이처럼 독신가구가 늘어나는 것은 대학 진학률이 증가하면서 교육기간이 길어지고 이로 인해 경제적 독립을 위한 취업 시점이 늦어지면서 만혼이 나타나는 것에 주요 원인이 있다. 또한, 배우자와 사별한 후 자녀와 동거하지 않는 노인 단독가구의 증가는 핵가족 가치관의 확산과 함께 향후 지속적으로 증가할 가능성이 있다.

2) 무자녀 가구

무자녀 가구는 자녀를 출사하지 않은 채 부부만으로 구성된 가족을 말하며 출산은 없지만 입양을 통해 자녀를 양육하는 입양가족과는 구별되는 유형이다. 이는 현대 사회에서 두드러진 현상 중의 하나로 자녀 양육기능의 약화에 나타나는 현상이다.

무자녀 부부 중심의 가족은 자녀의 출산을 혼인과 함께 반드시 수행해야 하는 의무가 아니라 선택의 시각에서 바라보고 있는데, 무자녀가족은 그 형성 동기에 따라 크게 두 가지 유형으로 구분된다. 우선 자발적 무자녀가족(voluntary childless family)은 부부의 합의에 의해 자녀를 갖지 않기로 결정하고 자녀 없이 부부로만 구성한 가족이다. 반면에 비자발적 무자녀가족(involuntary childless family)은 신체적 혹은 생리적 이유로 배우자와 동거하면서 피임을 하지 않고 정상적인 부부관계를 가진 상태에서 12개월 이내에 임신이 되지 않거나 생존아를 출산할 수 있는 임신을 지속할 수 없는 상태의 부부가족이다.

인구주택 총 조사에서 나타난 부부 1세대로만 구성된 부부가구는 1970년의 5.4%에서 1980년 6.4%, 1990년 9.3%, 2000년에는 14.8%를 보이며 계속 증가하고 있고, 그 증가율도 높아지고 있다.

최근 한국 보건 사회 연구원(2019)이 전국 15~49세 사이의 기혼여성 1,009명을 대상으로 자녀에 대한 태도를 조사한 바에 따르면, 응답자 중 자녀가 "꼭 있어야 한다"는 대답은 49.9%를 차지한 반면, 자녀가 "없어도 무관하다"는 대답은 16.9%를 차지하였다. 이는 우리 사회도 앞으로 더욱 젊은 세대를 중심으로 자발적 무자녀가족이 증가할 가능성이 더욱 높아질 수 있다는 예측을 할 수 있게 한다. 그 원인으로는 자녀 양육에 대한 경제적 비용의 부담, 스트레스의 심화를 인식, 혈연중심의 세대 결속에 대한 회의, 가족주의와 구별되는 개인주의의 확산, 다양한 삶의 방식 등일 것으로 생각한다.

3) 맞벌이 가구

맞벌이 가구란 결혼한 부부가 동시에 모두 직업을 가지면서 구조적으로 핵가족 내지 확대가족으로 형성된 가족형태를 의미한다. 즉, 기혼 부부 모두 경제활동에 참여하면서 가정생활과 직장생활을 병행해 가는 가정을 의미한다. 맞벌이 가족은 부부가 모두 직업을 가진 경우를 말하는 것으로 여성의 취업 동기에 따라 생계 유지형 맞벌이 가족, 내조형 맞벌이 가족, 자아 실현형 맞벌이 가족, 여가활용형 맞벌이 가족으로 구분하고 있다(이성희 외, 2019).

이들 각 유형별 맞벌이 가족을 살펴보면 생계 유지형 맞벌이 가족은 가족의 경제적 필요에 의하여 기혼여성이 비자발적으로 취업하는 형태이며, 내조형 맞벌이 가족은 생계의 위협을 받는 것이 아니나 가족의 보다 나은 경제적 여유를 위하여 취업을 하는 경우와 남편의 학업이나 출세를 위하여 여성이 생계를 전적으로 담당하는 형태로써 취업은 하였지만 여성의 성 역할 태도는 매우 보수적이며, 남편의 종속된 위치를 수용하는 형태라고 할 수 있다.

과거 남성 생계부양자 모델이 일반적이었던 전통사회에서 부부관계는 부계중심의 대가족체계로 남편과 아내가 수직적 관계였다면, 현대의 가족은 부부중심의 핵가족 체계로 수평적 관계를 바탕으로 하고 있다.

맞벌이 가족은 구조적인 측면에서 기존의 확대가족 또는 핵가족의 형태를 취하나 부부가 함께 경제활동을 한다는 면에서 기능적인 측면이나 가족관계 측면에서 새로운 가족 형태로 간주할 수 있다.

맞벌이 부부는 외면적인 부부간의 역할 변화만이 아니고 부부 각자의 태도나 관계의 변화까지 가져온다는 점에서 새로운 부부유형이라고 할 수 있다. 그러나 부인이 전통적이 역할에 추가하여 경제활동까지 참여하는 역할확대 현상을 보이는 데 비해 남편의 가정 내 역할의 보충이나 변화는 서서히 나타남으로써 남편과 부인의 현실적 상황과 기대 간에 지체현상을 보인다고 한다. 40~50세 사이의 중년 여성들의 맞벌이 비율은 50%를 넘는다. 그러나 맞벌이 여성의 교육 수준이 초등학교 이하가 많음을 볼 때 여성들의 맞벌이 수단은 단순노동이 많음을 알 수 있다.

맞벌이 유형을 더욱 구체적으로 나누어 설명하면 맞벌이 가족은 여성 취업 동기에 따라 생계유지형, 내조형, 자아실현형, 여가활동형으로 분류할 수 있다(정옥분 외, 2006). 생계유지형은 경제적 필요성에 의해 취업을 하는 형태로 일반적으로 학력이 낮고 남편이 무직이거나 사별, 혹은 이혼한 가성에서 보편직으로 많이 나타나는 유형이다. 내조형은 생계의 위협은 없지만 보다 경제적인 여유를 추구하거나 남편의 학업이나 출세를 뒷바라지하기 위해서 취업을 하는 형태이다. 자아실현형 맞벌이 가족은 중산층 이상 고학력의 여성들이 취업을 통하여 자아를 실현시키고, 현대적인 성 역할 태도에 입각하여 평등한 부부관계를 정립하려는 형태이다. 여가활용형 맞벌이가족은 주로 중산층 중심으로 나타나는 유형으로 경제적 이유, 내조 또는 자아실현 등을 크게 의식하지 않고 자신의 취미를 살리고 여가를 활용하기 위해 직업을 갖고자 하는 형태이다(이성희 외, 2019).

산업화와 가족구조의 변화로 인한 상황 속에서 일과 가정을 양립하는 과정에서 맞벌이 가족에 대해 우리는 다음과 같은 문제에 관심을 가져야 할 것이다.

첫째, 2016년 OECD국가 중 두 번째로 우리나라 취업자의 주당 평균 근로시간이 43.6시간으로 높은 일 중심적인 생활은 가족구성원 간 갈등을 유발하고, 가족위기, 가족해체 등의 여러 가지 가족문제를 발생시키는 요인으로 사회전체 적으로도 부정적인 영향을 미친다.

둘째, 가사노동과 돌봄의 불균형 문제이다. 통계청(2017) 조사에 의하면 6세 이하 취학전 자녀를 둔 맞벌이 가구 비율은 39.7%, 초, 중, 고 연령의 자녀를 둔 맞벌이 비율은 (7-12세: 52.7%, 13-17세: 58.3%)로 나타나 자녀가 어릴수록, 자녀가 많을수록 돌봄이 필요한 시기의 자녀가 있는 가정의 경우에 여성의 경제활동이 어려워 여성에서 편중된 자녀양육의 책임과 가사노동의 부담감으로 인해 일과 가정을 양립하는데 어려움을 느끼고, 이로 인해 가족문제로까지 연결될 가능성이 높다(이성희 외, 2019).

이에, 맞벌이 가족을 위한 과제로 일과 가정 균형을 위한 지원제도의 효과가 가시화될 수 있기 위한 정책수요에 대한 정확한 진단과 평가가 필요하다. 또한, 양성평등한 가정문화와 직장문화 확산을 위한 국가와 사회적 노력이 필요하다.

4) 한부모 가구

현대 사회의 가족은 부부간의 성격차이나 배우자의 부정, 가정폭력 및 가족기능 수행에 대한 불만족 등의 다양한 문제를 무조건적인 인내로 감수하는 것만이 바람직한 것은 아니라는 암묵적 지지를 하고 있다. 한편 이들 문제에 대하여 적극적으로 대처할 수 있는 사회적 분위기를 조성하였고 그 결과 이혼이나 별거를 경험한 해체가족이 증가하고 있다.

보통 한부모 가족이라 할 때, 이혼이나 사별로 인해 한 명의 부 또는 모가 자녀와 함께 생활하는 가족을 말한다. 이러한 가족을 둘러싼 외부환경의 급속한 변화는 가족에 대한 가치관을 변화시켰을 뿐만 아니라 가족고유의 기능을 수행하고 가족관계를 유지・발전시켜 가는 형태에도 직접적 영향을 주었다.

한부모와 관련 된 법의 연혁을 살펴보면, 이들에 대한 사회적 관점의 변화를 추정할 수 있는데 1989년에 제정된 「모자복지법」이 시작이었음을 알 수 있으며 이 시기에는 여성을 경제적 약자로 가정하여 한부모의 세대주가 여성인 경우를 지원하는 데 초점을 두었다.

여기서 모자가족이나 부자가족이라 함은 모 혹은 부가 세대주이지만 세대주가 아니더라도 세대원을 사실상 부양하는 자가 모(母)이거나 부(父)인 경우도 모자가족이나 부자가족으로 간주한다. 이와 같이 한부모 가족지원법에 의거한 우리나라 한부모 가족은 가족구성상 부모 한쪽으로만 구성된 가족뿐 아니라 부모가 모두 있으나 가족 기능상 한쪽이 단독으로 부모의 역할을 수행하는 경우를 모두 포함한 개념으로 사용하고 있다.

한부모 가족은 다양한 이유로 형성되지만, 이혼이 주요 원인이라는 점을 간과할 수 없다. 부부의 삶에서 결혼 안정성보다 결혼 만족도가 중요해지고 이혼에 대한 허용적 태도가 확산되면서 이혼을 통한 한부모 가족도 증가하는 것이다.

통계청(2019) 조사에 의하면 한부모 가구는 1,539천 가구로 전년 대비 6천 가구(0.4%) 증가하였으며, 미혼자녀의 연령이 18세 이하인 한부모 가구는 408천 가구, 19세 이상인 가구는 1,131천 가구로 나타났다. 세대 구성별로는 '모+미혼자녀' 가구가 963천 가구로 전년대비 1.1% 증가하였고 '부+미혼자녀' 가구는 283천 가구로 전년대비 0.7% 증가한 것으로 보인다.

이러한 한부모 가족의 특성은 한부모 가족이 된 직접적인 원인(이혼, 별거, 사별, 미혼모, 미혼부)과 그 가족이 처한 상황과 경제적 수준, 가사와 육아의 조력자 유무, 부모의 취업여부, 가족의 크기, 지지체계에 따라 다르게 나타난다. 이 같은 특성을 가진 한부모 가족의 가장 큰 어려움은 경제적 문제가 아닐까 생각한다. 실제 2015년 한부모 가족실태조사에 따르면 한부모 가정의 87.4%가 근로활동 중으로 경제활동인구 전체 고용률이나 한부모가 되기 1년 전 고용률(56.3%)에 비해 높은 것으로 나타났다. 이들의 직업분포도에서도 서비스종사자(32.2%)가 가장 많았고 특히 모자가정의 경우가 더 높은 것으로 나타났다. 이들의 근무시간을 살펴본 바 취업한 한부모의 48.2%가 10시간 이상 근무하며 주 5일제 근무하는 한부모는 29.8%에 불과했다(여성가족부, 2015). 또 다른 측면에서는 정서적 어려움이 아닐까 생각한다. 한쪽 배우자의 상실은 자녀양육방식을 지지하고 의논해 줄 대상의 상실, 가사와 육아 이외의 생계를 직접 담당하게 됨으로서 상당한 압박과 긴장상태에 빠져 심리적으로나 정서적으로 어려움에 처할 것이다. 자신을 둘러싼 환경을 통제할 수 없다는 무력감과 세상에 대한 자신감 결여, 절망감, 사회에 대한 거부감, 부양자로서 자신의 역할에 대한 부정적인 평가, 우울과 불안, 소외감에 빠져들 수 있다(조흥식 외, 2010).

5) 재혼 가족

이혼의 증가와 비례하여 재혼도 증가하고 있는 현대 사회에서 재혼은 또 다른 가족형태로 수용되고 있다. 가족이라는 집단을 유지하기 위해 개인의 희생을 요구하던 전통적인 가족주의는 점차 희석되어 가고 있다.

재혼 가족 개념은 한 명 이상이 초혼이 아닌 성인남녀의 재결합을 의미한다. 즉, 부부 한 사람, 혹은 두 사람이 이전에 결혼을 했다가 이혼, 혹은 사별을 겪고 난 뒤 결혼을 통해 새롭게 형성된 가족이다. 이와 동의어로 의붓 가족 및 계부모가족(step-parent family)이라는 용어가 사용되고 있다(장혜경・민가영, 2002).

재혼의 동기는 경제적인 문제와 자녀양육의 문제, 외로움 해소, 사회적 압력 등 현실적인 이유에 의해 결정된다. 이때 재혼의 동기는 이전 결혼의 실패에 대한 과도한 보상심리, 경제적 문제와 자녀양육 부담의 분담, 외로움에서 상대방이 나를 구원해 줄 것이라는 희망 등 현실적으로 불가능한 기대를 가지는 것으로 나타났다(Ganong & Coleman, 2003). 이러한 재혼에 대한 기대감은 이전 혼인의 관계에서 해소의 경험과 남녀 간 성별의 차이에 따라 달라진다.

여성은 이혼이나 사별 후 혼자 남겨졌을 때 생계와 부양의 책임을 통해 다양한 역할을 수행한다. 재혼을 위한 경제적 동기는 남성들보다 여성들이 더 크다. 자녀가 있으면서 재혼을 하는 많은 여성들은 초혼일 때보다 더 강력하고 명확한 직업적 목표와 계획을 가진다. 그들은 이혼을 잘 극복하고 새로운 결혼에서 성공하기 위해 더 헌신하거나 결혼생활이 필요로 하는 것에 대해 초혼과 비교하여 더 분명한 생각을 가지고 있다(문혁준 외, 2007).

재혼 가족을 자녀의 입장에서 본 계부모가족(step-parent family)은 최소한 한쪽의 배우자가 과거에 결혼한 경험이 있고 한 명 이상의 자녀를 가진 가족을 의미한다. 이는 아동의 입장에서 생부모가 아닌 부모와 아동으로 이루어진 가족형태를 표현한 것으로 실제로 재혼은 이혼자의 재혼이 많고 유자녀 이혼이 압도적인 현실을 고려할 때 재혼 가족 대부분은 의붓가족이다. 또한 재혼 가족이란 부부 중 한 사람 혹은 둘 모두가 결혼한 경력이 있고, 그로 인한 이혼이나 사별을 경험한 사람이 결혼을 통해 가족을 형성한 것을 의미하기도 한다.

재혼 가족은 전통적인 가족생활주기의 분열이면서 새로운 주기의 시작으로 재혼 전에 가졌던 가족생활주기의 형태가 일부 유지되면서 새로운 가족생활주기가 시작된다. 재혼 가족의 구성원은 부모의 죽음이나 별거와 같은 중요한 상실경험을 가지고 있는데 서로 다른 경험, 전통, 가치, 기대를 지닌 사람이 어느 시점에 한 가족을 이루게 되므로 어려움이 있을 것으로 예상된다.

재혼 가족은 배우자의 혼인 여부에 따라 3가지 유형으로 나뉠 수 있는데 '재혼남성+초혼여성', '초혼남성+재혼여성', '재혼남성+재혼여성'으로 구체화 된다. 통계청(2019)이 발표한 '2018년 혼인 · 이혼 통계'에 따르면, 2018년에 발생한 전체 결혼 중 '초혼남성+초혼여성'의 비율이 77.6%에 머문다. 초혼 및 재혼이 발생하는 연령을 살펴봐도 우리 사회의 변화하는 결혼양상을 파악할 수 있다.

통계청(2019)에 따르면 초혼의 만혼화가 뚜렷해지면서 재혼의 평균 연령도 남녀 모두에게 증가하는 것으로 나타났다. 2018년을 기준으로 평균 재혼 연령은 남자가 48.9

세, 여자는 44.6세로 노후의 부부관계가 갖는 중요성이 부각되면서 중년기의 재혼은 앞으로 증가할 가능성이 크다.

6) 다문화 가구

다문화 가구의 개념은 국적을 달리하는 남녀가 결혼으로 가정을 형성하는 또는 한국인이 외국인과 결혼하여 형성한 가족을 의미하기도 한다. 다문화 가족의 사전적 의미는 "국적과 문화가 다른 남녀로 이루어진 가족"을 말해서 한국인과 결혼한 결혼이민자뿐만 아니라 서로 다른 민족 또는 다른 문화적 배경을 가진 사람이 포함된 가정을 총칭한다.

한국 사회에서 국제결혼은 언어, 종교와 관습이 다른 남녀 간의 결합으로 우리 사회에서 오랜 기간 동안 환영받지 못했다. 최근에 오면서 국제결혼에 대한 거부감이나 부정적인 정서가 사라지면서 국제결혼이 증가하는 경향을 보이는데 이는 시대적 배경을 반영하고 있다.

경제적 발전을 포함한 한국의 국제적 지위 향상, 인터넷 통신의 발전, 외국과의 빈번한 교류 왕래, 농촌 총각의 결혼문제 등과 관련이 깊다. 국제결혼의 동기는 과거에는 외국인에 대한 호기심, 경제적 안정 및 정서적 안정, 위기탈출 및 종교적 차원의 사랑인 경우도 있었으나, 점차 순수성이 상실되면서 국적취득이나 취업, 현실 탈출로서 동기가 변화되고 있다.

다문화 가족의 증가는 세계적인 현상이지만 한국의 경우 타 국가들과 다른 양상을 보인다. 1차적으로는 1960년대 이후부터 정부가 꾸준히 추진해 온 출산억제 가족정책과 남아선호 사상이 연계되어 나타난 인구구조의 심각한 성비불균형으로 결혼시장이 교란되었기 때문이다. 그러나 이러한 혼인시장의 혼란에 덧붙여 상대적으로 도시보다 낙후된 농촌지역의 경제적 상황이 반영된 결과이기도 하다.

최근 국제결혼의 양상은 한국인 하층 남성과 외국인 여성 사이의 결혼이 폭발적으로 증가하여 국제결혼의 여성화 현상이 두드러지고 있으며, 몽골, 러시아, 필리핀, 베트남, 인도네시아를 포함한 동남아시아 출신 여성과의 결혼도 눈에 띄게 증가하는 경향을 보인다.

통계청(2019) 2018년 인구주택 총 조사 집계자료에 의하면, 조사에 응답한 경우 귀화자가 있는 가구 또는 외국인이 한국인(귀화자 포함) 배우자와의 혼인으로 이루어진 가구 또는 그 자녀가 포함된 가구로 다문화가구는 335천 가구로 2017년(319천 가구)에 비해 16천 가구(5.0%) 증가했으며 '내국인(출생)+외국인(결혼이민자)가구'는 120천 가구이며 가구원은 393천 명으로 가장 많고, '내국인(출생)+내국인(귀화)가구'는 77천 가구, 가구원은 285천 명순으로 나타났다. 전년대비 '내국인(출생)+다문화자녀가구'는 5천 가구(19.2%) 증가한 것으로 보인다.

국적별로 다문화 대상자는 한국계 중국이 119,222명(34.9%), 베트남 71,789명(21.0%), 중국 67,837명(19.9%) 순으로 많았으며 2017년에 비해 다문화 대상자 증가가 큰 국적은 한국계 중국 5,684명, 베트남 2,258명, 중국 980명 순으로 증가율은 태국 18.9%, 카자흐스탄 13.7% 순으로 나타났다.

결혼이민자들은 기본적으로 언어문제 및 상이한 문화로 인한 어려움을 겪는다. 언어소통의 문제는 생활 전반에서 오는 문화적 차이를 극복할 수 있는 통로를 원천적으로 차단하므로 일상생활의 불편함은 물론 대인관계의 곤란을 초래한다. 이는 또한 부부간의 친밀함을 구축하고, 서로를 이해하며, 정서적 관계를 형성하는 데 어려움을 가져오며, 가족 간의 오해를 초래하여 가족관계를 발전시키는 데 장애요인이 된다.

결혼이주여성의 결혼 동기는 무엇일까? '경제적으로 윤택하게 살 것 같아서?', '친정을 돕기 위해서?' 경제적 문제는 한국의 부부관계에서도 소득관리의 주체가 누가 되느냐와 관련하여 가족관계의 문제와 관련되어 발생하기도 한다. 결혼이주여성은 입국 초기에는 언어문제 등으로 남편과 가족에게 의존하던 여성이지만, 결혼기간의 경과에도 모든 경제권을 시어머니나 남편이 주관하면 불만이 생길 수밖에 없다. 여기에 경제권에 대한 문화적 차이, 본국의 가족을 돕는 문제로 인한 갈등 등이 결합되면 경제권으로 인한 문제가 증폭될 수도 있다.

또 다른 문제로 갈등 문제를 들 수 있는데, 특히 경제 문제와 남편과의 생활습관 차이, 친인척 관계문제, 여가문제 등에서 갈등이 일어날 수 있다. 가사를 돕지 않는 문제에 대해서 갈등한다거나 관대한 남편역할을 기대했으나 실망하는 경우, 자신에게 무관심한 경우 심각한 남편과의 갈등을 유발할 수 있을 것이라 생각한다.

4. 현대 가족 문제의 특성

한국은 전통적으로 유교 문화를 가지고 있으며, 80년대 이전 기성세대들은 대부분 유교 문화에서 가정교육을 받고 자랐으며, 전통적인 가족주의 원리가 모든 사회 질서의 기본이었던 문화에서 부모에게 효를 다하는 것을 지상 최대의 가치로 여기도록 교육을 받았다.

근대사회에서 일본의 식민지하에서 성장기를 보낸 세대들은 수난과 설움을 경험하였고, 이후 한국 전쟁을 거치면서 사회혼란기 속에서 성장한 근대의 세대들은 환경 또는 가난 때문에 진학의 기회를 놓친 경우가 많았고 교육과 학벌에 대한 인식과 한을 품게 되었다.

이 때문이었을까? 현재 한국의 기성세대들은 올바른 인성교육보다는 계층의 이동수단으로의 교육을 중요시하며 성장한 것은 아닌가 하는 생각이 든다. 그것은 곧 자녀세대에게는 자신들의 무지와 가난을 물려주지 않기 위해 자녀에게 교육적 성공을 기대하게 된 것은 아닌가 하는 생각이 들기 때문이다.

계층의 상향 이동수단으로서 교육의 중요성을 깨달은 이들 세대는 1960년대에 성공과 출세의 가장 빠른 방법으로 교육을 선택하게 되었고, 당시 교육으로 인한 계층의 상승은 가정의 최대의 희망이었으므로 공부를 잘하는 자식이 효도를 잘하는 것으로 인식하게 되었을 것이고, 그 결과 이 세대들의 엄청난 교육열은 기존의 가정 내 참된 인성교육과 연결되지 못하는 결과를 낳지 않았는가 생각한다.

본 저자도 1960년대에 태어난 세대이지만 1970년대의 경제성장으로 인하여 1950년대 이후 태어난 세대가 부모님 세대에 가난을 극복하면서 고학력 인구로 급격히 증가하게 되면서 실제로 많은 사람들이 교육의 혜택을 받게 되었다. 그러나 한국에서 존재하는 유교식 가치관, 즉 부모세대가 배우고 자라 온 유교적 개념이 때로는 1950년대 이후 태어난 자식 간에, 개인과 사회 간에, 남자와 여자 사이의 도덕적 상식에 대한 혼란을 가져오는 요인이 되기도 하였다. 이와 같이, 자녀, 부모, 조부모가 살아온 시대와 교육의 가치가 달라짐에 따라 한국의 가정은 자녀 교육의 문제에 있어서 많은 갈등과 문제를 보이고 있다.

1) 한국의 가족 문제 특성과 대처방식

현대 가족은 전통 가족과는 달리 가족형태가 다양화되고 핵가족화와 개인주의, 평등주의 가치관의 영향으로 유교적 가족윤리와 가부장적 문화는 급속히 퇴색되고 있으며, 가부장적 가족윤리에서 벗어나 개인주의, 평등주의적 가족윤리를 지향하고 있으나 아직도 과도기적이어서 가족 가치관이 혼재하고 있는 상태이다. 이상에서 언급한 내용을 토대로 우리나라 가족 문제 특성과 대처방식을 다음과 같이 요약하고자 한다(최규련, 1995).

(1) 준비되지 않은 부부와 부모에서 가족 문제가 비롯되는 문제

사람들이 경험하는 가장 중요하고 친밀한 관계는 부모 - 자녀 관계이다. 오늘날 가족과 사회에서 발생하고 있는 심각한 사건들은 부모로서 유능하게 행동하도록 준비시키는 것이 필요함을 말해 준다. 특히 급증하고 있는 부부갈등, 부부외도로 인한 이혼, 가족해체의 문제, 다양한 자녀문제가 가족을 둘러싼 환경적인 원인도 있지만 대부분의 원인은 부부와 부모로서 준비되지 않은 것에서 비롯된다고 볼 수 있다.

(2) 부모 자녀 간에 세대 전수되는 건강하지 못한 관계가 가족 문제의 원인

한국 사회에서는 전통적으로 부모는 자녀를 부모의 한을 풀어 주는 수단적 · 종속적 존재로 여긴다. 맹목적으로 자녀를 보호하고 간섭하고 자녀를 위해 희생하며 훌륭한 교육을 받게 하는 데 열성적이며, 동시에 부모 위주로 자녀의 장래를 계획하고 자녀의 결혼과 결혼생활에 관여하며 부모에게 순종하고 효도하기를 바란다.

자녀는 부모에게서 정서적으로 독립되지 못하고 성인이 되어서도 부모의 희생과 간섭을 당연시하며 지원을 기대하는 경향이 있다. 그 결과 부모와 자녀 관계에서 호혜적 교환이 이루어진 경우는 원만한 관계가 이루어지나 그렇지 않을 경우는 갈등이 발생하게 된다.

노부모 - 성인 자녀 관계에서도 상호 간에 기대수준의 차이로 노부모는 자녀들의 공경과 부양에 불만과 소외감을 가지며 자녀는 부모의 과도한 의존과 통제 간섭으로 부담을 느낀다. 그 결과 부모 자녀 간의 갈등, 형제자매 간의 갈등이 발생하며 극단적으로는 노부모의 빈곤과 우울 문제, 노인에 대한 유기, 학대문제, 형제 간 다툼, 관계의 단절 등이 발생하는 경우가 적지 않다. 한편, 교육 수준과 의식이 높아진 데 비해 일자리가 부족하여 사회 참여가 좌절된 여성들과 결혼 생활에서 갈등을 겪는 여성들의 경우 자녀에게 과도하게 집착하여 자녀를 지배하려 하고 왜곡된 모자 관계를 형성함으로써 자녀의 신경증 문제와 고부갈등 문제, 사위와의 갈등문제를 초래하는 경우가 많다.

(3) 가족원 간 의사소통 방법의 특성이 가족갈등과 문제 악화 요인

전통적으로 가족 내 의사결정 방법은 위계 구조에 의해 권위자가 일방적으로 결정하고 아랫사람은 순종하는 형태였다. 또한, 엄격한 유교의 영향으로 부부 사이에, 부모 자녀 사이에 감정 표현이나 애정표현은 억제되었기 때문에 감정을 표현하지 않고 지내거나 은근히 간접적으로 표현하는 방법을 사용하였다.

현대 사회에서도 아내나 자녀, 아랫사람이 자신의 의견을 솔직하고 분명하게 말하는 것이 상대의 권위에 도전하는 것으로 해석하는 경우가 많고 또한 남성, 부모, 윗사람들은 경청하지 않는 경우가 많아서 가족 간의 상호 이해와 친밀한 관계 유지에 장애물로 작용하고 갈등의 원인이 되고 있다. 실제로 대화를 할 수 있는 태도와 준비가 되어 있지 않은 경우가 많다.

(4) 가족 문제에 대한 인식과 대처방법

가족 문제에 대한 인식과 대처방법에서 가족주의 문화가 반영되는 것으로, 전통사회에서 가족주의라는 집단주의가 지배하였기 때문에 인간관계는 체면과 격식이 중요시되고 개인의 모든 행동은 소속된 가족이나 집안의 품격과 분위기를 반영하는 것으로 인식되었다.

개인의 행복과 발전, 자아실현에 비중을 두기보다는 가문의 체면에 가치 기준을 두었다. 또한, 집안의 조화와 화목을 주요 덕목으로 여겼기 때문에 갈등이나, 흉, 근심, 걱정거리를 집 밖에 노출하는 것을 수치스럽게 여겼다. 그 영향으로 부부갈등이나 자녀 문제, 고부갈등 등의 가족 문제가 발생한 초기에 전문가의 도움을 요청하는 경우는 극히 적고 숙명적으로 받아들이고 참고 견디려는 경향이 있다. 문제가 만성화되고 심각해져서 모든 방법을 사용한 뒤에야 도움을 요청하는 일이 적지 않다. 이러한 문제의식과 대처방법에 대해서 남성들은 집안 문제가 발생하면 가장이 무능하여 집안을 잘 다스리지 못했기 때문이라 생각해 외부에 도움을 요청하는 것을 수치스럽게 여기며, 내향적인 남성들의 경우엔 슬픔과 긴장, 두려움과 불안, 분노 등의 부정적 감정들을 음주나 흡연으로 해소하거나 회피하고 참거나 때로는 폭발적으로 분노를 표현하기도 한다. 여성들도 갈등이나 문제에 직접 해결하기보다 참고, 억누르고 가까운 사람에게 푸념하는 방법으로 해소해 왔다.

(5) 다양한 가족의 급증으로 인한 사회적 이해와 지원이 요구

한부모, 재혼, 이혼, 노인 단독가구, 조손 가족, 분거 가족, 결혼이민자 가족, 역할전환 부부 등이 증가함에 따라 기존의 정상 가족 기준으로 가족을 평가할 수 없게 되었다. 다양한 가족에 개입하는 상담자는 그 가족원의 역할과 기능에 대해 개방적 태도와 관점을 갖고 그들의 문화적 배경과 삶의 방식을 이해하고 존중하는 것이 중요하다. 또한, 상담자는 다양한 가족의 필요와 애로 사항에 민감한 관심을 갖고 효과적 지원방법을 탐색해야 할 것이다.

다함께 생각해 봅시다

1. 한국의 다양한 가족에 대해 조사해 봅시다.

1) 독신 가구

2) 무자녀 가구

3) 맞벌이 가족

4) 한부모 가족

5) 재혼 가족

6) 다문화 가족

03

성(性)과 사랑

Marriage & family | chapter 03

성(性)과 사랑

현대 사회의 남녀관계에서 가장 중요한 의미를 갖는 것은 사랑이다. 사랑은 두 사람이 독립된 한 개인으로 만나게 되는 현대 사회에서 사람들은 가문이나 배경보다 결혼에 이르는 중요한 가치로 부각되고 있다. 인간의 삶은 성(性)과 떼어 놓고 생각할 수 없다. 성(性)에 의해 남성과 여성이 구분되고 그 성(性)에 의해 인간의 삶이 시작되기 때문이다.

일반적으로 성(性)은 성행위를 지칭하는 좁은 의미로 해석할 수 있으나 생물학적 차이에 따라 구분되는 성(sex), 성적인 행동이나 태도, 욕구를 지칭하는 성(sexuality)을 포괄하는 개념이다.

성(性)은 인간 본성에 기인하지만 본성에만 따를 수 없고 사회적·윤리적 규범과 규약에 의해 형성되기도 한다. 성(性)과 관련된 우리의 행동이나 태도는 생물학적인 성(性)을 기반으로 한 성적 성숙이나 우리 사회의 성(性)에 대한 전반적인 인식이나 기대를 반영하는 사회적인 성(性)과 밀접한 관계가 있다. 따라서 성(性)에 대한 올바른 이해와 인식, 올바른 가치관과 행동규범이 필요하다. 또한, 포괄적인 성(性)에 대한 이해와 아울러 사랑과 성(性)행동에 대한 논의도 필요하다. 최근 우리 사회에는 혼전 성(性)행동에 대한 개방적인 인식이 팽배해 있다. 그 결과 혼전 임신으로 인한 인공임신중절, 미혼모 입양문제 등이 심각한 사회문제로 대두되었고 그 책임은 고스란히 우리 사회의 몫이 되어 버렸다. 이에 본 장에서는 성(性)에 대한 개념을 정리하고 성에 대한 올바른 이해를 돕고, 사랑과 혼전 성(性)행동과 관련된 문제를 사전에 예방하기 위한 논의도 해 보고자 한다.

1. 성(性)의 개념

사랑은 두 사람을 결혼에 이르게 하고, 가족을 지탱해 나가는 중요한 요인 가운데 하나이지만 이를 개념화 하는 것은 쉬운 일이 아니다. 또한, 사랑이 무엇인가라는 물음에 대한 답은 개인마다 차이가 있을 것이다. 사랑에 대한 이러한 포괄적인 개념화에 앞서 여러 학자들은 보다 다양한 방식으로 사랑이라는 개념을 설명하고자 하였고, 저자는 사랑을 유형화하거나 사랑을 구성하는 요소 혹은 초기의 애착관계 등과 관련하여 접근하고자 하였다.

1) 성(性) 개념

정신분석학자 였던 프로이드가 인간을 심리 성적인 존재로 강조하였듯이, 성(性)은 출생부터 죽음을 맞이할 때까지 삶의 질에 있어서 중요한 행동방식으로 이해될 수 있다. 성(性)이란 남성과 여성으로 구분되는 인간의 특성을 총칭하는 개념으로 이는 사랑과 결혼에 필요한 요소이고 친밀한 관계를 유지시키는 중요한 수단이 된다.

프로이드는 인간발달단계를 5단계로 나누어 영아기를 구강기, 항문기, 유아기를 남근기, 초등학교 시기인 아동기를 잠복기, 청소년기를 생식기라 칭하였다. 인간이 본래 타고난 성적 에너지인 리비도(libido)가 구강으로 이동을 하면 구강기, 항문으로 이동하면 항문기, 성기로 가면 남근기 및 생식기, 그리고 잠재되어 잠복한다 해서 잠복기라 하였다. 이 리비도(libido)가 이동한 신체부분의 욕구가 어느 정도 만족되어야 인간의 발달은 심리성적으로 만족하면서 성장 발달할 수 있음을 강조하였다(문혁준 외, 2020).

동양의 문화권과 우리나라는 성(性)을 마음을 나타내는 심(心)과 몸을 나타내는 생(生)의 합성어로, 성을 몸과 마음을 포함하는 포괄적인 의미로 사용하고 있다. 성(性)에 대한 인식은 인류의 역사와 함께 많은 변천을 겪어 왔으며, 고대 그리스와 고대 중국에서는 남녀의 성적 결합이 자연스러운 것이라고 생각했으나, 종교에서의 성은 억압의 대상이었다.

성(性)의 결정은 유전인자의 구성과 성호르몬 분배의 영향에 따라 구별되며 여성은 에스트로겐(estrogen)과 프로게스테론(progesteron), 남성은 안드로겐(androgen)과 테스토스테론(testosteron)이라는 호르몬 작용에 의해 신체적으로 여성화 및 남성화로 구별된다.

일반적으로 성(性)과 관련된 개념들은 영어로는 sex, gender, sexuality이며, 섹스라는 용어는 생물학적 성을 지칭하는 것으로 18세기부터 의미가 확장되어 생물학적 측면인 정자 및 난자의 생성부터 성적 흥분, 성교와 같은 성 행동을 의미하는 말로 사용되고 있다.

성(性)의 여러 기능 중 가장 일반적으로 알려진 것은 생리적 측면의 생명잉태로서 생식의 기능과 신체적·감각적 측면의 근육의 긴장해소로서 쾌락의 추구 기능, 그리고 심리적 측면의 사랑과 친밀감의 표현으로서의 관계의 기능이다. 종족보존은 성관계의 결과 자녀를 출산할 수 있는 생식기능을 의미한다. 쾌락추구는 성적 긴장을 해소하고 즐거움의 욕구를 충족시키는 기능을 말하며 관계 기능이란 애정과 친밀감을 표현하고 결속감과 일치감을 증진시키는 것을 의미한다(최규련, 2011).

이상과 같이 성(性)은 인간이 태어나서 죽음을 맞이할 때까지 신체적·생물학적인 성(sex)과 문학적 사회학적인 성(gender), 그리고 통합적인 개념으로 사용되는 성(sexuality)

모두를 포함하는 개념으로서, 한 개인으로 행복을 추구하면서 살아가기 위해서는 성에 대한 올바른 인식과 태도 및 행동양식을 갖추는 것이 중요하고 선행되어야 할 것이다.

2) 성(性)에 대한 역사적 이해

우리는 성(性)에 대해서 얼마나 올바르게 사회적응을 표현하고 사회 부적응으로 표현되고 있느냐 하는 것을 과거에는 보수적인 사회규범 기준에만 의지하려 하는 경향이 있었다.

성(性)을 생각하면 비밀, 은밀, 두려움, 기대, 환희, 즐거움, 우울함 등 여러 가지 감정들을 떠올리지만 인간의 성은 개인적인 요소와 개인이 살고 있는 사회적인 요소와도 관계가 있기 때문에 각기 다른 감정, 태도, 가치관을 가지고 있다. 또한 남성과 여성의 성(性)을 구분함에 있어서 구조적이고 기능적인 이해도 필요하기 때문에 심리학적뿐만 아니라 생물학 또는 생리학적인 면으로도 다루고 있다.

원시시대 인류학자들이나 유적에 의하면 남성은 주로 사냥하고 여성은 집 근처에서 채소와 과일을 채취하고 아이들을 돌보는 역할을 하였다. 빙하기를 거치면서 농경사회에서는 농작물을 경작하는데 남성의 힘이 많이 필요함을 강조하면서 남성의 성기를 숭배하는 사회로 변화하였다.

중세와 르네상스 시대는 성은 단지 인간의 번식을 위해서 존재하는 것으로 해석되었고 소위 상류층의 여성을 상대로 순수하고 고귀한 사랑과 성생활을 강조하고 인간의 육체적 관계는 순수한 사랑과 서로 역행하는 것이라 여기고 남녀가 동침을 하면서도 성관계를 갖지 않는 것이 순수한 사랑을 나누는 것이라고 찬양하였다.

16~17세기에는 성(性)에 대해 덜 엄격하고, 마르틴 루터(Martin Luther)와 칼뱅(Calvin)의 종교개혁과 함께 성에 대해 좀 더 긍정적인 태도를 보였다. 20세기에 들어서면서 성과 관련해 좀 더 객관적이고 과학적인 방법으로 성을 다루기 시작하였다.

21세기는 성(性) 해방과 성(性)에 대한 새로운 형태의 경험 등을 기반으로 더 성숙하고 다양한 방법으로 성(性)을 바라보려는 시도들이 미디어를 통해 이루어진 시기이다. 특히 사이버 공간을 통해 성(性)에 대한 양질의 정보보다 상업성을 위한 포르노를 무차별적으로 제공하고 있고 사이버 공간을 통한 즉석만남, 성(性) 노출의 사이버 섹스가 범람하고 대중의 성문화를 주도하고 있다. 또한, 성(性)을 이용한 광고와 잡지들은 여성의 신체를 상품화해서 성(性)을 다루고 있다.

우리나라는 유교적 사상을 바탕으로 성에 대해 이중적 기준을 가지고 남성은 성적으로 즐겨도 되지만 여성이 성(性)을 즐기면 부정적 이미지를 부여했다. 여성의 혼전 성관계는 기피의 대상이 되었다.

성(性)에 대한 가부장적이고 보수적인 입장에서 우리나라의 성문화는 아직도 남근 중심의 성(性) 만족을 지나치게 강조하면서 성(性)을 왜곡되게 바라보는 면이 있어 올바른 성(性)에 대한 인식이 필요해 보인다.

〈표 3-1〉 성(性)에 대한 올바른 인식 체크리스트

번호	문항	그렇다	아니다
1	남성은 오르가즘을 여러 번 경험하지만 여성은 경험하지 못한다.		
2	여성과 남성은 오르가즘 후 얼마 동안에는 성적 자극에 더 이상 반응할 수 없다.		
3	성적 무기력의 원인은 심리적인 경우가 있다.		
4	정상적인 성 관계는 유일하게 음경의 질 삽입을 통해서이다.		
5	여성은 자궁이 제거되어도 성욕이 사라지지 않는다.		
6	술은 성적 자극 수준을 떨어뜨린다.		
7	성 관계 시 남성의 음경 크기가 여성의 성적 만족에 직접적으로 영향을 미친다.		
8	여성과 남성의 구강성교는 가끔 동성애적인 성향을 보인다.		
9	중년 이후에 여성과 남성은 자위행위를 거의 하지 않는다.		
10	인간의 성은 대개 문화적 맥락에서 학습한다.		
11	남성은 한때 자위행위를 하는 시절이 있었지만 여성은 자위행위를 하지 않는다.		
12	결혼을 해서도 자위행위를 하면 결혼에 잘 적응하지 못하는 것이다.		

정답 1 X 2 X 3 O 4 X 5 O 6 O 7 X 8 X 9 X 10 O 11 X 12 X
출처: 문혁준 외(2020).

3) 성에 대한 이론적 접근 방법

현대 사회는 부부관계에서 많은 변화를 요구한다. 수직적인 관계에서 수평적인 관계로의 전환은 동등한 인생의 동반자라는 인식과 함께 갈등을 양상시키는 원인이 되기도 한다.

사랑이 남녀관계, 나아가 배우자 선택에서 중요한 의미를 갖게 된 것은 근대 핵가족 탄생에서 그 뿌리를 찾을 수 있다.

유교적인 풍습 가운데 성장한 세대는 성에 대한 대화를 나누는 것에 대해 폐쇄적이며 표현도 자유롭지 못했다. 그러나 오늘날은 성과 관련해 개방적인 태도를 취하는 것과 동시에 부부관계에서의 성(性)은, 성이라는 도구를 통해 서로가 감정교류를 하며 부부에게 이는 중요한 의사소통의 도구 중에 하나로 결혼생활에서 중요한 비중을 차지하게 되었다.

근대사회의 보편적인 가족형태인 핵가족의 특징적인 정서 가운데 하나는 낭만적 사랑으로, 이 세상에서 단 한 사람과 운명적으로 만나서 사랑하고 평생을 함께한다는 생각에 근거하고 있다.

그러나 성 역할의 경우 남녀가 남녀로서 행동해야 하는 것들과 미래에 행동하도록 기대되는 태도와 가치관을 습득하게 되는데 성과 관련해서는 접근하는 방향에 따라 방법이 다양하다.

핵가족이 보편화됨에 따라 낭만적 사랑의 가치는 전통가족에서 중요시되었던 신분이나 가문 등의 어떤 요인보다도 남녀관계에서 중요한 요인이 되었다.

(1) 생물학적 성

생물학적으로 남녀의 성 구분은 염색체의 차이에서 비롯된다. 즉, 성과 관련한 생물학적 측면에서의 접근 방법은 성을 한 종(種)의 구성원들을 암수로 구분하는 특성들의 총체를 가리킨다. 인간이 가지고 있는 23쌍의 염색체 가운데 마지막 쌍인 염색체에 의해 태아의 성은 결정된다. 일단 염색체상의 성(性)이 결정되면 성호르몬의 영향으로 남아는 6주부터 여아는 12주부터 생식기가 분화하기 시작한다. 성호르몬은 출생 이후에도 영향을 미쳐 여아는 에스트로겐의 영향으로 여성화되고, 남아는 테스토스테론이라는 호르몬의 영향으로 남성화되어 간다(정옥분 외, 2020).

종족 번식을 위한 임신 과정, 출산, 성적인 욕구, 성 기능 등의 다양한 면을 포함하며, 인류의 역사적인 면에서 항상 강조되어 왔으며, 현대는 성 기능 장애에 대한 생물학적 접근이 활발하게 이루어져 생물학적 측면에 많은 공헌을 하고 있다.

(2) 사회학적인 성

다양성과 개별성을 존중하는 현대 사회에서 낭만적인 사랑은 점차 보다 실용적이고 현실적인 합의적 사랑의 형태로 변화하고 있다. 이에 또 다른 관점에서 심리사회적 측면에서의 접근 방법을 살펴보면 남녀의 성에 관련된 감정, 사고, 성격과 관련이 있는 것으로 보았으며 남녀가 상대방과 정서적 유대감을 가지고 자신의 성과 관련한 자아정체감, 성적인 취향, 자아의식 등을 포함하는 접근 방법을 취하고 있다.

성(gender)은 사회학적인 환경과 훈련에 의해 남녀의 기질이 형성된다는 것을 강조한 용어로서, 사회적 성 정체성이 사회적 속성에 의해서도 형성된다는 것을 강조하기 위한 것이다. 1995년 중국 베이징에서 열린 제 4차 세계여성대회에서 이 용어의 사용이 바람직하다고 합의한 이후 일반적으로 널리 사용되기 시작했다. 아울리 이렇게 만들어진 성(gender)의 개념에는 불평등하고 차별적인 현실을 극복해야 한다는 문제의식이 포함되어 있다(문혁준 외, 2020).

문학적인 측면에서도 성과 관련한 이념과 가치관은 시대와 문화에 따라 달라지며 성과 사랑은 밀접한 관계를 가지고 사회적 가치의 관점에서 표현되고 반영되었다.

도덕적·종교적 측면에서의 접근 방법은 도덕적으로 보수적인 사회일수록 성을 대체로 부정적으로 바라보고 성의 표현과 성적인 행위를 억제하는 면을 강조해 왔다. 이에 성(性)을 섹스로만 여기고 성에 대한 논의나 생각을 회피, 억압해 온 사람들은 개방적인 시각에서 바라볼 수 있는 안목을 가져야 한다(현성용 외, 2016).

4) 성 역할 발달이론

사람은 성 역할에 대해서는, 출생 후 2년 정도가 지나면 남녀 간의 성과 관련된 명칭을 분명히 알게 되며 점차 남녀 간의 차이에 대해 알려고 하고 걸음마기부터 성에 대한 이해가 시작된다. 학령전기 유아는 성과 관련된 사회적 관계 성향에 관심을 나타내고 자신의 성에 걸맞은 행동을 함으로써 성 역할 정체감을 형성해 가기 시작한다.

유아는 부모로부터 학습한 성 역할 기대를 또래 관계에서도 그대로 적용하고자 하며 학령전기까지는 타인의 관점을 수용하기보다는 자기중심적이기 때문에 또래에게 자신의 성 역할 기준을 엄격하게 적용하는 기준이 있다. 이에 현대 사회까지 전통적인 성 역할이 어떻게 발달하였는지에 대한 이론에 대해 살펴보고자 한다.

(1) 정신분석이론

프로이드(S. Freud)가 발표하고 융(Carl Jung), 아들러(Alfred Adler), 랭크(Otto Rank), 스태클(Wilhelm Stekl), 클레인(Melanie Klein), 존스(Ernest Jones) 등과 같은 많은 이론가나 분석가들이 수정하고 정교화한, 인간의 성격과 성격발달에 대한 가정과 치료방법으로 현재 정신분석에 대해 알려진 대부분의 개념들은 프로이드 이론(즉, 쾌락원칙(pleasure principle), 현실원리(reality principle), 리비도(libido), 무의식(unconscious), 이드(id), 자아(ego), 초자아(superego), 정신성적 발달이론(psychosexual development theory))에서 유래하였다(오창순 외, 2018).

프로이드의 성격발달단계는 성적 에너지인 리비도가 집중된 부위에 따라 나뉘었기 때문에 성 역할 발달은 심리성적발달 단계를 중심으로 성적 차이가 있다고 보았다. 심리성적 발달 단계는 구순기, 항문기, 남근기, 잠복기, 생식기의 다섯 단계로 이루어진다고 주장하였는데, 4~5세 후기에 시작되는 남근기 단계에서 남녀가 서로 다른 경험에 의해 형성되는 것이라고 보았다.

즉, 프로이드의 심리성적 발달 단계 중 3단계인 남근기에서 서로 다른 경험에 의해 형성되는 것이라 설명하였다. 이러한 남근기의 가장 큰 특징으로는 오이디푸스 콤플렉스(Oedipus complex)를 든다. 남아가 어머니를 사랑하고 아버지를 경쟁상대로 삼으면서 나타나는 심리특성이다.

남아는 어머니에 대해 근친상간적(近親相姦的) 성적 욕망을 느끼며 아버지가 자신의 음경을 떼어 갈 수도 있다는 거세불안(castration anxiety)을 갖게 된다. 그러나 현실적으로 아버지가 곁에 있으므로 실천할 수 없음을 알게 되고 그를 경쟁자로 생각하며, 아버지의 모습을 동일시하게 됨을 경험하게 된다.

여아는 자신에게 없는 남근을 선망하게 되는 엘렉트라 콤플렉스(Electra complex)를 통해 아버지를 사랑하고 어머니를 경쟁상대로 삼는 심리특성이 나타난다. 이 시기에 여아들은 아버지에 대한 사랑을 독차지하려고 어머니와 경쟁하며, 아버지에 대한 사랑은 여자들이 가지고 있지 않은 성기를 부러워하는 남근선망(pennis envy)으로 나타난다. 실제 이 시기 여아는 엄마의 화장하는 모습을 따라 하거나 밥을 차리는 모습 등을 놀이를 통해 재현하기도 하고 이러한 과정을 통해 부모의 성(性) 역할과 가치관을 내면화시킨다. 즉, 여아, 남아가 부모에게서 성적 감정을 느끼면서 동성 부모에게서 경쟁심을 갖기 시작하고 동일시되려는 과정에서 성(性) 정체감이 발달해 나간다는 것이다(문혁준 외, 2020).

(2) 사회학습이론

사회학습론적 관점은 행동주의자들의 입장으로 보상과 처벌이 행동을 통제한다고 보는 것이다.

어린 시기에 받은 보상과 처벌은 특정상황에서 특정한 방식으로 행동하도록 영향을 미칠 수 있다고 보는 관점이다. 반두라(A. Bandura)는 인간의 인지적 능력에 초점을 둔 사회학습이론가로서 인간의 행동을 촉진시키는 강화가 대리적으로도 발생할 수 있다고 보았다. 또한, 개인적 행동적 사회적 특성 중 어느 한 가지만 따로 이야기할 수 없으며 이 세 가지 요인이 서로의 원인이 되며 상호결정을 한다고 보았다. 또한 반두라를 비롯한 사회학습 이론가들은 인간의 학습이 여러 사람들과 함께 있을 때 발생하고, 다른 사람들의 경험을 통해 학습이 가능하다고 강조하면서, 관찰학습의 개념을 제시하였다. 관찰학습은 타인의 행동을 관찰하는 것만으로 학습이 가능하다는 전제에서 출발하며 인간은 관찰을 통해서 새로운 행동패턴을 습득할 수 있고 타인의 행동을 보고 자신도 동일한 행동을 취하게 된다는 것이다(오창순 외, 2018).

사회학습이론의 관점에서 보면, 유아들의 주로 성 역할은 부모의 강화와 유아의 관찰에 의해 발달되어 가는데 이때 부모는 유아가 적절한 행동을 하도록 강화한다는 것이다. 즉, 유아가 자신의 성에 적합한 행동을 할 경우 긍정적 반응을 보이며 부적합한 행동을 할 경우 제제를 가함으로 성 역할을 강화한다는 것이다. 즉, 어린 시절부터 주위 사람들이나 대중매체 등을 통한 주위환경을 통해서 모방과 관찰, 강화에 의해서 사회문화적으로 인정된 역할을 자신의 성에 적절한 생활방식으로 학습하게 됨으로 이에 따라 성 차이를 보인다는 관점이다(문혁준외, 2020).

(3) 인지발달론적 관점

인지적 접근은 인간이 환경에서 발생하는 일에 수동적으로 반응하지 않으며, 인간의 행동은 생각에 달려 있다고 본다(Carole Sutton, 2007). 특히 인지이론은 인간이 세상에 대해 의미를 부여하고 스스로 구성해 가는 방식을 강조한다는 점에서 다른 이론과 차이가 있다(Engler, 2006에서 재인용).

인지발달학자 중 대표적인 학자인 피아제(J. Piaget)는 아동이 출생하는 순간부터 성인의 인지 형태를 획득할 때까지 지적발달이 계속된다고 보았다. 즉, 인간의 인지발달은 일련의 명확한 시기와 단계를 가진다고 보았는데 인지발달 각 단계는 이전단계보다 나아지고, 어느 단계도 건너뛰지 않으며, 단계의 순서도 변화하지 않는다고 하였다. 피아제는 아동의 인지발달이 유전, 생물학적 성숙, 신체경험, 사회로부터 전이된 지식, 변화하는 환경에 대한 반응으로 동화와 조절의 과정 등을 통해 이루어진다고 하였다(오창순 외, 2018).

이러한 이론을 통해 본 인간의 성 역할은 태어나면서부터 남녀 구분이 가능하기는 하나 이는 생물학적 구분인 것이지 성(性) 역할에 있어서는 인지발달이 먼저 이루어지고 난 후 그에 따른 행동이 가능하다고 본다. 인간의 인지발달은 유기체와 환경이 끊임없는 상호작용을 통해 적응한다고 보기 때문이다. 이에 성(性) 역할은 2~3세에서 시작하여 그 시기에 자신의 성(性)에 대한 명칭을 붙이기 시작하는 성(性) 정체성을 가지며, 5~6세까지는 성이 변화하지 않는 특성이라는 것을 인식하지 못하다가 7세 이상이 되어야 성(性)은 변화하지 않으며 영속적이라는 것을 인식하게 된다. 이후 성에 대한 인식을 갖는 성(性) 정체성이 이루어지고 나면, 자신은 시간이 흘러도 바뀌지 않는다는 것을 아는 성(性) 안정성을 가지게 되고, 외모나 활동 등이 달라져도 성(性)은 바뀌지 않는다는 성(性) 항상성을 형성해 나가는 과정에서 자신의 성(性)에 대한 인식을 확고히 하면서 동성의 모델에 의해 성(性) 고정적인 행동을 더 많이 학습하게 된다고 하였다(조아미, 2000).

5) 성(性) 역할 성향과 역할

(1) 성(性) 역할 선향

인간은 청소년기에 이르게 되면 신체적 성숙과 더불어 성적 성숙이 진행이 되면서 외모의 급격한 변화를 경험한다. 남자들은 키, 체중 증가와 함께 수염이 자라는 등 남성적 외모를 가지게 된다. 여자들은 가슴이 나오고 허리가 가늘어지며 여성적 외모를 가지게 된다. 신체적 성장 이외에 남자에게는 안드로겐, 여자에게는 에스트로겐과 같은 성호르몬이 활발하게 분비됨으로서 1차, 2차 성징의 발달이 촉진되어 성별에 따른 신체, 생리적 구조가 완성된다.

1차 성징은 생식과정에 직접적인 역할을 담당하는 기관을 의미하며 여성의 자궁과 질, 난소, 남성의 음경과 전립선, 고환을 포함한다. 2차 성징은 생식과는 직접적인 관계가 없는 성적특성들로 월경, 몽정, 체모와 유방의 발달, 변성, 피부변화, 음모가 자라게 되어 청소년 후기에 이를 때면 성적 성숙이 거의 완성단계에 도달한다(오창순 외, 2018).

성 역할 정체감은 흔히 남성성, 여성성, 양성성 등으로 구분된다. 인지발달이론에서 피아제는 아동은 자신이 여자인지, 남자인지 먼저 인지한 후 자신의 행동을 변화시키거나 수정하여 성정체감을 일관성 있게 유지한다고 보았다.

심리학자 콜버그는 여성과 남성의 성역할이 자신이 사회를 바라보는 관점인 쉐마(schema)를 어떻게 형성하느냐에 따라서 자신의 성역할을 발달시킬 수 있다고 하였다(문혁준 외, 2020).

오늘날은 성 역할에 있어 많은 변화를 보이고 있으며, 긴 시간 동안 사회에서 요구해 오던 '남성다움'과 '여성다움'의 전통적인 성 역할 고정관념은 새로운 도전을 받고 있다. 여성의 주된 영역이었던 주부의 역할을 남성이 대체하는 경우와 직업선택에 있어 여성과 남성의 고유한 역할이라 생각했던 남성과 여성의 직업군을 서로 넘나들기도 하며 남녀의 특성보다 진정한 자아를 표현할 수 있는 사회가 되었다. 매스컴을 보면 오랫동안 이어 오던 권위적이며 통제적인 남성의 이미지를 그리기보다는 강한 체력과 실력을 겸비한 능력 있는 남성의 이미지에 더해 아내와 가족에게 따뜻하고 부드러운 모습을 보이고 있으며, 여성의 모습도 가정에 종속되기보다 섬세함을 간직한 고유의 모습을 유지하면서도 자기주장을 하며 독립적인 것이 바람직하게 묘사되고 있다.

가족원 개개인이 전통적 성 역할 태도를 가졌는가 아니면 평등적 성 역할 태도를 가졌는가는 가족관계와 역할수행에 매우 중요한 영향을 미친다. 남편이 전통적 성 역할 태도를 가지고 아내가 평등적 성 역할 태도를 가지는 경우 부부갈등이 많고 만족도가 낮은 데 비해 남편이 평등적 성 역할 태도이고 아내가 전통적 성 역할 태도나 평등적 태도를 가질 때 만족도가 높은 것으로 나타났다(최규련, 2011).

(2) 여성과 남성의 성(性) 역할

많은 연구들의 결과 남성과 여성은 태어나면서부터 성향이 다르며 생물학적으로도 차이가 있음이 밝혀졌다. 성(性)에 대한 인식은 생후 6개월부터 성별 구분이 가능하다고 한다. 실제로 영아는 7개월경부터 남녀의 목소리를 구분하고 각각 다른 반응을 보인다고 한다(Moss, B. & Schwebel, A. 1993).

성(性) 역할에 대해서는 출생 후 2년 후부터 남녀 간의 성과 관련된 명칭을 분명히 알게 되며 점차 남녀 간의 차이에 대해 알려고 하고 걸음마때부터 성(性)에 대한 이해가 시작된다고 한다.

여성과 남성이 자신이 속한 문화권 내에서 자신의 정서와 행동으로 표현하는 일련의 특성을 의미하는 성(性) 역할을 여성과 남성의 역할이라고 구분해 오던 고정관념(gender role stereotype)이라 하며, 개인이 속한 사회 문화권 내에서 자신의 성에 적절하다고 여겨지는 정서적 · 심리적 반응 및 성격, 믿음 등의 속성이나 외적으로 나타나는 행동, 태도 등을 습득해 가는 과정을 성유형화(gender tying)라고 한다.

최근에는 여성과 남성의 성 역할에 대한 사회, 문화적 인식이 변화하고 있으면서 남성스러움과 여성스러움이 한 사람 내에서 공존하는 양성성이 존재하면서 그 역할을 한다고 한다. 그러나 아직까지 우리 사회는 여성인지, 남성인지에 대한 구별로 인식하는 성정체감(gender identity)의 개념을 중요시하고 있다.

예전에는 여성이 소극적으로 행동하는 것을 여성스럽게 여겼으나, 현대 사회에서는 여성이든 남성이든 적극적인 표현과 행동을 사회가 요구하고 있어, 성 역할에 대한 고정관념이 변화되고 있는 추세이다.

정신분석학자 융(Jung)에 의하면 모든 인간은 여성성과 남성성의 특징이 한 인간에게 동시에 존재한다고 보았다. 하지만 융(Jung)은 이를 다시 남성적 성격을 가지고 있는 사람들의 무의식 속에 남아 있는 여성적 요소를 뜻하는 아니마(anima)와 여성적 성격을 갖고 있는 사람들의 무의식 속에 남아 있는 남성적 요소를 지칭하는 아니무스(animus)로 구분하였다.

이 원형들은 남녀가 가족이나 사회구성원으로 오랜 기간 함께 살면서 각자 이성의 성격을 조금씩 받아들이는 과정에서 형성되었고, 이런 원형들을 통해서 어느 정도 이성을 이해할 수 있게 되고 나아가 이성과 더불어 살아갈 수 있다고 하였다(김용미 외, 2009).

〈표 3-2〉 나의 성역할 정체감 유형은?

각 문항을 읽고 자신에게 가장 적합한 점수(1~7점)을 점수 칸에 적어 주십시오.

1	2	3	4	5	6	7
전혀 그렇지 않다	대체로 그렇지 않다	그렇지 않다	보통이다	약간 그렇다	대체로 그렇다	아주 그렇다

특성	점수	특성	점수
1. 근면하다		21. 권위적이다	
2. 잔소리가 심하다		22. 자기 감정을 호소한다	
3. 대화를 많이한다		23. 명랑하다	
4. 운동을 좋아한다		24. 질투심을 갖는다	
5. 예절이 바르다		25. 사회의 중추적 역할을 수행하려고 한다	
6. 타인의 감정에 민감하다		26. 독립적이다	
7. 자신감에 차 있다		27. 순종적이다	
8. 면을 중요시한다		28. 경제적으로 자립할 자신이 있다	
9. 통솔력이 있다		29. 체력이 강하다	
10. 낭만적인 이야기를 좋아한다		30. 말을 아름답게 표현한다	
11. 의존적이다		31. 칠전팔기의 정신을 갖는다	
12. 쉽게 영향을 받는다		32. 성취욕구가 있다	
13. 예쁜 물건을 좋아한다		33. 애교가 있다	
14. 주도력을 발휘한다		34. 지배적이다	
15. 포부와 야망이 있다		35. 말이 많다	
16. 남에게 도움을 준다		36. 감사할 줄 안다	
17. 쉽게 운다		37. 목표를 향해 적극적이다	
18. 활동적이다		38. 웃어른을 섬긴다	
19. 변덕스럽다		39. 상대방을 용서한다	
20. 인간미가 있다		40. 동정심이 있다	

여성성 문항: 2, 6, 10, 11, 12, 13, 17, 19, 22, 24, 27, 30, 33, 35, 40
남성성 문항: 4, 7, 9, 14, 15, 18, 21, 25, 26, 28, 29, 31, 32, 34, 37
여성성(남성성) 15문항 점수합계 나누기 15= 여성성(남성성)점수
중앙치 값 = 4. 기준, 이상이나 이하 점수는 성역할 정체감 유형

출처: 문혁준 외(2020).

나의 성 역할 정체감 유형의 결과는 다음과 같이 요약할 수 있다.

여성성(Femininity)과 남성성(Masculinity) 점수가 중앙치 이상이 되어 양성성(androgyny)이라면, 남성적 특성과 여성적 특성이 통합되어 모두 강하며 바람직한 것으로 간주하고 있다. 이런 양성성을 갖춘 사람들은 자존감과 자신을 조절하고 통제하는 능력이 높고, 생활에서 오는 무력감에 대해 저항력이 높으며, 지적능력과 창의력 또한 뛰어나다고 하였다. 이와 같이 양성적인 사람은 건강한 정신건강과 자신의 생활에서 얻을 수 있는 만족도가 높게 나타난다는 연구결과가 있다. 그러나 남성성이 높으면서 여성성이 아주 낮게 나오거나 여성이 높으면서 남성성이 아주 낮게 나오는 경우, 전통적인 성 역할을 소유하는 것으로 해석할 수 있다. 이들은 서로 다른 성에 대해서 친절한 표현을 못하면서 서로 다른 성에 대해서 거부감이 심한 경우가 많다. 즉, 남성성이 높은 사람은 보다 전통사회의 남성상으로, 여성상이 높은 사람은 보다 전통적인 여성상일 경우가 많다. 마지막으로 여성성과 남성성 점수가 모두 중앙치 이하인 미분화일 경우에 이들은 자신을 남성적이라든가 여성적이라고 명확하게 평정하지 못하는 경우가 많다(허혜경・박인숙, 2010).

유형	특징
양성성(androgyny)	점수가 중앙치 이상이 되어 양성성(androgyny)이라면, 첫째, 남성적 특성과 여성적 특성이 통합되어 모두 강하며 바람직한 것으로 간주한다. 둘째, 자존감과 자신을 조절하고 통제하는 능력이 높다. 셋째, 생활에서 오는 무력감에 대해 저항력이 높다. 넷째, 지적능력과 창의력 또한 뛰어나다. 다섯째, 건강한 정신건강과 자신의 생활에서 얻을 수 있는 만족도가 높게 나타난다.
남성성이 높으면서 여성성이 아주 낮게 나오거나 여성이 높으면서 남성성이 아주 낮게 나오는 경우	첫째, 전통적인 성 역할을 소유하는 것으로 해석할 수 있다. 둘째, 서로 다른 성에 대해서 친절한 표현을 못하면서 서로 다른 성에 대해서 거부감이 심한 경우가 많다. 셋째, 남성성이 높은 사람은 보다 전통사회의 남성상으로, 여성상이 높은 사람은 보다 전통적인 여성상일 경우가 많다.
여성성과 남성성 점수가 모두 중앙치 이하	자신을 남성적이라든가 여성적이라고 명확하게 평정하지 못하는 경우가 많다

출처: 문혁준 외(2020).

2. 사랑

인간은 사랑하기 위해 태어난 존재라고 한다. 사랑은 무엇일까? 어떤 사람에게는 익숙한 단어로 어떤 사람에게는 익숙지 않은 단어로 다가올 수 있다. 사랑을 통해 서로가 원하는 배우자를 만나 데이트를 통해 아름다운 사랑을 키우고 결혼까지 잘할 수 있다면 얼마나 좋은 일일까? 요즘은 세상의 성문화에 잘못 오염되고 노출되어 괴로움을 당하는 사람이 늘어나고 있다.

사람과 사람 사이의 사랑에 의해서 태어났으며, 또 자신의 삶을 통해 사랑을 실천하고, 나아가 사랑하는 사람을 만나고 그를 통해 사랑을 완성하는 존재인 것이다. 그러나 사랑과 성(性)에 대한 이해의 부족으로 불행한 사랑으로 이루어진 결혼의 결말에 대해 우리는 매스컴이나 드라마 등을 통해 간접경험을 한 적 있을 것이다.

사랑은 두 사람을 결혼에 이르게 하고, 가족을 지탱해 나가는 중요한 요인 가운데 하나이지만 이를 개념화하는 것은 쉬운 일이 아니다. 사랑이 무엇인가? 하는 질문에 답은 개인차가 있을 것이고, 또한 사랑의 대상이 누구인가에 따라 그 개념화는 달라질 수밖에 없다.

에릭 프롬(Erich Fromm)은 '인간이란 근본적으로 고독한 존재이며 고독감 및 공허감을 극복하기 위해 사람들은 사랑을 하는 것'이라고 주장하였다. 사랑은 사랑하고 있는 자의 생명과 성장에 대한 적극적인 관심이며, 이러한 적극적 관심이 없으면 사랑도 없다고 한다.

인간이 질적인 삶을 추구함에 있어서 빠져서는 안되는 것이 사랑일 것이다. 오늘날 사랑은 다양한 의미영역을 다룬다. 사랑은 인간에게 행복과 기쁨을 가져다주는 추상적인 개념이지만 특히 감정의 교환으로 이루어지는 남녀 간의 사랑을 포함한 인간의 삶에 있어서 제외할 수 없는 감정적 요소 중의 하나이며 사랑의 표현에 있어서는 인간이 속해 있는 시대와 사회, 문화에 따라 달리 표현되어져 왔기에 사랑에 대한 정의를 내리는 것은 쉽지 않다. 이에 본 장에서는 학자들이 보다 다양한 방식으로 유형화하거나 개념화 한 것들을 정리하고자 했으며, '이성 간의 사랑과 교제는 어떻게 해야 하는가?'에 대한 궁금증을 풀어보고자 하였다.

1) 사랑의 의미

사랑을 정확하게 정의하기란 쉽지 않다. 그 의미를 매우 광범위하고 다양하게 사용하기 때문이다. 사랑은 행동과 감정 또는 내적 경험을 포함하며 자신을 완성시키고 부족한 것을 채우고 타인을 통해 자신을 보호하는 감정이기도 하다.

두산백과 사전에서 사랑을 '인간의 근원적인 감정으로 인류에게 보편적이며, 인격적인 교제, 또는 인격 이외의 가치와의 교제를 가능하게 하는 힘'으로 정의하고 있다.

한국민족문화대백과에서는 사랑을 다음과 같이 정의하고 있다.

사랑은 가장 따뜻한, 가장 바람직한 인간관계이다. 또한 그러한 관계를 맺고 지켜가고자 하는 마음이자 마음의 움직임이다. 가슴을 가진 사람, 그리고 영성(靈性)을 갖춘 사람이 서로 유대 또는 사귐을 갖는 것이고, 그것들을 이어 가고자 하는 마음이 곧 사랑이다. 한국인들이 관례적으로 '정을 주고 받는다'고 한 것은 이런 면에서 뜻깊은 말이다. 따라서 애뜻하다고 표현된 그리움, 간절하다고 말한 '따름' 등 마음의 움직임을 포함하는 소망, 열정, 욕망 등이 사랑이라고 생각되어 왔다. 그런 면에서 '마음을 준다' 또는 '마음을 바친다'라는 말로, 또는 '정을 준다' 등의 말로 사랑이라는 행위를 표현해 온 것은 자못 뜻 깊은 일이다.

전통적으로는 서로가 서로를 위하고 아끼고 귀히 여기고 중히 여기고 하는 일을 사랑의 구체적인 마음을 전하는 징표라고 믿었다. 그런가 하면 공경하고 섬기고 하는 것이 그렇듯이 아랫사람이 윗사람을 대하는 마음의 쓰임새가 사랑이었는가 하면, 귀여워하고 예뻐하고 하는 것이 그렇듯이 손윗사람이 손아랫사람을 대하는 마음의 바탕 역시 사랑이라고 일컬어져 왔다.

또 달리는 보살핌, 돌봄, 베풂 등과 같이 시혜(施惠)라고 표현될 만한 마음씨 역시 사랑이라고 믿어 왔다. 그리고 소유욕, 욕정이 엉킨 쾌락원리의 충동 역시 사랑으로 범주화되어야 하는데, 이 점은 남녀 간의 애정에서 특히 두드러진다.

사랑은 인간관계의 위아래, 대등함이 진하게 끼친 마음인가 하면, 인간 심성의 양지이면서 동시에 바닥 모를 음지이기도 한 것이다. 복합적인 인간 심성인 만큼, 거기에는 미더움, 미쁨이 따르게 마련이고, 도덕심 또는 윤리의식도 수반되게 마련이다. 마음씨의 고움, 이쁨, 착함이며, 훈기까지도 사랑의 바탕에 깔려 있었다. 그런가 하면 적어도 종교에 버금할 만큼 믿음이 강조된 심성의 영역이 곧 사랑이기도 하다. 그렇기 때문에 사랑의 담론에서는 철학, 심리학, 종교론, 윤리학, 예술론, 심지어 정치론까지 망라되어야 한다. 사랑은 한국 문화와 사화와 인간관계에 두루 걸쳐서 이야기되어야 마땅하다. 사랑은 진과 선과 미를 두루 감싸고 있는 인간 심성이면서 현실적 효용성을 충족시키는 것이기도 하기 때문이다.

2) 사랑의 특성

인간의 사랑을 특징짓는 행동으로서는 애착 행동과 보호 행동을 들 수 있는데 애착 행동은 한 인간이 다른 인간에게 끌리는 것으로 상호 간에 근접하려는 시도가 계속되어 이루어질 때 생긴다. 이것은 사랑의 일부이며 근본적이고 필수적이지만 사랑 그 자체는 아니다. 애착은 인간에게 뿐만 아니라 그 밖의 동물에게도 나타나지만, 인간의 애착은 성적인 것에 근거를 두고 있지는 않다.

모든 사랑에는 공통적으로 배려, 책임, 존경, 지식 등의 기본적 요소가 존재한다. 이러한 사랑의 특성을 정리해 보면 다음과 같다.

첫째, 사랑은 객관적인 진실을 가지고 있으므로 사랑은 실제로 존재하는 것이며 사랑의 경험은 인간의 가장 강력한 경험이 될 수 있다.

둘째, 사랑의 능력은 개인의 문화 환경에 의해 학습되므로 사랑이나 애정 표현 방법에 있어 다를 수 있다.

셋째, 사랑은 여러 단계로 존재할 수 있다. 좋아한다는 막연한 호의에서부터 아주 강렬한 애정에 이르기까지 다른 단계가 있다는 것이다.

넷째, 사랑은 이타적사랑, 낭만적 사랑, 동료적사랑, 성적인 사랑 등 여러 다른 형태가 있다.

다섯째, 사랑은 개인의 성격이나 삶 속에서 성장할 수 있다는 것이다. 한 개인에게 있어 정서적 성장이 긍정적이라면 타인을 향한 사랑도 긍정적일 수 있다.

보호 행동은 어리거나 나약한 사랑의 상대를 양육하고 훈련시키며 위험으로부터 방어하는 행위인데, 이것 역시 사랑의 표현으로서 나타나는 것이다. 이처럼 애착과 보호는 다른 행동이나 감정과 결합하여 사랑의 요소가 된다. 성장과 학습을 통해 인간은 독특한 사랑의 방식을 발달시킨다. 인간이 성장하여 이성과의 관계에서 사랑을 느끼게 되면 다음과 같은 일반적인 사랑의 현상이 나타난다.

첫째, 이성에 대한 강한 매력과 집착이 나타나는데 여기에는 의식적 성욕이 반드시 수반되지는 않는다.

둘째, 이성에 대해 정절을 요구하고 질투를 일으킬 수 있는 잠재력을 지닌 소유욕이 나타난다.

셋째, 극단적인 감정으로서 환희와 같이 고조된 상태와 침울한 저조의 상태가 공존하여 나타나 사랑하는 이성을 이상화한다.

3) 사랑의 유형

(1) 스텐버그(Sternberg)의 사랑의 삼각형 이론

심리학자인 Sternberg(1986)는 사랑에 대한 열정적, 온정적인 태도에 관한 연구를 통해 '사랑의 삼각형이론'을 발전시켰다. 친밀감, 열정, 책임의 세 가지 구성요소로 사랑을 개념화하였다. 하나의 삼각형이 세 꼭지점으로 이어지는 것처럼 사랑도 열정, 친밀감, 책임의 세 중심요소가 서로 상호작용을 일으켜 여러 가지 다른 형태의 사랑의 감정을 갖게 된다는 것이다.

첫 번째 구성요소는 열정(passion)이라는 것이다. 열정은 사랑의 동기유발 요소로서 신체적 매력, 성적 요망 등을 포함한다. 때로는 낭만적인 느낌이나 육체적인 매력이 성적인 자극을 일으키기도 하고 사랑하는 사람과 신체적으로 하나가 되려는 강렬한 욕구와 신체적 자극을 이끌어 내는 것으로 친밀감과 달리 빠른 속도로 증가한다.

열정은 사랑하는 사람과의 관계에서 강한 신체적 매력이나 욕구이며, 그 뜨거움을 내포하고 있다. 또, 심리적인 부분과 정신 생리학적인 부분이 서로 엉켜 있으며 상대방에 대한 열정의 감정은 마치 중독과 같아서 상대방이 곁에 없으면 견디지 못하고 상대방을 그리워한다.

사랑하는 사람과의 생리적 차원에서의 욕구나 흥분의 정도가 높은 사랑의 동기적 요소라고도 하며 사랑하는 사람과 떨어져 있으면 상사병을 얻어서 상대방에 대한 강한 갈망을 일으키는 것이 열정이다.

두 번째 구성요소인 친밀감(intimacy)은 사랑하는 사람과 서로 가깝게 느끼는 감정과 소속감, 나눔, 의사소통, 지지 등을 포함하는 의미로서 상대방과의 정서적인 연결감을 말한다. 초기에는 지속적으로 상승하다가 점차 둔화되어 안정된 상태로 접어들게 된다. 대부분의 사람들은 초기관계가 불안정할 때 상대방을 파악하기 위하여 노력함으로써 친밀감을 높이게 되며 상대에 대한 파악이 어느 정도 이루어지면 관계가 안정된다.

친밀감은 사랑의 정서적 요소로서 누군가와 가깝게 느끼는 감정, 사랑할 때 느끼게 되는 따뜻한 감정 그 자체이다. 또한, 자신의 비밀을 상대방과 나눌 수 있고, 서로의 비밀을 지켜 주고 보호해 주며, 서로 간에 따뜻한 정서를 불러일으킨다. 이 때문인지 친밀감은 남녀 간의 사랑뿐만 아니라 친한 친구나 부모자녀 관계에서도 존재한다.

세 번째 구성요소인 결심, 헌신적 태도(commitment)는 인지적 요소로서 사랑의 사고적이고 인지적인 측면을 말한다. 처음 어떤 사람을 만나는 순간 제로 상태에서 출발하여 서로를 잘 알게 되면서 헌신 정도가 증가하게 된다.

단기적으로 사랑하기로 하는 것은 결심이지만, 오랜 시간 동안 사랑을 지속시키고자 하는 것은 헌신으로 장기적인 의미를 지니며 사랑에 있어서 이성적이고 냉철한 의미를 내포하고, 사랑의 인지적 요소를 갖춘다(정현숙 외, 2001).

이상에서 언급한 내용을 토대로 사랑을 분석하면 몇 가지 유형으로 나눠 볼 수 있다.

첫째, 친한 친구와의 우정에서처럼 열정이나 책임은 없고 친밀감만 경험하는 유형이다. 좋아하는 상태로 친밀감만 있는 경우로 진실한 우정을 나누는 관계에서 경험하는 일련의 감정들에 가깝다. 강한 열정이나 장기간의 책임감이 없어도 다른 사람에게 일체감이나 가까움 혹은 따듯한 감정을 느낄 수 있다(Sternberg, 1986).

둘째, 열정적 사랑은 첫눈에 사랑에 빠진 경우이다. 친밀감과 책임감은 없고 열정만을 경험하는 유형이다. 사랑하는 사람을 있는 그대로 보기보다는 이상화된 상대의 모습을 그리며 홀린 듯한 상태가 되어서 사랑에 모든 신경이 집중되어 다른 일들에 투자해야 할 시간과 정력, 동기 등을 잃게 된다는 것이다(Sternberg, 1986).

셋째, 공허한(비어 있는) 사랑은 책임감(헌신)만 남아 있어 결혼이나 애인 관계는 유지하고 있으나 친밀감이나 열정은 다 소진되거나 처음부터 아예 없는 경우도 있다. 침체된 결혼생활이나 빈 둥지 시기의 결혼생활에서 경험하는 것처럼 열정이나 친밀감은 없고 책임만이 존재하는 유형이다.

서로 쌍방적인 대화도 통하지 않고 매력도 느끼지 않으나 습관처럼 사회적 편리성 때문에 관계를 유지하면서 자신의 욕구가 채워지지 않을 경우 권태와 우울감에 빠질 때 확률이 높은 편이다. 이 경우는 일방적일 수 있으며 이런 비대칭적인 관계에서 상대에게 몰입하지 않는 사람은 더 몰입한 상대에게 감정적으로 빚을 지고 있다는 죄책감으로 인해 더욱 큰 어려움을 경험한다(Sternberg, 1986).

넷째, 낭만적 사랑은 낭만적인 생활경험에서 느끼는 것처럼 책임은 없고 열정과 친밀감을 경험하는 유형이다. 낭만적인 사랑을 하는 경우를 주변에서 흔하게 볼 수 있다. 현실의 잣대로 생각해 보면 의미 없고 상대적으로 손해거나 이득 따위는 전혀 없지만, 이 경우의 사랑을 하는 연인들은 사랑이 영원성을 지니지도 않으며 가능하지도 않다고 생각하며 두 사람이 특별한 관계라는 것을 알리지도 않는다고 한다(Sternberg, 1986).

다섯째, 우애적(동료적) 사랑은 열정이 사라진 동반자적인 사랑의 형태이다. 오래된 결혼생활처럼 열정은 없고, 친밀감과 책임만이 존재하는 유형이다. 나이가 들어감에 따라 이 형태의 부부관계가 되는 경우가 많다. 또한, 결혼을 미루며 오랫동안 연인관계를 유지하는 경우에서도 나타난다. 동료적 사랑에 만족을 느끼는 차이는 개인마다 다르지만, 어떤 사람들은 더 이상 노력하기보다는 현 상태로 유지되기 바라는 사람들도 종종 있다. 이런 사랑은 불행해지거나, 아니면 결혼은 유지하면서 외도를 하거나 아니면 결혼생활을 점점 소홀히 하면서 새로운 사랑을 찾는 상황이 될 수도 있다(Sternberg, 1986).

여섯째, 얼빠진(불완전한) 사랑의 경우는 친밀감이 결여되어 있고 열정과 책임만이 존재하는 유형이다. 이에 진정한 사랑을 경험하기까지는 시간이 필요하다. 남녀가 어느 날 만나 약혼하고 바로 결혼을 한다. 열정은 순식간에 일어나기 때문에 얼빠진 사랑은 오래 지속되기 어렵다. 이들은 관계의 기초를 열정에 두었으며, 열정이 사라지기 시작할 때 실망과 우울함을 경험한다(Sternberg, 1986).

일곱째, 가장 바람직한 성숙한(완전한) 사랑은 결핍됨 없는 완전한 삼각형을 이루는 사랑이다.

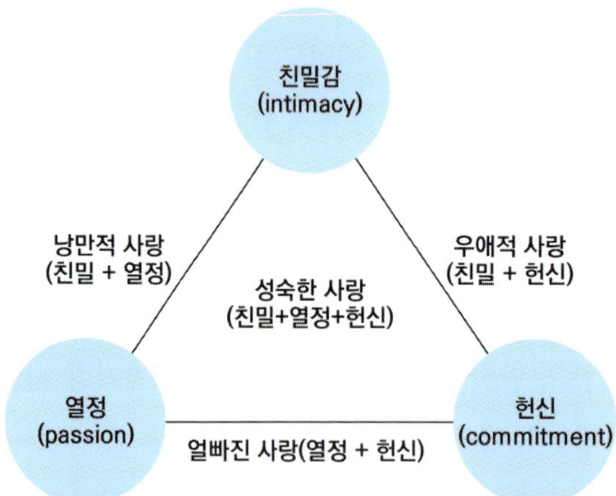

[그림 3-1] Sternberg 사랑의 삼각형 모형

〈표 3-3〉 사랑의 삼각형 척도

아래 각 문항의 ○○은 연인의 이름이다. 그 사람을 생각하며 각 문항을 읽고 자신의 경우와 일치하는 정도를 아래의 척도 중 알맞은 빈칸에 ✓표 하세요.

번호	질문내용	전혀 그렇지 않다	그렇지 않다	보통이다	그렇다	매우 그렇다
1	나는 ○○를 보기만 해도 흥분된다.					
2	나는 하루에도 몇 번씩 ○○를 생각하고 있는 자신을 발견하곤 한다.					
3	나와 ○○, 우리 둘의 관계는 매우 낭만적이다.					
4	나는 ○○이 나에게 매우 매력적인 사람이라고 생각한다.					
5	나는 ○○를 나의 이상형이라고 생각한다.					
6	세상에서 ○○처럼 나를 행복하게 만드는 사람은 아마도 없을 것이다.					
7	나는 어떤 사람보다도 ○○와 함께 있고 싶어 한다.					
8	○○와의 관계보다 세상에서 중요한 것은 없다.					
9	나는 ○○와 신체적으로 접촉하는 것을 좋아한다.					
10	○○와의 관계에는 뭔가 마법에 걸린 듯한 느낌이 있다.					
11	나는 ○○에게 흠뻑 빠져 있다.					
12	○○없는 인생을 나는 상상할 수 없다.					
13	나는 ○○와 열렬한 관계에 있다.					
14	낭만적인 영화나 책을 보면 ○○를 생각나게 한다.					
15	나는 ○○에 대한 환상에 사로잡히곤 한다.					
16	나는 ○○의 행복을 적극적으로 지지한다.					
17	나는 ○○와 다정한 관계를 맺고 있다.					
18	○○가 필요할 때 ○○에게 기댈 수 있다.					

번호	질문내용	전혀 그렇지 않다	그렇지 않다	보통이다	그렇다	매우 그렇다
19	○○는 내가 필요할 때 나에게 기댈 수 있다.					
20	나와 내 자신이 소유한 것들을 ○○와 가까이 나누고자 한다.					
21	나는 ○○에게서 정서적으로 많은 지지를 받고 있다.					
22	나는 ○○를 정서적으로 많이 지지하고 있다.					
23	나는 ○○와 서로 의사소통이 잘 된다.					
24	나의 삶에서 ○○를 매우 소중하게 생각한다.					
25	나는 ○○를 친밀하게 느낀다.					
26	나는 ○○와의 관계를 편안하게 느낀다.					
27	나는 ○○를 진실로 이해하고 느낀다.					
28	나는 ○○가 진실로 이해한다고 느낀다.					
29	나는 ○○를 정말로 믿을 수 있다고 느낀다.					
30	나 자신의 극히 사적인 부분까지도 ○○에게 털어놓는다.					
31	내가 ○○에게 마음을 쓰고 있다는 것을 나는 안다.					
32	나는 ○○와의 관계를 지속시키기 위해 최선을 다하고 있다.					
33	나는 ○○와의 사랑을 지키기 위해 다른 사람이 우리 사이에 끼어들지 않도록 할 것이다.					
34	나는 ○○와 헤어지지 않을 자신이 있다.					
35	어떠한 것도 ○○에 대한 나의 사랑을 막을 수 없다.					
36	○○에 대한 나의 사랑은 죽을 때까지 변치 않을 것이다.					
37	나는 ○○에 대하여 언제나 강한 책임을 가질 것이다.					
38	○○에 대한 나의 사랑은 확고하다고 생각한다.					
39	○○와 헤어진다는 것은 상상도 할 수 없다.					

번호	질문내용	전혀 그렇지 않다	그렇지 않다	보통이다	그렇다	매우 그렇다
40	나는 ○○에 대한 나의 사랑을 확신한다.					
41	나는 ○○와의 관계가 영원할 것이라고 생각한다.					
42	○○를 사랑하기로 한 결정은 잘한 것이라고 생각한다.					
43	나는 ○○에 대해 책임감을 느낀다.					
44	나는 ○○와의 관계를 계속 유지할 생각이다.					
45	설혹 ○○와 갈등이 생긴다 해도 나는 우리의 관계를 계속 유지할 것이다.					

친밀감 점수: 16~30문항 합계 ÷ 15 열정점수: 1~15문항 합계 ÷ 15
결심/헌신점수: 31~45문항 합계 ÷ 15
삼각형 중심의 점을 기준으로 120도 간격으로 세 방향을 각 점수만큼 선을 그려 나간 후 세 선 끝부분과 연결하여 삼각형을 만든다. 삼각형의 모양과 크기로 자신의 사랑을 진단한다.

출처: 문혁준 외(2020).

(2) 존 앨런리(John Alan Lee, 1974)의 사랑의 스타일

1974년, 캐나다의 사회학자 존 리(John Alan Lee)는 사랑을 색에 비유하여 정의하였다. 묘사한 4,000개 이상의 용어를 수집, 광범위한 면접과 여러 문학 자료에 근거하여 사랑에 대한 6가지 유형을 제시하였다. 존 리가 제시한 사랑은, 첫째, 개인 내면적인 차원이다. 개인이 선호하는 색이 다르듯이 선호하는 유형도 사람마다 다를 수 있다는 것이다.

둘째로 대인관계적인 차원이다. 배합이 잘되거나 어울리는 색이 있듯이 서로 사랑의 유형을 가진 두 사람이 함께함에 있어서 서로 어떻게 얼마나 배합을 잘 이루며 서로 어울릴 수 있도록 배울 것이냐가 중요한 것이다.

기본색에는 삼원색이 있듯이 사랑에도 일차적으로 3가지 유형이 있고 기본 삼원색을 혼합하면 또 다른 삼원색이 나오듯이 일차적 사랑을 혼합하여 또 다른 3가지의 이차적 사상의 유형이 나온다는 것이다. 색깔에 비유한 일차적 사랑(사랑의 3원색)과

이차적 사랑이라는 개념으로 나눈 사랑의 유형은 어느 것이 이상적이고 더 가치 있고 성숙하다고 볼 수 없다. 사랑을 하면서 유형은 언제든 바뀔 수도 있으며 어떤 사랑은 혼합된 사랑을 하는 경우도 있고 유형 중에서 더 세력이 강한 것과 약한 유형이 있을 뿐이라고 하였다.

① **낭만적 사랑**(romantic love, eros)

낭만적 사랑은 색깔에 비유하면 적색으로 비유할 수 있으며 첫눈에 반한 사랑을 의미하며 고대 그리스 신화에 나오는 에로스의 화살에 맞아 바로 사랑에 빠진다는 신화에서 비롯 되었다. 그래서 에로스의 사랑, 열정적 사랑, 육체적 사랑이라고도 하며 사랑을 위해서 어떠한 위험도 감수할 수도 있다는 태도를 지니고 있는 것이 특징이다.

신체적인 미를 강조하고 외모나 신체적 매력이 중요한 요인으로 작용하며, 성적 매력과 열정에 빠져드는 편이다. 이 유형의 사랑을 하는 사람은 자신의 이상형을 만나서 삶을 이루어 나가는 것이 가장 가치 있다고 보기 때문에 이성보다 감정에 충실하며 서로의 만남을 운명이라고 생각해 상대방에게 요구하거나 기대한다.

② **유희적 사랑**(game-playing love, ludus)

색깔에 비유하면 파란색으로 비유할 수 있으며 이 유형의 사랑을 하는 사람은 사랑을 놀이로 생각하고, 사랑은 진지한 것이 아니고 상호교류적으로 즐거움을 갖기 위해서 행하는 것이라고 여긴다. 연예는 게임과 같으며 상대방에 대한 친밀한 관계는 별로 관심이 없고 가능한 많은 사람을 사귀고 성적인 목적을 이루고 헤어지는 관계를 가진다. 지고지순한 사랑과는 거리가 멀기 때문에 서로에게 감정 표현을 잘하지 않으며, 성관계에 대해 큰 의미를 두지도 않는다. 그리고 여러 명의 파트너를 사귀어도 어떤 죄책감을 느끼지 못하고 삶에 있어서 사랑은 그렇게 중요한 것이 아니라고 생각하기 때문에 이들은 서로 같은 경향이 아니라면 상처를 줄 수밖에 없다.

③ **우애적인 사랑**(compassionate love, storge)

색으로 비유하면 노란색으로 보통은 친구에서 연인으로 자연스런 만남과 관계가 유지된다.

이 유형의 사랑을 하는 사람은 우정과 같은 감정을 느끼며 상대방에 대한 감정이 서서히 발전하지만 지속적이고 안정된 관계를 유지해서 전형적인 친구 같은 사랑을 하는 사람들이다.

가족체계 안에서 긍정적인 가족 정체성을 확립하고 구성원 간 만족스러운 상호작용을 증진시키며 가족 안에서, 개인의 잠재력을 북돋아 주는 공동체 안에서 성장한 경우가 많다.

그저 친구를 좋아하며 삶에 만족하며 시간이 해결해 줄 것이라고 긍정적으로 사고하는 경향이 많아서 주변에 친구들이 많고 관계도 좋은 편이다. 이들은 사귀면서도 자신의 감정을 바로 알지 못하고 시간이 흐른 뒤에 서로의 사랑을 뒤늦게 확인하기도 한다.

사랑 자체가 삶의 목표가 아닌 가족과 우정이라는 광의의 의미에 속하는 협의의 의미로 사랑을 하기에 이들에게는 서로 간에 친구로서의 관계가 깊어지고 신뢰성이 쌓이면 성과 관련한 문제가 밖으로 표현될 수 있다.

④ **소유적인 사랑**(possessive love, mania)

색에 비유하면 보라색으로 격정적이고 소유욕이 강한 스타일로 상대방을 소유하고 집착하는 사랑의 형태다. 감정 기복이 심하고 의존성과 질투가 특징이다. 낭만적인 사랑과 유희적인 사랑의 기본적인 사랑이 결합된 이 유형은 강렬하고 육체적인 자극이 있는 낭만적인 관계를 원하지만 이들은 어린 시절이 불우하다고 인지하고 있으며 결핍을 상대방을 통해 채우려는 욕구를 가지고 상대방에게 더 많은 애정과 헌신을 요구하기도 한다. 이들은 외로워하면서도 사랑은 고통스럽다는 생각에 사랑하기를 두려워하며, 어떤 유형을 선호하는지도 확신이 없이 자신에게 어울리지 않는 사람과

교제하는 경우도 있다. 또한, 사랑을 해야 할 필요를 강하게 느끼면서도 너무도 많은 사랑을 갈구하기 때문에 냉정하게 처신하지 못하고, 자기에 대한 확신과 이상형에 대한 확신이 부족하다. 이러한 이유 때문인지 사랑하는 동안에는 소유욕 때문에 질투심을 느끼고 이별 후에는 사랑에 실패했다는 생각에 미련은 갖지 않으면서도 고통을 느끼며 자신은 외롭다고 생각하면서 자신의 일에 대해서도 쉽게 만족을 하지 못한다.

⑤ **실용적 · 논리적 사랑**(pragmatic love, pragma)

색에 비유하면 녹색으로 계산적인 연애를 하는 스타일로, 연애를 주로 목적을 달성하기 위한 수단으로 사용하기도 한다. 이 유형의 사람은 연인이 자신의 교육수준, 종교, 성격, 취미 등 자신의 배경과 잘 어울리는가를 먼저 논리적으로 고려한다.

서로가 합리적이고 이성적인 면에 초점을 두고 서로가 서로에게 만족시켜 주면서 주고받는 것이 균형을 이루며, 서로가 비슷한 관심을 가지면서 서로의 위치를 최대한 활용해서 서로에게 현실적인 만족을 추구한다.

이들은 자신이 속한 공동체 안에서 사랑의 대상을 찾는 경향이 있으며 상대를 신뢰하기까지는 자신의 미래를 공개하지 않다가 자신의 기준에 맞는 사람을 찾게 되면 성공이 삶의 주요 덕목이라 생각하고 낭만적 사랑과 소유적 사랑으로 발전한다. 그러나 이들에게 짝을 만나는 것은 미래의 행복을 위해 바람직하게 생각하지만 본질적이라 생각하지는 않는다.

⑥ **헌신적(이타적) 사랑**(altruistic love, agape)

색으로 비유하면 오렌지색으로 아가페적인 사랑으로 자기 희생적인 사랑이다. 이들은 배우자를 선택함에 있어 자신의 사랑과 헌신을 필요로 하는 사람을 선택한다. 즉, 받는 것보다 주는 사랑에 충실하며 이것을 의무와 같이 느껴 자신의 목표마저도 포기할 수 있다.

이 유형의 사람은 천사 같은 마음으로 타인 중심이며, 자신을 내려놓고, 내어 주는 사랑이므로 종교에서 많이 표현하는 사랑이기도 하다.

헌신적 사랑을 추구하는 사람들은 누군가 자신을 필요로 할 때 기쁨을 느끼므로, 만약 반대의 상황이 오면 그 사랑은 끝난다. 사랑을 의무로 생각하고 마음보다는 머리로 작용하는 경우가 많아 연인은 자신이 베푸는 모든 이들 중에 한 명이라고 생각하며 이렇게 느끼는 연인이 다른 상대를 찾으면, 연인을 위해서 기꺼이 연인관계를 희생하며 단념할 수 있다. 이런 특성 때문에 이러한 사랑은 오래 참으면서 질투나 탐내는 것이 없으며 상대방이 자신보다 다른 사람과 있는 것이 행복하다고 느끼면 기꺼이 자신이 소유한 사랑을 양보한다.

〈표 3-4〉 **사랑의 색 유형검사**

다음 각 문항을 읽고 자신과 가장 가깝다고 판단되는 점수를 빈칸에 쓰시오.

번호	질문 내용	점수
1	연인에 대한 나의 헌신을 조금 불확실하게 생각하는 연인을 간직하려고 한다.	
2	연인이 나에 대해서 잘 모른다는 것에 나는 상처받지 않는다는 것을 믿는다.	
3	나는 서로 알고 지내는 사이인 두 사람을 내 두 명의 연인으로 지낸 적이 가끔 있다.	
4	연애 사건들을 꽤 쉽고 빠르게 극복할 수 있다.	
5	만약에 연인이 내가 다른 사람들과 함께했던 일들을 알게 된다면 화를 낼 것이다.	
6	연인이 나에게 너무 의존할 때 나는 조금 물러나고 싶다.	
7	나는 다른 파트너들과 함께 'game of love'놀이를 즐긴다.	
8	우리는 처음 만나는 순간 서로에게 끌렸다.	
9	우리는 육체적으로 서로 통한다.	
10	우리의 사랑은 매우 격렬하고 만족스럽다.	
11	나는 우리가 서로에게 의미 있다고 생각한다.	
12	우리는 사귄 지 얼마 안된 빠른 시기에 정서적 및 육체적 관계를 가졌다.	
13	우리는 진정으로 서로를 이해한다.	
14	내 연인의 외모는 내 이상형에 꼭 맞는다.	

번호	질문 내용	점수
15	나는 얼마 동안 사랑에 빠졌었다는 것을 깨닫지 못했다.	
16	처음에 한동안 보살펴 주는 것 없는 사랑은 할 수 없다.	
17	나는 사랑했던 거의 모든 사람들과 지금까지 좋은 친구관계로 지내고 있다.	
18	최고의 사랑은 오랜 우정에서 생겨난다.	
19	연인과 내가 사랑에 빠졌을 때가 언제인지 정확히 말하기 어렵다.	
20	사랑은 진정 깊은 우정이며 신비스럽거나 알 수 없는 감정은 아니다.	
21	내가 가장 만족스러운 사랑의 관계는 우정에서 발전되었다.	
22	연인과 나 사이에 일이 잘못될 때 속이 안 좋아진다.	
23	나의 사랑이 깨졌을 때 나는 심한 우울감을 가졌고 심지어 자살까지 생각했다.	
24	가끔 나는 내가 사랑에 빠졌다는 것이 너무 흥분되어 잠을 잘 수가 없다.	
25	연인이 나에게 집중하지 않을 때 나는 몸 전체가 아픈 느낌이다.	
26	내가 사랑에 빠졌을 때 나는 어떤 것에도 집중할 수가 없어서 힘들다.	
27	연인이 누군가와 있다고 확신이 든다면 나는 편안하게 쉴 수가 없다.	
28	연인이 잠시라도 나를 돌보지 않는다면 나는 그의 관심을 돌리기 위해 어리석은 짓을 할 때가 있다.	
29	나는 연인에게 헌신하기 전에 인생에서 어떤 사람이 되어 있어야 하는가에 대해서 깊이 생각한다.	
30	연인을 고르기 전에 주의 깊게 나의 삶에 대해서 계획하고자 한다.	
31	비슷한 배경을 가진 사람과 사랑하는 것이 최고이다.	
32	연인을 선택할 때 중요하게 고려할 점은 연인이 우리 가족을 얼마나 반영할 것인가이다.	
33	파트너를 선택할 때 중요한 요소는 그 사람이 좋은 부모가 될 수 있을까 하는 것이다.	
34	파트너를 선택할 때 한 가지 고려할 점은 얼마나 그 사람이 나의 커리어에 반영될 수 있을 까 하는 것이다.	
35	어떤 사람과 매우 가까운 관계를 맺기 전에 나와 그 사람 사이에 자녀를 둘 경우 그 사람의 유전형질 배경이 얼마나 적합한지 알아보고자 한다.	
36	어려운 시간 동안 쭉 연인을 도와줄 수 있는 나의 강점을 사용해 보려고 한다.	
37	연인이 괴로워하는 것보다 차라리 내가 고통받는 것이 낫다.	
38	나보다 연인이 행복하지 않으면 나는 행복할 수 없다.	
39	나는 항상 연인이 성취하도록 내 소망을 내려놓을 수 있는 희생을 기꺼이 할 수 있다.	
40	내가 무엇이든지 소유한 것은 연인이 선택한 것이므로 연인이 사용하기 위한 것이다.	

번호	질문 내용	점수
41	연인이 나에게 화를 냈을 때도 나는 여전히 조건 없이 그 사람을 사랑한다.	
42	연인을 위해서 나는 모든 것을 참을 수 있다.	

1점; 전혀 그렇지 않다. 2점: 그렇지 않다. 3점: 보통이다. 4점: 그렇다. 5점: 매우 그렇다
사랑의 유형 문항끼리 합한 다음 문항 수로 나누어서 평균치를 산출한다.
평균치가 가장 높은 것이 당신의 사랑유형이다.
Eros: 8~14문항, Ludus: 1~7문항, Storge: 15~21문항, Mania: 22~28문항,
Pragma: 29~35문항, Agape: 36~42문항, 각 유형 합계 ÷ 7

출처: 문혁준 외(2020).

다함께 생각해 봅시다

1. 내게 사랑의 의미는 무엇인가요? 다음의 대상들과 나와의 사랑의 의미를 생각해 봅시다.

- 가족

- 부모

- 연인

- 친구

Marriage & family | chapter

04

이성교제

Marriage & family | chapter 04

이성교제

이성과의 관계 형성은 청소년기 주요한 사회적 변화 중 하나이다. 학령전기부터 학동기까지 아동들은 주로 동성 또래집단 내에서 사회화가 되는 반면, 청소년기에는 이전 시기에 비해 이성 또래와 더 많은 시간을 보낸다. 이처럼 이성친구와의 관계는 청소년들이 성장하면서 경험하는 삶에 매우 주요한 영역이다. 또한 이성관계를 통해 청소년들은 사회적 관계망을 확장시키며 이성으로서의 매력을 확인한다. 이성과의 교제는 이성의 관점으로 세상을 바라보고이성과 잘 지낼 수 있는 기술을 발달시킬 수 있는 기회를 제공한다.

우리가 살던 시대와 비교하면 오늘날 청소년들의 이성친구와의 관계는 더 빈번해지고, 발달적 측면에도 매우 주요한 경험임에는 분명하다. 이성 관계를 통해 청소년들은 사회적 관계망을 확장시키며 이성으로서의 매력을 확인할 수 있으며 이성의 관점으로 세상을 바라보고 이성과 잘 지낼 수 있는 방법은 무엇일까에 대해 고민하기도 한다. 따라서 이후 성인기에 건전한 이성 관계를 형성하고 발전시키는 데 긍정적인 영향을 미칠 수 있을 것이다.

그러나 문제는 저자가 성장하던 1980년대와는 달리 2020년대 오늘을 살아가는 청소년들의 이성친구와의 관계는 이전 시기와 비교하여 더 빈번해지고, 발달적 측면에도 매우 주요한 경험임에도 불구하고 청소년의 이성교제 경험을 살펴본 연구는 부족한 현실이다.

청소년기는 개인의 발달과 함께, 우리나라의 경우 학년이 높아질수록 많은 청소년들이 학업 및 대학입시에 대한 부담감을 느끼게 되는 것과 같은 환경적 변화가 지속적으로 일어난다.

1. 개인 특성

이성교제 경험과 관련된 개인적 특성으로는 성별, 신체적 특성 및 심리 정서적 특성을 살펴볼 수 있다. 저자가 청소년기를 회상해 보니 여자 친구에 대한 높은 이성 또는 성 행위에 대한 관심을 갖는 것이 자연스럽다고 생각한 것 같다. 그러나 이성교제에 대해서는 실제적으로 적극적이거나 또는 이성교제 경험을 실제적으로 해 본 경험은 대학교 입학하기 전까지는 없었던 것 같다. 중, 고등학교 시절 단지 교회를 다니면서 종교 활동을 하였는데 교회에서 함께 예배를 드리면서 활동하면서 함께 이야기를 나누던 것이 전부이었던 것 같다.

다음으로 이성교제 경험에 영향을 미칠 수 있는 것은 신체적 특성이라 할 수 있겠다. 오늘의 청소년들은 신체적 성숙이 빨라서 몽정 또는 초경의 시작 시기도 이른 시기에 경험하는 것으로 생각된다.

대체적으로 초경과 몽정이 시작하는 시점을 사춘기의 시작으로 볼 수 있는데 개인에 따라 사춘기 시작 시점에는 차이를 보이는데, 이러한 성 성숙도의 차이는 청소년의 심리사회적인 적응 및 경험에 영향을 미칠 수 있다.

마지막으로 심리적 특성, 그 가운데서 자아존중감을 이야기하고 싶다.

대체적으로 청소년기, 특히 초기 청소년기에는 급격한 신체적, 심리 정서적, 사회적 변화로 인해 자아존중감이 감소하는 경향을 보이는데, 이성교제는 청소년 시기에 자아존중감을 향상시키는 역할을 할 수 있다고 본다.

이 같은 생각을 저자가 하는 이유는 청소년기를 회상하면서 만약에 청소년기에 내 자신이 이성친구와 교제를 했다면, 내 자신도 이성과의 교제를 통해 정신적 안정감과 함께 내 또래 내에서 다른 친구들 앞에서 좀 더 내 자신에 대해 더 긍정적인 생각을 갖지는 않았을까 하는 그런 생각이 들기 때문이다. 또한 무척이나 소극적이던 나는 다른 동성 또래집단이나 교회 안에서 다른 이성친구들과의 대인관계에서도 긍정적인 영향을 미쳤으리라 생각된다. 이에 이성교제를 대인관계의 하나로 생각해 보았을 때 개인의 특성인 자아존중감이 이성과의 관계에 영향을 미치는 것으로 생각해 볼 수 있다.

1) 청소년기의 특성

청소년기는 아동기 때와는 달라진 자신의 신체와 감정적 변화, 그리고 사회적 책임을 인식한다. 무엇을 어떻게 할지 스스로 결정해야 하는 경우와 부딪히게 되는데, 갑작스러운 변화에 자기 자신을 이해하기 힘든 때도 있어 정서적 불안과 혼란을 겪으며 독립된 한 개인으로 성장할 수 있는 기회를 만든다. 자기 자신이 스스로 인정받으려는 의지가 강해지면서 부모와의 갈등을 경험하기도 하고, 부모보다는 또래 관계에서 함께하는 일을 더 중요하게 여긴다. 이 과정에서 다양한 분야에 많은 요구와 기대 그리고 호기심을 보이고 주변 사람들을 모방하려는 모습을 보이기도 한다. 이렇듯 어른의 보호를 받는 의존적인 아동기와 독립된 성인기 사이에 있다는 의미에서 청소년기를, 과도기한 상태에서 다른 새로운 상태로 옮아가거나 바뀌어 가는 도중의 시기라고 표현하기도 한다. 또한 대부분의 청년들은 아동기에서 성인기로 무난히 옮겨 가는 전환기를 거쳐 사회에서 독립된 성인자격으로 볼 수 있는 제 조건이 준비된다.

(1) 신체발달

청소년기에는 다른 시기의 성장단계와 쉽게 구별할 수 있을 만큼 급격한 신체변화를 보인다. 신장과 체중의 증가 그리고 체형이 변화하며 제2차 성징이 나타남으로 개인 차와 남녀 차가 현저하게 나타나기 때문에, 이러한 시기의 신체변화의 중요성은 이에 수반되는 청소년 초기의 심리사회적 발달에 영향을 미치게 된다.

신체적 특성으로 몽정 또는 초경의 시작 시기를 들 수 있다. 개인에 따라 사춘기 시작 시점에는 차이를 보이는데, 근육발달에 있어서도 청소년기 동안에 두드러져, 남아에게는 대 근육이 발달하고 체중의 증가를 가속화시키는 반면, 여아들은 대근육이 감소하거나 변하지 않으며, 피하지방은 여아의 체중 증가를 가속화시킨다. 청소년 시기의 많은 신체변화는 성에 대한 호기심으로 발전하고, 또래들 간의 변화를 보면서 자신의 발달을 점검해 나가기도 한다. 호르몬의 변화로 인해 자극되는 성적흥분을 조절하고 표현하는 방법을 배우는 것이 이 시기 청소년들이 건전한 성과 관련하여 익혀야 할 과제이다.

(2) 인지발달

인지발달과 함께 청년기는 자신이 가장 중요하고 가치 있다는 자신의 관념의 세계에 몰두하는 청년기의 자기중심적 사고가 발달적 특성으로 나타난다. 이는 다른 사람의 생각을 자기중심적으로 추리하고 판단하여 다른 사람이 무엇을 생각하는지, 자신에 대해 어떻게 생각하는지 등을 잘 알고 있다고 믿는 특성으로 자연스러운 현상이다. 특히 심리적 특성인 자아존중감은 대체적으로 청소년기, 특히 초기 청소년기에는 급격한 신체적, 심리·정서적, 사회적 변화로 인해 자아존중감이 감소하는 경향을 보이는데, 이성교제는 자아존중감을 향상시켜 이를 보상해 주는 역할을 할 수 있다.

청년기의 지적발달의 필요성으로는 현재의 문제를 합리적으로 해결하고 미래를 계획할 수 있게 하고, 개인의 인격형성이나 사회적응력을 기르는 데 기초가 된다. 그러므로 지적발달을 위한 노력이 필요한데, 청년기가 되었다고 해서 모두 높은 수준의 정신활동을 할 수 있는 것은 아니며, 지적인 능력도 스스로의 노력을 통해 더욱 높은 수준으로 발달시킬 수 있다. 청년기에 지적 능력을 발달시키기 위해서는 깊이 있고 폭넓은 독서와 탐구 정신, 다양한 지적 경험과 꾸준한 학습 등에 노력을 기울여야 한다.

(3) 사회적 · 정서적 발달

청소년기는 여러 가지 원인으로 인하여 그 어느 시기보다 정서의 변화를 심하게 겪는다. 감정의 기복이 커서 쉽게 화를 내거나 불쾌해 하며 반응과 행동에서 일관성이 없는 경향을 보이게 되며, 청소년들의 정서는 극단적이거나 불안정한 상태로 표현되는 경우가 많다.

부모로부터 독립하여 건강한 성인으로 성장하기 위한 청년기에는 발달과업을 통해 자신을 이해하고 자신의 존재 가치를 실현할 필요성이 있는데 이를 수행하기 위한 발달과업은

첫째, 자신의 체격을 인정하고 자신의 성역할을 수용한다.

신체적 능력감에 도달한다는 것은 자신의 체격을 인정하고 자신의 성역할을 수용하는 것이다. 신체를 최대한 활용하며, 신체 건강을 관리하는 능력을 말한다.

둘째, 사회적으로 수용될 수 있는 정체감을 형성한다. 자아정체감은 개인이 청소년기 동안에 획득해야 할 인간의 포괄적인 성취로서, 성인기 이전의 모든 경험으로부터 유래한다. 청소년기의 자아정체감의 획득으로 성인기의 과제를 해낼 수 있게 되는 것이다. 청소년 말기에 획득되는 정체성은 비교적 갈등이 없는 심리사회적 요소들과 통합되어야 여러 가지 심리적 위기를 무난히 넘길 수 있다.

셋째, 적절한 과학적 세계관에 맞추어 가치체계를 형성한다. 사회적으로 수용될 수 있는 자아정체감을 획득하기 위해서는 자기 자신이 가지고 있는 가치가 무엇인지를

알아야 한다. 가치는 내가 어떤 사람으로 살 것인가에 대한 답이므로 나에게 중요한 것이 무엇인지, 나는 부모나 친구의 가치를 받아들일 수 있는지 등에 대해 진지하게 생각해 보면서 자신의 가치를 점검해 보아야 하는 것이다.

넷째, 사회적으로 책임감 있는 성숙한 행동을 원하고 이를 실천한다. 사회적으로 책임감 있는 사람은 높은 시민의식을 갖는 사람으로, 시민공동체를 형성하는 데 자발적으로 참여하며 사회적으로 책임감 있는 행동을 스스로 기를 수 있는 것을 의미한다.

다섯째, 상호 만족할 만한 가족관계를 형성한다. 청년기의 가장 힘든 과업은 부모로부터 독립하면서 상호존중을 바탕으로 한부모 - 자녀 관계를 유지하는 것일 수도 있다. 이 시기에는 자녀와 부모 모두가 서로의 관점을 이해할 수 있는 공감능력을 형성하는 것이 중요하다.

여섯째, 동성이나 이성의 또래와 새로운 관계를 형성하고 지속적인 우정을 유지한다.

이 시기에는 또래와의 관계로 인해 많은 갈등과 압박을 받을 수도 있으므로, 확고한 가치체계와 자아관을 바탕으로 한 말과 행동으로 자신의 의견을 주장하여 자기주장 능력을 향상시킨다면, 남자, 여자 또래집단과 같이 어울리는 새롭고 더 성숙한 관계를 확립할 수 있다.

일곱째, 학습 스타일과 의사소통 기술을 개발한다. 청년기에는 자신의 적성과 취미에 맞는 전공을 탐색하고 선택하며, 미래의 삶의 목표를 달성하는 데 필요한 학습 스타일을 기르는 것이 중요하다.

여덟째, 교육을 통하여 진학이나 직업 계획을 세운다.

자신을 평가하여 자신의 재능이 무엇인지, 자신의 강점이 무엇인지, 자신의 관심영역이 무엇인지를 통해 직업이나 진학을 선택하고 준비하기 시작한다.

아홉째, 경제적 독립의 필요성을 느낀다. 청년기에는 완전한 경제적 독립을 이루기는 여러 가지로 어려운 시기이다. 그렇지만 다른 독립과 마찬가지로 경제적 독립도 시작부터 여러 단계를 거치면서 이루어진다. 초기에는 아르바이트를 통하여 경제적 도움과 더불어 경제적 독립을 연습을 통해 독립이 시작된다.

열 번째, 결혼과 가정생활을 준비한다. 청년기의 마지막 발달과업은 결혼과 가족생활을 준비하는 것으로, 안정된 결혼과 가정생활을 영위하는 데 도움이 되는 역할과 태도는 성숙한 사람들에게서 발견되며, 결혼의 유무와 독신생활을 유지하든 간에 사람들은 삶의 모든 과정에서 서로를 생각해 주고, 관심과 배려로 인간관계를 형성할 수 있는 기본적인 원칙을 이해할 필요가 있다. 이것이 바로 첫 관문인 성숙이다.

2) 자아정체감과 성숙

자아정체감은 주변의 인간이나 물체, 환경으로부터 자신의 존재를 구별하고 이해할 수 있는 능력을 뜻한다. 이러한 자신의 존재에 대한 깨달음은 자아 개념 형성의 토대가 된다. 자아 인식은 자신이 존재하고 있다는 것에 대한 명확한 이해와 인식으로, 자아 인식이 어떻게 형성되느냐에 따라서 아동이 겪게 되는 정서가 달라질 수 있으며 이는 사회적인 관계에도 영향을 미치게 되므로 청소년기의 자아정체감 형성에도 영향을 미친다.

(1) 자아정체감의 발달

올바른 자아정체감을 형성하기 위해서는 자아존중감과 자신에 대한 정확한 이해를 통해 긍정적인 자아정체감을 형성하는 것이 중요하며, 긍정적인 자아정체감이 확립된 사람은 자신의 인생에서 스스로 주인이 되어 의미 있는 삶을 살아갈 수 있다.

인간은 누구나 자기 자신에 대해 알고 싶어 한다. 청소년기는 전 생애에서 가장 특별하고 신체적, 인지적, 성적, 정서적으로 변화가 급격한 시기이다. 청소년기가 되면 많은 청소년은 자신을 위해 자아정체감을 반드시 형성해야만 하는 것으로 보기 시작한다. 청소년에게 자아정체감이란 자신이 누구이고 장차 어떤 사람이 될 것인지 자신을 발견하고 결정하는 중요한 시기라고 할 수 있다. 긍정적인 자아정체감을 형성한 사람은 자신에 대해 신뢰할 수 있는 믿음이 생기지만 부정적인 자아정체감이 확립되면 정체감의 위기를 경험하게 된다. 이런 경우, 열등감을 가지게 되어 원만한 인간관계를 형성하기 어려워지고, 다양한 상황에 적응하지 못하고 문제를 발생시킬 수 있으므로 특히, 청소년은 긍정적인 자아상과 자아 개념을 형성하기 위해 노력해야 한다.

(2) 성숙

성숙이란 인간의 성장과정에서의 환경적 · 경험적, 그리고 연습의 효과를 거치지 않아도 발달단계에 따라 규칙적으로 획득되거나 변화되는 현상을 말한다. 이처럼 성숙의 가장 큰 특징으로는 정해진 순서로 발달단계를 거쳐 간다는 점이라 할 수 있다. 유전요인으로 신체적 · 지적 · 정신적 분화와 통합이 이루어지는 생물학적 과정으로 설명할 수 있는데

첫째, 신체적 성숙은 자신의 신체를 받아들이고, 자신의 성역할을 수용함으로써 자신의 신체를 활용할 수 있는 능력을 말한다.

둘째, 지적 성숙은 이해할 수 있는 폭을 넓히는 것으로 환경의 영향을 가장 많이 받는 성숙의 유형이라고 할 수 있다. 지적 성숙은 적절한 수준의 환경적 도전을 받거나 그 도전으로부터 어느 정도 성공하게 될 때 가장 급속히 발달된다.

셋째, 감정적 성숙으로 자신의 감정을 억누르는 것이 아니라 자신과 다른 사람의 감정을 인지하고, 감정을 보다 건설적으로 다루고 표현하는 능력을 말한다. 감정적으로 미성숙한 것은 다른 어떤 요인보다 결혼을 실패로 이끄는 요인이 된다.

넷째, 사회적 성숙으로 다른 사람과 잘 지낼 수 있는 능력을 말하는데, 동성이나 이성의 친구와 새로운 관계를 형성하는 것으로 사회적 성숙의 궁극적인 목표는 책임감이다.

다섯째, 철학적 성숙으로 통속적으로는 개인적인 신념이나 지혜를 가리키는 말로서도 사용된다. 그러므로 철학은 우리에게 동기부여의 원천이 되어 에너지를 주는 것으로서 우리가 목표를 세우고 그것을 달성하기 위해 노력하게 만드는 것이라고 할 수 있다.

2. 환경적 특성

1) 가족의 영향

청소년기에 가족은 많은 영향력이 있다. 먼저, 부모와의 관계, 특히 부모의 애정적 양육태도는 청소년의 사회적 능력 향상에 영향을 미치는 것 같다. 저자의 아버지는 가장(家長)으로서 역할이 무척이나 부족한 아버지였다. 모든 삶의 무게는 어머님께서 지고 가셨던 것 같다. 그런 어머님을 보면서 자란 나는 아버지와는 전혀 다른 삶을 살겠노라고 다짐하고, 다짐하면서 성장해 온 것 같다.

청소년기에 접어들면서 가족은 영향력이 다소 감소하기는 하나 지속적으로 중요한 미시체계 중 하나로 꼽힌다. 먼저, 부모와의 관계는 청소년에게 매우 주요한 사회적 관계로 부모의 애정적 양육태도는 자녀의 사회적 능력향상에 영향을 미친다.

같은 동성친구들과의 경쟁에서는 악착같이 뒤떨어지지 않도록 노력하였으며 이성친구들 앞에서는 어떻게 하던지 도와주고 보호해 주려는 마음을 많이 가지고 성장해 왔다.

저자는 부모와의 관계를 통해 어떻게 타인과의 관계 안에서 행동해야 하는가를 학습하여 이성을 배려하고 이해할 수 있게 되었던 것 같다. 이성에 대한 배려는 이성친구를 사귀는 중요한 조건이라 하겠다. 또한 이러한 배려는 이성교제를 할 가능성을 증가시킬 것으로 예상해 볼 수 있다. 여동생 하나뿐이었던 내 자신이 생각해 보건데 가족 내에서 형제자매와의 관계 또한 개인의 발달과 성장에 긴밀한 관련이 있다고 본다. 본인이 어릴 적에도 우리 부모님께서는 맞벌이를 하셨다. 나의 어머니는 그야말로 무능력한 아버지를 대신하여 할 수 없이 삶의 전쟁터에서 몸부림치셨던 것이다.

최근에는 부모님들의 맞벌이 부부의 증가 및 가족규모의 축소와 저출산으로 인한 형제자매의 관계는 청소년기를 포함 아동기 이후에도 지속적으로 중요한 영향을 미친다고 볼 수 있다. 특히, 혼자 지낸다거나 동성형제끼리만 성장하는 것은 자신과 성별이 다른 또래를 관찰하고 상호작용할 기회를 경험할 수가 없다. 따라서 이성형제가 있는 경우, 이성과의 상호작용에 더 자신감을 보일 수 있다고 가정해 볼 수 있겠다.

이에 저자가 생각하는 이성교제도 사회적 관계의 하나이므로 부모의 애정적 양육 행동은 청소년의 이성관계에 긍정적인 영향을 미칠 것이라고 예상해 볼 수 있다. 이러한 부모 양육태도가 이성교제 경험에 미치는 이유는 무엇일까?

다함께 생각해 봅시다

1. 부모의 애정적 양육 행동은 이성관계에 어떠한 영향을 미칠 것이라 생각하는가?
2. 부모 양육태도가 이성교제 경험에 미치는 이유는 무엇일까?

2) 학교 관련 특성

저자가 청소년기의 학교를 다닐 때는 남녀 공학 학교는 거의 드물었다. 남자고등학교, 여자고등학교 이렇게 구분지어서 초등학교 이후 이성과의 자연스러운 만남, 대화, 교제는 참으로 상상하기 어려웠다. 그래서 더욱 이성에 대한 호기심이 강했으리라 생각한다.

저자는 청소년에게 주요한 미시체계로 가족과 함께 학교를 꼽을 수 있다고 본다. 특히 청소년기는 이전 아동기에 비해 개인이 학교에서 보내는 시간이 증가하므로 학교가 미치는 영향은 증가한다. 먼저 중, 고등학교 재학상태와 관련하여 남녀공학 학교에 재학 중인 청소년의 경우, 자신의 활동 범위 내에서 마주칠 수 있는 이성 또래들이 많고 그 결과 자연스럽게 이성교제를 시작할 가능성이 높을 것으로 생각해 볼 수 있다.

구조적측면에서 남녀공학재학 여부는 이성교제를 통해 이상형의 배우자를 선택하는 관점에도 영향을 미치리라 생각한다. 그 경험은 배우자 선택이론 중 여과망이론과 청소년기 또래 관계의 특성에서 찾아볼 수 있다. 여과망 이론에 따르면 이성교제의 대상은 가장 먼저 지역적 근접성의 여과망을 통해 제한된다. 즉, 모든 가능한 이성교제 대상 중 물리적 거리가 가까워 만남과 상호작용이 많은 사람들로 상대가 한정된다. 그러므로 남녀 공학에 다니는 청소년의 경우 자신의 활동범위 내에서 마주칠 수 있는 이성 또래들이 많고 그 결과 자연스럽게 이성교제를 시작할 가능성이 높을 것으로 생각해 볼 수 있다. 특히 청소년의 경우 이성과 동성이 함께 있는 또래집단에 속할 경우 이성과의 낭만적 관계를 시작하는 경우가 더 많다. 또한 우리나라의 교육현실에서는 학업면에서 중상위권에 있는 학생들이 성적유지 또는 향상에 대한 심리적 압력을 더 크게 느끼고 이성교제가 학업에 방해된다고 여겨 이성교제를 덜할 가능성도 있다.

정서조절이 어려운 시기인 청소년은 자신에 대한 자아정체감과 학업, 진로, 이성문제 등 다양한 내외적 심리적 문제에 부딪히며 정서적 갈등을 경험하며 정서조절의 어려움을 경험한다.

정서구조는 크게 정적 정서와 부정적 정서 두 요소로 나눌 수 있다. 정적 정서는 기쁨, 애정과 같은 유쾌한 정서로 삶이 바람직한 방식으로 진행되고 있는 상황에 대한 개인의 반응이다.

3) 대학생 시기 이성교제 경험을 통한 인식의 변화

최근 대학생활의 문화에서는 학교 교과과정과 동아리활동 등을 통해 이성과 만남의 기회가 많아지면서 이성교제를 할 수 있는 비율이 높아지고 있다. 이성교제는 남녀가 서로에게 호감과 친밀감을 느끼는 것으로 일반적인 친구 관계와는 구별되는 특별한 관계라고 설명할 수 있겠다.

저자가 어릴 적부터 생각해 오던 이성과의 교제는 ‘서로 사귄다’라는 표현으로 인식되어 온 것 같다. 이성교제에 대한 개념 정의가 명확하지 않은 면이 있지만 저자가 대학에서 '결혼과 가족'이라는 과목을 강의하면서 느낀 것은 대학생의 이성교제는 우정의 개념을 떠나 연인 간에 서로 성적인 감정과 욕구를 느끼며, 때로는 실제 성 행위를 경험하고 성적 정체성 정립에 도움을 주며 그에 따른 미래의 배우자를 찾는 과정으로서의 그 의미를 가진다고 할 수 있다.

그러나 수업시간에 질문한 유형 중 하나인 혼전 동거에 대해 질문을 해 오면서 두 딸을 둔 아버지의 입장에서 바라본 최근에 이성교제에 대한 정의는 미래의 배우자를 찾는 결혼을 위한 지속적 관계형성보다도 이성교제 자체에 대한 관심들이 더욱 높아지고 있는 것처럼 보여진다.

사회에 진출하기 위한 진로를 탐색해 나가야 하는 시기인 대학생 시절에 이성교제는 타인과 원활한 관계형성을 경험할 수 있고 시행착오를 통한 극복, 행복감과 불행감을 동시에 느끼며 감정적으로 성숙할 수 있는 좋은 기회이다.

또한, 저자가 성장하던 대학생 시절에는 배우자 선택에 있어서 가문, 부모님의 권유에 의한 중매결혼이 가장 큰 비중을 차지했지만, 현대 사회에서는 결혼에 있어서 가장 중요한 부분은 서로 간의 사랑과 신뢰이며, 스스로 미래의 배우자 선택에 있어서 중요하고 실질적인 준비과정이라 하겠다. 즉, 대학생활에 있어서 이성교제는 대학생 한 개인의 발달 과정상, 단순히 결혼을 위한 목적뿐만 아니라 개인의 인격적인 성숙은 물론 이성과 만남을 통해 자신의 특수성과 고유성을 잃지 않는 동시에 친밀함을 나눌 수 있고 그 능력을 발전시켜 나갈 수 있게 된다. 그뿐만 아니라 이성교제를 통해 상대방과의 관계를 발전시켜 나가는 노력, 혹은 이별 같은 복잡 미묘한 갈등에 직면하고 이를 타개해 나가는 경험을 하게 되는 좋은 기회로 볼 수 있다.

다함께 생각해 봅시다

1. 이성관계에서 나타날 수 있는 문제와 갈등을 해결하지 못하면 인생에서 더 어려운 혼란을 겪게 되는 기회를 경험하게 될 수 있다. 이성교제에서 갈등이 있으면 이로 인한 심리적 고통 및 신체적 고통을 경험하게 된다.
   - 이성교제 시 긍정적 측면
   - 이성교제 시 부정적 측면을 각 개인이 어떠한 방법으로 극복해 나가는지에 대해 생각해 봅시다.

2) 남녀 역할에 대한 이해
   - 이성교제를 하기 전에 남녀 역할에 대한 인식

     예) 대학생의 이성교제 경험 전에는 대부분 남자는 의사결정을 주도적으로 할 수 있어야 하고, 의지하고 싶은 대상, 경제적으로 우위에 있어야 한다.

     예) 여자는 가정적이어야 한다.
   - 이성교제 이후의 남녀 역할에 대한 인식

     예) 남자는 여자에 대한 책임 있는 행동, 결정의 상황에서 주도적이어야 한다.

3) 의사소통의 영역 이해

   이성 교제의 과정에서 의사소통은 매우 중요한 영역으로 이성교제에서 서로 신뢰할 수 있고 좋은 관계를 유지하기 위해서는 의사소통의 태도가 중요한 요인으로 작용한다.
   - 효과적인 의사소통에서 필요한 것은 무엇인가?

     예) 상대방을 배려하는 것이 가장 인간관계의 기본, '솔직함', '인내심', '경청'

4) 갈등해결 능력의 강화

   이성교제를 통해 경험하는 것으로 서로들의 관계에서 문제가 도래하고 서로 대립하게 되는 위기나 갈등이 발생할 때 이를 해결할 수 있는 능력은 무엇인가?

   예) '문제 객관화', '침묵과 진정하기', '상황을 회피하기', '내화로 이해시기기'

5) 감정조절 행동변화

   이성교제 시 감정을 조절해야 하는 상황에서의 행동 양상은?

   예) '상황으로부터 벗어나기', ' 혼자 울거나 참고 견딤'

6) 인격의 성숙

   참여자들이 이성교제를 통해서 자신이 스스로에 대해 인격적으로 성숙하게 되는 것에 대해 인식은 무엇인가?

   예) '상대방에 대한 이해', '자신에 대한 성찰', '긍정적 사고', '행동에 대한 조절능력', '대인관계 능력' 등과 관련된 부분이 성장하고 강화되어 스스로에 대해 인격적으로 성숙된 부분으로 생각하는 것.

3. 사랑의 시작

두 사람이 만나 사랑을 하면서 언제나 좋은 일, 행복한 경험만을 가질 수는 없다. 순간순간 다가오는 갈등들을 잘 극복하거나 위험 요소들을 제거하며 지혜롭게 위기를 잘 넘기는 사랑의 기술이 필요할 것이다.

첫째, 사랑의 준비단계(love readiness)로서 인간은 남녀 모두 성적인 본능을 충족하고 싶어 한다. 혼자 생활하며 성적인 본능을 자위행위나, 성 매수 등을 통해 충족할 수도 있지만 이런 행동은 정서적 친밀감과 안정을 가져올 수 없고 안정적이지 않기에 이성 관계를 추구한다. 그러나 이성적인 관계를 성적인 욕구를 충족하기 위해 이용한다면 성적인 중독에 빠질 수 있고 건강한 관계를 유지할 수 없다.

정상적인 이성 관계란 자신에 대한 긍정적이고 안정적인 관계가 형성된 상태에서 타인과의 관계를 맺는 것이다. 자신이 부모님께 받지 못한 애정을 상대방에게서 구하거나 자신의 약점을 상대방을 통해서 보상하려고 한다면 불안정한 인간관계를 시도하게 된다. 사랑을 하려면 이성과 함께 시간을 보내는 것에 대해 아깝지 않고 이성과 관계를 맺고 싶어 하는 마음과 상대방을 알고 자신을 개방할 수 있어야 한다.

둘째, 사랑에 빠지는 단계(falling love)로서 사랑은 준비단계가 없이 갑자기 사랑에 빠지는 것은 아니다. 서로가 서로를 알아 가는 과정에서 서로의 욕구를 충족시켜 줄 수 있고 서로의 공통적인 관심사가 있는 것 등 확신이 들어야 사랑의 관계가 이루어지는 것이다. 두 남녀가 사랑을 하기 위해서는 서로 접촉하고 만나야 한다. 사랑에 빠지면 상대방에 대한 정서적인 친밀감과 성적인 흥분을 포함한 열정을 느끼며 이러한 두 가지 감정이 서로를 긍정적으로 강화하고 서로를 잊지 못하게 하는 열애 단계로 들어가게 만든다(Sternberg & Bames, 1988; 현성용 외, 2016 재인용).

셋째, 사랑 안에 존재하는 단계(being in love)로서 사랑은 남녀가 사랑하는 관계에서 서로 주고받는 것이 있어야 지속되기 쉽다. 열정적인 사랑이 지속되기 위해서는 상대방을 인격적인 존재로 보면서 상대방을 수용하고 포용해 주어야 한다. 사랑한다고 반드시 성관계를 통해서 성을 즐기는 것은 아니다. 개인의 혼전 성에 관한 태도나 종교적인 가치에 따라 남녀 간의 직접적인 성관계를 지연하거나 통제할 수 있다. 만일 사랑하는 남성이 성적인 면에만 관심이 있거나, 여성에 대한 순수한 관심이 없으면 사랑은 오래가지 못한다. 열정적인 사랑이 지속되기 위해서는 상대방을 인격적인 존재로 보면서 상대방을 수용하고 포용해 주어야 한다. 한 사람만 열정적으로 사랑을 한다고 해서 사랑이 유지되지는 않는다.

넷째, 전환기의 사랑(love in transition)로서 일정 시간이 지나면 이성적인 생각으로 상대방에 대해 초기의 흥분되었던 감정이 시들해져 권태기라는 것이 자리하기 시작한다. 이때 상대방을 자신이 원하는 사람으로 만들려는 시도를 하기도 한다. 전환기의 사랑은 두 남녀가 현실을 직시하고 사랑을 현실화할 가능성에 대해서 타진하고 알아보는 시간이다. 따라서 이 시기를 잘 극복하기 위해서는 상대방의 관점에서 바라보고 이해하고, 수용하는 노력과 협동, 융통성이 절대적으로 필요하다.

다섯째, 사랑에서 빠져나오는 단계(filling out of love)로서 사랑에서 빠져나오는 사람들은 상대방을 향해 이해타산적인 생각을 한다. 대화를 해도 서로 큰 벽이 가로막혀 있는 듯한 대화를 이어 간다. 결론 없는 수평선을 달리듯이 서로 초점이 맞지 않는 특성을 가지고 있다. 심지어는 독설로 서로의 마음에 상처를 주게 되고 문제를 해결하기보다는 이를 이유로 더 멀어지려는 경향이 있다.

여섯째, 사랑에서 완전히 벗어나는 단계(being out of love)로서 연인과의 사랑에서 완전히 벗어나면 상대방에 대한 감정과 관심이 무덤덤해진다. 이때 새로운 사랑을 시작해 보려는 생각으로 이전의 사랑을 발판으로 사랑의 준비단계에 돌입하는 사람들도 있으며, 실연 경험으로 인해 사랑과 담을 쌓고 이성에 대해 무관심하거나 증오하며 혼자의 세계로 빠지는 사람도 있다.

사랑의 방식과 표현의 스타일은 사람에 따라 다를 수 있다. 두 사람이 만나는 시간, 관계만큼은 서로에게 상처가 되지 않도록 서로에게 좋은 감정을 남길 수 있도록 하는 것이 필요하다.

남녀가 사랑을 하는 순간부터 나의 것을 채우려 하고, 채워지지 않을 경우 사랑의 목마름으로 또 다른 사랑을 갈구하며 쳇바퀴 돌 듯 도는 것은 아닌지 진지하게 생각해 봐야 할 것이다.

4. 대학생의 이성교제

Erikson의 발달단계상 후기 청소년기에 속하는 대학생 시기는 이성과의 친밀한 관계형성을 중요한 발달과업으로 가지는데, 이때의 친밀감 형성의 긍정적 결과는 성적 친밀감이나 안정된 사랑을 포함하는 친밀감이다(정옥분, 2014).

현대 사회에서 대학생의 성(性)은 점점 개방적으로 변하고 있다. 실제로 대학생의 이성교제 경험 비율은 매우 높아 대학생의 84%가 이성교제를 경험한 것으로 나타났다(강진희, 2011). 최근 시사저널(2011)에서 대학생 1,000명을 대상으로 조사한 결과를 보도한 내용에 따르면 대학생의 89%가 혼전 성관계에 대해 긍정적이었고, 39.9%는 성 관계 경험이 있었으며, 성관계 상대자로 90.7%가 이성친구였다. 대학생이 되어 이성교제를 시작하는 대학생들은 다양한 성 행동을 실제로 경험하게 되며 성적인 욕구와 개인의 가치관이나 사회적 규범 사이에서 갈등하게 된다.

1) 대학생의 성(性) 태도

일반적으로 태도란 자신의 주변 환경에서 입력되는 정보를 처리하기 위해 개인이 사용하는 것을 말하며, 성(性)과 관련된 사실에 대해 긍정적 혹은 부정적으로 반응하는 경향 및 행동을 성 태도라고 한다(한경순 · 함미영, 2000). 고효정과 이은주(2007)는 성 태도를 성(性)과 관련된 제반 현상에 대한 의식 및 사고, 가치 판단과 행동에 관한 반응으로 정의하였다. 이렇듯 성(性) 태도는 성(性)과 관련된 제반현상에 대한 개인의 생각과 가치관이다.

성(性) 에 대한 태도는 가정에서부터 사회적, 문화적 배경 등 상호적 관계를 통해 내면화되며, 개인이 속해 있는 사회의 문화와 태도에 맞추어 사회화되는 특성이 있다. 대학생들은 성인기로 접어들면서 성(性) 태도가 완성되는데 이 시기의 성(性) 태도는 성(性) 행동에 영향을 줄 뿐만 아니라 결혼 후 부부간의 생활에까지도 영향을 준다.

최근 대학생의 성(性) 태도를 살펴본 결과, 쾌락적 · 유희적 성(性)과 낙태허용도,혼전 순결허용도는 개방적이었으며, 성(性) 허용도, 동성애 허용도에서는 중립적인 태도를 보였다. 대학생들의 쾌락 · 유희적 성(性) 허용도가 높을수록 혼전 성(性) 관계 허용도가 높아졌고 혼전 (性) 성관계도 많아졌으며, 원하지 않는 임신이 발생할 경우에 낙태를 꺼리지 않았다(우근희, 2011).

성(性) 태도는 성(性) 행동에 영향을 미치는 요인으로 작용하기 때문에 어떤 성(性) 태도를 지니느냐에 따라 성(性) 행동이 달라진다고 할 수 있다. 대부분 허용적인 성(性) 태도를 가지고 있을수록 성(性) 행동이 더욱 개방적이었다. 조아미(2000)는 청소년들이 보수적인 성(性) 태도를 가질수록 성(性) 행동을 적게 하고, 허용적이고 쾌락적인 성(性) 태도를 가질수록 성(性) 행동을 많이 나타냈다는 연구 결과를 보고하였다. 이처럼 성(性) 태도가 허용적일수록 성(性) 행동이 개방적인 것을 알 수 있다.

2) 대학생의 이성교제와 성(性) 행동경험

후기 청소년기에 속하는 대학생 시기는 이성과의 친밀한 관계형성이 발달과제인데(장휘숙, 2006), 이 시기의 대학생들은 바람직한 이성교제를 통하여 이성을 이해하고 원만한 인간관계를 갖게 되며 성숙한 인격형성을 이루게 된다.

성(性)이 개방적인 사회에서 성인으로 인정받는 대학생들은 이성교제를 통해서 다양한 성(性) 행동을 실제로 경험하게 된다(장휘순, 2013). 시사저널(2011)에서 대학생 1,000명을 대상으로 조사한 결과를 보도한 내용에 따르면 대학생의 39.9%가 성(性) 관계 경험이 있으며, 성(性) 관계 상대자로 90.7%가 이성친구였다.

우근희(2011)의 연구결과에 의하면 대학생의 첫 성(性) 관계는 '서로 합의하에'가 74.3%로 가장 많았고, '술에 취해서'도 11.9%였다. 첫 성(性) 경험 시기는 대학교 1~2학년이 60.4%로 가장 많았다. 첫 성(性) 경험상대로는 81.2%가 이성교제 상대였고, 이성교제 후 성(性) 관계가 이루어지는 기간은 28.7%가 2개월, 25.7%가 1개월로 이성교제 시작과 더불어 짧은 기간 안에 성(性) 경험을 하고 있었다. 피임에 대해서는 '항상한다'가 46.5%, '할 때도 있고 안 할때도 있다'가 44.6%였다.

3) 이성교제의 시작과 발전

젊은 청년들이 이성교제를 시작하기 위해서는

첫째, 호감이 가는 이성을 만나야 한다. 대학교 생활을 시작하면서 학과나 동아리 등에서 진행하는 모임에 참여하면서 새로운 이성을 만나게 되는 과정이나 소개팅에서 호감이 가는 이성을 만나 교제를 시작하게 되는 것이다.

둘째, 학교에서 수업을 통해, 동아리 모임을 통해 알던 사이에서 연인으로 발전하여야 한다.

셋째, 연인이 되면 일상을 함께 공유하며 함께 식사를 하고 차를 마시고, 영화를 보는 등 함께 있는 시간을 많이 가지게 된다.

넷째, 이성교제를 하면서 연인과 서로를 어느 정도 안다고 생각하게 되면서 연인에게 자연스럽게 화를 내며 서로의 성격을 파악해 가기 시작한다.

다섯째, 이성교제 경험이 없었기에 이성과 의사소통 하는 데 어려움을 느끼며 갈등을 경험하면서 의사소통 방식을 배워 가고 서로 대화하는 방법을 발전시켜 나간다.

여섯째, 연인과 사귀는 시간이 길어지면 권태기를 경험할 수도 있고, 이때 다른 이성에게 호감을 느끼는 경험을 하게 되거나 자신의 연인과 비교하며 현재의 이성교제를 계속할 것인지를 고민할 수도 있다.

일곱째, 깊은 스킨십을 나누는 연인의 경우, 연인과 매우 가깝게 느껴짐을 알게 된다. 성(性)에 대한 대화가 자연스러워지고 성(性)과 관련하여 자신이 원하는 부분에 대해 표현하게 된다.

05

결혼전 동거(cohabitation)

Marriage & family | chapter 05

결혼전 동거(cohabitation)

1. 동거

오늘날 한국의 가족에 나타나는 뚜렷한 변화 중 하나는 결혼을 통과의례라고 생각하는 전통적 가족 가치관의 약화와 더불어 다양한 가족 형태의 등장이라 할 수 있다. 성인이 되면 무조건 결혼해야 한다는 신념이 약화하면서 급기야는 '결혼은 선택, 일은 필수'라는 얘기가 젊은이들 사이에서 자주 들릴 정도로 맹목적으로 결혼해야 한다는 견해는 줄어들고 있다. 이처럼 부부 및 부모-자녀 관계 중심의 가족 가치관에서 개인의 자율성과 즉각적 만족을 더 중요하게 생각하도록 변화되는 과정에서 "동거"가 선택의 일환으로 등장하면서 굳이 결혼하지 않고 동거하는 것도 바람직하다는 가치관이 늘어나고 있다. 한국 사회에서 동거는 주로 혼전 동거로 이해되었고, 결혼과 달리 가족이나 사회에서 환영받는 입장은 아니었다. 특히 젊은층의 동거는 기존 연구에서 종종 일시적/일탈적 행위로 인식된다.

동거(cohabitation)는 한집이나 한 방에서 같이 사는 것, 가족이 아닌 사람이 어떤 가족과 같은 집에서 함께 사는 것, 두 사람 이상이 한집에 공동의 생활을 하는 것으로 정의한다(네이버). 동거(cohabitation)의 사전적 의미는 "혈연관계나 친족관계가 아닌 두 성인인 남녀가 공식적으로 결혼식이나 혼인신고를 하지 않고 함께 생활하는 것"이다. 법률적으로 사실혼과 유사하게 다뤄지는데 우리가 동거의 개념을 더욱 명확하게 정의하기 위해서는 먼저 결혼과 사실혼과 동거를 구분할 필요가 있다. 동거에 관련된 책에 따르면 결혼은 "성인인 한 남자와 한 여자가 평생 부부로서 공동생활을 할 것을 목적으로 하는 결합 관계"라고 되어 있고, 사실혼은 "혼인 의사를 가지고 동거하며 실질적으로 부부로서의 생활을 하고 있다. 하지만 법률이 정한 혼인신고를 하지 않았기 때문에 법률상 혼인으로 인정되지 않는 사실상의 부부관계를 말한다."라고 되어있다. 또한 동거는 "우리 민법은 사실혼 관계 외에 동거의 경우에는 법적으로 명문화되어 있지 않다."고 되어 있다. 이와 같이 우리나라에서는 동거와 결혼은 구분되는 개념으로 되어 있다.

1) 동거의 현황과 인식

결혼식날 흔히 하는 선언 중에 하나인 검은 머리가 파뿌리되기까지 혹은 백년해로라는 말은 어느덧 시대에 맞지 않은 말들이 되어 버렸다.

우리나라는 1900년대 초반까지도 외국의 문물을 받아들이지 않고 고유의 한국문화인 유교사상을 유지하는 정책(政策)인 쇄국(鎖國)정책을 펴던 전통 조선 사회였다. 그러나 1900년대 초반에 일본에 의해 강제로 행해진 한일강제합방(韓日强制合邦)에 의하여 우리나라는 일본을 통해 강제적으로 많은 서구의 문물을 받아들이게 되었다. 그

후 1900년대 중반 일본에게 해방(解放)된 후 서양의 문물은 더욱더 우리나라로 받아들여져 1900년대 후반 세계에서 가장 빠른 경제적 성장을 이루었다. 눈부신 경제성장과 더불어 우리 사회에는 결혼한 세 쌍 중 한 쌍은 1년도 안 돼 이혼한다는 보도가 들려오는 세상이 되고 말았다. 특히 살아 보고 결혼 여부를 결정하겠다는 혼전 동거 선호 추세는 오히려 해마다 늘고 있다.

예전과 달리 성문화가 개방적으로 되어 감에 따라 많은 것이 파생적으로 변화해 가고 있다. 그중의 하나로 나타난 사회적 현상이 바로 "동거 문화"이다. 동거에 대해 사회적 현상, 문화로까지 표현할 수밖에 없는 것은, 단순히 우리 사회에서 극소수로 존재하는 것이 아닌, 큰 물결처럼 번지고 있기 때문이다. 단지 극소수일 것처럼 보이는 이유는 한국 사회의 사회 문화적 배경 때문에 음지 속에 가려져 있기 때문이다. 동거가 우리 사회에서 앞으로 어떻게 위상이 변해 갈지는 아직 미지수이지만, 분명한 것은 좋든 싫든 앞으로 양적으로 더욱 늘어갈 추세인 것은 사실이다.

한국 사회에서의 동거는 개인적 수준에서의 개방성과 사회적 차원에서의 보수성이라는 양가적 특성으로 인해 동거커플은 사회적 평가에서 자유롭지 못하다. 특히 동거관계에서 여성들이 남성들보다 훨씬 불안감을 느끼는데 이것은 남녀관계에서의 가부장적 사고와 순결 이데올로기의 교차점이 여성의 동거를 남성에 비해 훨씬 더 부정적으로 인식하는 성의 이중규범이 작동하는 결과이기도 하다(박은주, 2002).

우리나라와는 다르게 프랑스나 미국은 동거에 대해 관대하다. 관대하다라고 하는 것보다는 동거 자체가 문제가 될 이유가 없는 나라들이다. 동거천국이라는 프랑스는 전체 결혼한 커플의 약 90%가 동거생활을 거친다. 현직 장관 중에도 동거생활을 하는 사람이 있다. 유럽의 거의 모든 나라에서 이 같은 일이 벌어지고 있고 미국에서도 혼전 동거의 비율이 날로 증가하고 있다.

1960년대에 스웨덴과 덴마크에서 나타나기 시작하여 미국에서는 절반 이상의 성인이 결혼전에 동거를 한 것으로 나타났으며, 동거를 한 성인의 50% 이상이 결혼을 한 것으로 나타났다(Bumpass & Lu, 2000). 결혼은 그 자체로서 매우 중요한 주제이기도 하지만 최근에는 저출산의 주요원인으로 언급되면서 학문적 사회적 관심이 증가하고 있다. 프랑스는 1970년대 여성해방운동으로 점차 여성의 권리가 확대되어 동거부부도 법적 권리를 받을 수 있는 Pacs[1)]법안까지도 등장하고 있다. 따라서 우리의 문화 문제로 다가온 동거에 더욱 자세히 알기 위하여 먼저, 동거가 가지는 정의를 잘 알아보자. 그리고 오늘날 동거의 새롭게 정의되고 있는 의미 및 동거의 형식 등을 알고, 현재 우리나라의 의식적 문제 및 법률(法律)의 실정에 대해서도 알아보자. 그리고 더 욱더 나아가 외국에서 실제로 동거가 어떻게 받아들여지고 있는지 의식 및 법률 및 제도적 차원에서 알아보고, 이러한 외국의 실제적 사례 등을 통하여 동거가 어떠한 장점 및 단점 등을 가지는지 조금 더 심도 있게 생각해 보자.

혼전 동거에 관한 의식조사를 위해 2014년 결혼정보회사 "듀오"는 전국 20~30대 미혼남녀 975명(남성 496명, 여성 479명)을 대상으로 혼전 동거에 관한 설문 조사를 실시하였다.

연인과 동거를 할 의향이 있는 응답자는 전체 66.2%로 나타났다. 미혼자 10명 중 6명 이상은 연인과의 혼전 동거에 찬성한다는 조사 결과가 나왔다. 이 중 '기회가 되면 동거한다'는 의견이 37.8%, '결혼 날짜가 잡힌 경우에 동거한다'는 답변이 28.4%로 나타났다. '동거를 절대 하지 않겠다'는 반대 의견은 33.6%였다. 동거의 순기능에 대한 질문에서는 남성은 '연인과 매일 함께 살 수 있다(25.4%)', '남녀가 다름을 이해하고 양보를 배운다 (22.8%)'를 많이 꼽았다. 여성은 '이혼 예방이 가능(29.0%)', '생활비, 데이트 비용 절약(24.0%)' 등을 동거의 장점이라 생각했다. 동거에 대한 기대치는 남성과 여성의 다른 생각이었고, 반면 동거의 역기능에 관해서는 부정적 꼬리표

1) Pacs 법안의 내용

성당과 시청에서 혼인식을 두 번 해야 하는 결혼과는 달리 팍은 양자가 서명한 계약서를 법원에 제출하면 부부로서의 효력이 발생한다. 즉, 서류화된 계약결혼인 셈이다. 모든 가재도구는 결혼 때처럼 양자의 공유재산이 되고 주택 등의 소유권을 어느 한쪽이 갖길 원하면 팍 계약서에 명기하면 된다.

팍은 또 각종 세제 혜택을 받는 장점이 있다. 과거엔 동거가 개별과세 때문에 '절세수단'으로 애용돼 왔지만 이제는 세금공제에 상한선이 많이 생겨 별로 유리한 것도 없다. 반면 팍은 계약 후 3년째 되는 해부터 부부합산소득 과세가 시작된다. 둘 중 하나가 직업이 없거나, 양자의 수입에 큰 차이가 있거나, 세 명 이상의 자녀가 생기면 면세 혜택을 받는다.

등 '이별 후 피해가 크다(34.9%)'는 의견이 가장 많았다. 이어 '임신 등 계획에 없던 돌발 상황 발생(20.3%)', '책임감 없는 교제에 익숙해짐(14.5%)', '타인에게 인정받지 못하는 결혼 생활과 같다(14.4%)'는 게 단점으로 꼽혔다. 한편, '실제 결혼을 약속한 애인이 동거한 경험이 있다면 어떨까?'라는 질문에 대부분이 불편하다는 입장이었다. 남성 38.9%는 '언짢고 내키지 않으나 결혼은 한다'고 답했고 반면 여성 35.9%는 '파혼을 진지하게 고민한다'고 했다.

2) 동거의 유형

동거 유형을 구분해 보면, 첫째, 연애 과정에서 이루어지는 동거이다. 이는 연애의 연장선에서 두 사람만의 친밀함을 바탕으로 이루어지게 되는 형태인데, 이 유형으로 대표될 수 있는 것이 대학생의 동거이다. 둘째, 더 나은 결혼 생활을 위해서 결혼 전 실험적 단계로서 혼전 동거이다. 셋째, 우리 사회의 결혼문화와 가족제도에 대한 문제점을 인식하고 결혼 자체를 거부하고 있는 것으로 비혼 동거를 의미한다. 사실상 동거 유형은 이 세 가지뿐만 아니라 동거를 선택하는 사람들의 상이한 상황과 의식에 따라 다양할 수 있다(정옥분 외, 2020).

동거의 기간이나 동거생활의 형태, 동거의 결과 등 여러 가지 외형적 자료를 통해서 동거를 선택하는 동기를 논의한 선행연구들에서는 이를 다양한 의미로 정리해서 크게, '예비동거', '대안동거', '대체동거', '편의동거'의 네 가지로 구분하여 사용되고 있다(J. A. Seltzer, 2004, P. S. mock, 2000). 그중 예비 동거를 선택하는 사람들의 의도와는 반대로, 결혼 전에 동거를 경험한 사람들이 경험하지 않은 사람들에 비하여 이혼할 확률이 더 높다고 한다(S. mock, 2000).

예비동거(precursor to marriage)는 궁극적으로 결혼하고자 하는 의사가 있으나 결혼 전에 동거를 함으로써 배우자와 서로 잘 맞는지를 확인하고자 하는 경우인데, 개인주의의 확산과 이혼의 증가 등의 환경적 변화가 예비동거의 토양이 되고 있다.

대안동거(alternative to marriage)는 결혼을 성립시킬 여건이 기대수준에 미치지 못하여 결혼의 대안 혹은 차선책으로 동거를 선택하는 경우이다.

대체동거(substitute for marriage)는 결혼이 제도적 장치를 통해 여성을 억압한다든지 남성에게 과다한 부양의 의무를 지게 한다든지 하는 이유로 가족제도를 부정하고 그 대안으로 동거를 선택한다는 관점인데, 서구의 선행연구에 의하면 이런 관점을 전면적으로 받아들이는 사람은 전체 동거자들 중 극소수라고 한다.(Seltzer 2004; S. mock 2000).

편의동거(cohabitation for convenience)는 결혼 등의 장기적인 관계를 약속하지 않고 주로 경제적인 편의를 도모하기 위해 동거하는 경우로 이러한 네 유형은 개념적인 분류이고, 개별적 동거 케이스는 어떤 한 유형으로 단정되기 어려울 것이다.

다함께 생각해 봅시다

결혼 전 동거에 대해 생각해 봅시다.

1. 결혼 전 동거생활에 대해 찬성한다.
   1) 예　　2) 아니오

1) 동거생활 찬성의 이유:

2) 동거생활 반대의 이유:

2. 가사분담

취업상태는 노동시장에의 참여를 통해 매력적인 배우자를 만날 수 있는 가능성을 높여 주고 결혼에 필요한 경제적 자원도 풍부하게 해 주기 때문에 결과적으로 독립적인 가구를 형성할 가능성을 높여 준다.

경제적인 전망이 밝은 남성일수록 결혼가능성이 높을 것으로 기대되고 취업은 특히 남성에게 있어서 교육수준과 마찬가지로 결혼을 가능하게 해 주는 중요한 자원으로 결혼 적령기뿐 아니라 결혼 적령기가 지난 후에도 영향을 미치며, 실직상태에 있는 경우에 남성은 결혼으로의 이행에 큰 어려움을 겪을 것으로 예상된다.

특히, 미혼 남성들에게는 취업이 결혼의 전제조건으로 작용하는 반면, 미혼 여성의 경우에는 미취업 상태가 결혼 선택에 그다지 큰 영향을 미치지는 않는 것으로 예상된다.

그러나 결혼을 하였더라도 오늘날 크게 문제되고 있는 것은 낮은 출산률이다. 최근 우리 사회에서 심각하게 우려되고 있는 여성들의 결혼기피와 저출산 현상의 한 이유가 가족 내에서 여성에게 요구되는 관계역할 때문일 수 있음을 예상할 수 있다.

과거와는 달리 여성들은 교육수준이 높아지면서 점차 고정관념적인 여성역할을 거부하고, 경제 활동과 공적인 활동에 참여하고 있다. 그러나 가장 사적인 공동체인 가족 내에서 여성에게 요구하는 역할은 여전히 가사와 양육 등 사회가 처방한 성 역할이다. 여성에게 자신보다는 가족에게 헌신하고 관계 중심적인 삶을 살도록 처방하는 성 역할은 여성의 결혼 만족도나 자아감, 직업역할 등에 부정적인 영향을 미쳐 왔고, 결국 젊은 여성들이 결혼을 기피하고 출산을 거부하는 현상으로 이어지게 된 것으로 보인다. 따라서 가족 내에서 남녀 모두 성 고정관념에 묶이지 않고 자율적이고 평등하게 역할을 담당해야 할 필요성이 있다.

다함께 생각해 봅시다

이번 시간에는 부부의 가사분담의 평등한 역할을 위한 바람직한 방법에 대해 서로 이야기를 나누며 공감 소통하며 이해하도록 한다.

Marriage & family | chapter

06

결혼을 생각하기

Marriage & family | chapter 06

결혼을 생각하기

1. 결혼의 의미

전통사회에서 결혼은 가족과 공동체에 대한 의무로 간주되고 개인의 행복보다는 가족의 안정이 우선시되었던 반면 최근 한국 사회에서 결혼에 대한 가치관은 결혼이 제도나 규범상으로 반드시 해야 되는 것이 아니라는 의식이 사회적으로 용납되고, 개인의 욕구나 필요에 의해서 결혼이 선택되며 여러 여건이 마련되지 않을 경우에는 결혼을 하지 않겠다는 의식과 태도가 증가하고 있다. 즉, 결혼에 대한 가치관은 결혼의 의미뿐 아니라 전통적으로 갖고 있던 결혼에 대한 의식 및 태도에서도 상당한 변화를 보이고 있는 등 여러 가지 변화양상이 나타나고 있다.

결혼가치관은 결혼 및 배우자 선택에 대해 개인이 지향하는 규범 및 가치관으로 정의하는데 개인적인 신념과 가치는 물론이고 우리 사회에 널리 존재하고 있는 다양한 가치규범에 의해 영향을 받는다.

부모의 역할은 자녀를 올바르게 양육하고 훈육하며 자녀와의 갈등을 스스로 해결할 수 있는 능력에 대해 지각하는 것으로, 부모의 역할은 사회화의 기초가 되므로 매우 중요하다. 그러므로 부모의 역할을 올바르게 수행하기 위해서 부모 됨에 대한 준비가 필요하다. 준비된 부모는 부모로서의 역할을 만족스럽게 수행하여 부모-자녀관계의 갈등에 쉽게 대응해 나감으로 자녀의 발달에 최적의 환경을 제공해 줄 수 있기 때문이다. 대학생의 시기는 자아정체감을 형성하고 정서적으로 성숙해지며 이성과의 친밀감을 형성해 이성교제가 이루어지는 시기로 결혼에 대한 욕구가 매우 구체화되는 예비 부모세대라고 할 수 있다. 그러므로 대학생들이 결혼 및 출산에 대한 긍정적인 가치관을 형성함으로서 바람직한 부모역할을 수행할 수 있도록 돕는 것이 필요하다.

원가족에서의 화목하고 안정된 분위기가 직·간접적으로 자녀의 결혼가치관을 형성하는 데 기본적 태도형성에 바탕이 될 수 있다. 저자의 견해로는 원가족의 가족 구성원들과의 응집력이 높은 경우 미래의 결혼생활도 긍정적인 모습을 보이리라 기대한다. 가정 분위기가 화목하고 안정적일수록 결혼에 대한 생각은 더욱 긍정적이라 예측된다.

대학생의 결혼가치관과 배우자 선택조건은 형성되어 가는 과정이므로 이들을 대상으로 한 결혼준비교육을 통해 결혼에 대한 긍정적인 가치관 확립과 배우자 선택과정을 돕는 사회적 노력이 요구된다. 대학은 미혼남녀를 대상으로 하는 결혼준비교육의 효과적인 장이 될 수 있으므로 결혼과 가족에 관한 다양한 강좌를 개설하여 가족을 구성하는 데 요구되는 가치관과 자질을 갖추는 데 기여해야 할 것이다. 또한, 자녀들이 부모와의 관계를 통해 결혼에 대한 긍정적인 가치를 높게 인식하고 자신에게 적합한 배우자를 선택할 수 있도록 돕기 위해서는 가족생활주기 각 단계에서 원만한 가족

관계를 유지하는 데 도움이 되는 다양한 가족복지 정책과 가정생활 교육과 같은 서비스가 요구된다.

결혼은 두 사람이 사랑을 영원히 지키겠다는 서약을 바탕으로 한다. 즉, 결혼은 두 사람이 가정을 이루어 어떤 어려움 속에서도 배우자를 사랑하며 배우자의 정신적·물질적 안녕을 위해서 온 힘을 다하겠다는 엄숙한 약속이다. 서로 다른 환경에서 자란 두 사람의 만남이기에, 혼인 서약에는 배우자가 자신과 다름을 인정하고 서로 이해하고 배려하겠다는 뜻도 들어 있다. 또한, 결혼은 가정의 출발점이다. 결혼과 함께 부모에게서 독립해서 자신의 가정을 이루며 그 속에서 새로운 생명을 길러 낸다. 자신이 주체가 되어 재화를 획득하고 살림을 잘해서 가정과 가족을 지켜야 한다.

2. 결혼의 윤리적 의미

가정의 화목을 위해서 부부는 서로 어떻게 대해야 할까? 예로부터 우리 조상은 부부관계를 음양 관계와 같은 것이라고 이해하였다. 이에 따르면 자연에 음(陰)과 양(陽)이 있으며, 양은 남성, 음은 여성의 성격을 지닌다. 양과 음은 양달과 응달의 관계처럼 서로 다르면서도 의지하여 변화한다. 사계절로 보면, 여름은 양의 성질이 많고 음의 성질이 적고, 가을은 점차 양의 성질이 줄고 음의 성질이 늘어 음양이 서로 대등한 상황이며, 나머지 계절도 이런 식으로 이해할 수 있다. 이러한 생각은 남녀가 함께 살아가는 부부관계에도 그대로 적용된다. 부부는 서로 다르므로 자녀를 낳고 기르면서 서로 부족한 부분을 채워 가야 한다. 남자는 비교적 힘이 세며, 여자는 비교적 섬세하다. 하지만 양 속에는 다시 음이, 음 속에는 다시 양이 있듯이, 남성 속에도 여성적 성질이 있고, 여성 속에도 남성적 성질이 있으므로 부부의 역할은 고정되어 있다고 할 수 없다. 이렇게 부부는 상호 보완적 관계이며, 고정불변의 역할이 있는 것이 아니다.

음양의 관계처럼 부부는 상호 보완적이고 대등한 관계임을 알고 서로 인격적으로 대우하여야 한다. 서로 친하다고 해서 함부로 대한다면 부부의 공동 목표인 사랑과 행복을 이룰 수 없을 것이다. 일방적으로 누가 지배하거나 희생해야 한다는 편견과 바깥일은 누가 해야 하며 집안일은 누가 해야 한다는 고정 관념을 버려야 한다. 특히, 일상생활에서 서로 도와주고 채워 주는 관계라는 점을 명심하고, 배우자를 아끼고 위해 주어야 한다. 한편, 부부관계는 두 사람만의 관계에서 그치지 않는다. 바람직한 결혼 생활이 되려면 배우자의 부모, 형제자매, 친척 등과의 친족 관계와 기타 인간관계도 화목하게 이끌어야 한다. 배우자의 어버이를 잘 모시는 것 등은 결혼한 사람의 중요한 의무이다.

다함께 생각해 봅시다

우리는 많은 결혼식에 참석하게 된다. 결혼식에 참석하게 되면 꼭 듣게 되는 주례사 님의 명연설, 주례사님: 오늘 이 자리의 두 주인공은 사랑을 영원히 지키겠다는 서약을 하였습니다. 두 사람은 가정을 이루어 어떤 어려움 속에서도 배우자를 사랑하며 배우자의 정신적, 물질적 안녕을 위해서 온 힘을 다하겠다는 엄숙한 약속을 한 것입니다.

1. 서로 다른 환경에서 자란 두 사람의 만남이기에 이 서약에는 배우자가 자신과 다름을 인정하고 서로 이해하며 배려하겠다는 뜻도 들어 있음을 기억해야 합니다.
   - 새로운 가정이 출발하는 시작점이다.
   - 가정의 출발점이자 모든 세대의 시초이다.
   - 새로운 부모와 자식, 친인척 관계가 발생한다.
   - 성인(成人)으로서의 권리와 책임이 부여된다.

3. 결혼생활에 영향을 주는 사회적 변화

첫째, 결혼에 대한 인식의 변화이다. 결혼은 생존의 수단으로서, 부부가 서로를 보호하고 아이를 양육하는 하나의 방법으로 시작되고 발전되었다. 이후 결혼생활은 경제적인 동반자 관계로 발전되다가 물질적 안정뿐 아니라, 부부간의 행복과 만족을 무엇보다 중요시하게 된 것이다.

둘째, 여성의 사회참여와 경제성장, 여권의 성장이다. 과거에는 여성이 배우자와의 관계와 사랑보다, 아이를 낳고 키우며 자신의 신체적, 경제적 안전을 보장받기 위해 결혼했었다. 대부분의 여성은 아버지의 경제적 부양, 유산, 또는 남편을 통해서만 경제적으로 안정할 수 있었다. 그러나 현대에 와서 여성이 경제적으로 자립하게 되었고, 남자보다 많은 수입을 얻는 경우도 종종 있게 되었다. 역사적으로 결혼을 유지시켰던 가장 큰 원인 중의 하나인 남성에 대한 여성의 경제적 종속이 사라지게 된 것이다(Cater & McGoldrick, 1996).

셋째, 현대 사회의 물질주의 및 과도한 속도와 정보량이다. 물질문명과 배금주의적 경향이 너무 강해져서 부부간의 대화와 정신적 교류, 정서적 욕구를 등한시하게 되었다. TV, 비디오 게임, 컴퓨터게임, 인터넷, 스마트폰 등은 사람들에게 많은 여가시간을 확보해 주는 장점이 있지만 대부분의 부부는 자신의 일, 아이 양육, 부모님, 기타 사회적 일을 하느라 부부가 정말 함께할 시간이 오히려 부족하게 되었다. 역설적으로 물질문명의 발달과 함께 부부가 함께 하는 시간은 가장 뒤쳐지기 쉽게 되었다.

넷째, 더 이상 이혼이 문제되지 않게 되어서, 결혼제도가 매우 불안정하게 되었다는 것이다. 우리 사회 전체적으로 이혼을 결혼생활의 자연스러운 한 측면으로서 받아들이게 되었다. 요즘 젊은이들은 주위에 이혼을 했거나 진행 중인 사람들이 너무나 많아, 결혼의 불안정성에 이미 익숙하게 된 것 같다.

결혼은 거의 대부분의 사회에서 인간이 거쳐야 할 중요한 통과의례 중 하나이기 때문에 대부분의 사람들이 자신이 속한 사회가 허용하는 수준의 사회문화적 조건 안에서 특별하고 '낭만적'으로 치르기를 소망한다.

배우자와 맺는 친밀한 관계는 사람들의 신체 및 정신 건강, 삶의 질 향상에 도움이 된다. 이처럼 어떤 배우자를 만나 결혼하느냐는 인생에 엄청난 영향을 미친다.

4. 결혼과 결혼비용

현대 사회에서 결혼을 하기 위한 경제적 조건과 결혼의례에서의 '보여 주기'는 상당히 중요하게 여겨진다. 20대, 30대 여성들 중 일부가 이용하며 가정, 생활, 소비, 집꾸미기 등에 대한 정보를 교환하는 한 인터넷사이트는 사이트 이용자들이 정보를 교환하는 게시판들 중, 결혼 관련 게시판에는 웨딩 사진과 메이크업, 예식장 선정, 결혼 의례 주관업체 등 결혼을 위해 준비해야 할 것들이 무엇인지, 어떤 곳을 이용했는지, 가격은 어느 정도인지 등의 정보가 상세하게 올라온다.

그다음으로는 주택 마련인데 결혼을 위한 집이 마련되기까지는 시간이 필요하다. 현대 사회에서 일반적으로 신랑 측에서 부부가 살 집을 마련하고 신부 측에서 가전제품이나 가구 등을 마련하는데 신부 측에서도 일부 지원하여 집을 구하는 경우가 많다.

결혼의 과정에서 경제적 능력이나 역량이 중요하다는 점은 어제오늘의 일이 아닌 듯하다.

결혼생활은 확정되지 않은 미래이기 때문에 그것이 가져올 수도 있는 불확실성과 불확정성의 비중을 줄이는 것은 중요하다. 물론 사랑을 통해 사랑하는 사람과 그 불확실성을 헤쳐 나갈 용기는 반드시 필요하다. 그런데 그 용기는 마음먹는 것에만 달려 있지 않다. 비유적으로 설명하자면, 그 용기를 좀 더 강화하고 단단한 것으로 만들어 주기 위해서는 그 무엇이 필요한데, 그것은 '경제적 요소'를 통해 덧대져야 하는 것이다.

결혼은 많은 비용과 시간을 요구하는 일이다. 주택마련과 차량구입비를 제외하고도 결혼비용은 상당함 부담으로, 결혼을 준비하는 젊은이에게 무거운 짐으로 다가온다. 이러한 결혼 비용의 부담감 때문에 많은 젊은이들이 "결혼할 능력이 없다."고 대답하곤 한다. 젊은이들의 평균 수입에 대비하면 수십 년을 쓰지 않고 모아야 집도 장만하고 결혼비용도 마련할 수 있는 것이다. 이런 현실 때문에 결혼 연령도 점점 늦어지고 있다.

어떤 젊은이들은 '현대 사회에서 경제적 여력이 되지 않아, 혹은 적당한 사람을 찾지 못해, 자신의 일에서 어느 정도의 성취를 거두는 것이 먼저여서'라는 등의 다양한 이유로 결혼을 늦춘다.

또한, 높은 결혼비용은 미혼남녀가 결혼의향이 있더라도 결혼비용 문제를 스스로 해결할 수 없게 되었을 때는 그 비용을 줄이거나 비용을 마련하기 전까지 결혼을 늦추게 되는 요인으로 작용하게 된다. 미혼남녀는 때때로 그들 부모들의 이타심에 의지하여 결혼비용 문제를 해결할 수도 있다.

축의금 없애기, 답례품 생략, 화환 생략 등은 현재 우리나라에서 권장하는 작은 결혼식을 대변하는 사례로 들릴 것이다. 그러나 결과적으로는 큰 실효성을 거두지 못했다. 최근에도 결혼식 문화에 대해 과소비 경향은 짙게 나타나고 있음을 알 수 있다. 여성가족부는 2012년부터 결혼인식 변화에 대한 대안으로 작은 결혼식 캠페인을 전개하고 있으며 관공서에서도 결혼식 장소 제공이나 결혼식 물품 대여, 경비 지원 등 다양한 활동을 펼치고 있다. 또한 학계에서도 작은 결혼식과 관련된 다양한 분야의 연구가 진행되고 있다.

작은 결혼식은 과도한 결혼 비용이 사회적 문제로 대두되면서 결혼의 본질적 의미를 살리기 위한 대안으로 제시되었다. 특히, 여성가족부에서 운영하는 작은 결혼 정보센터에서 소개한 바에 따르면 작은 결혼이란 예식절차의 참된 의미를 깨닫고 스스로 준비하여 치르는 결혼이라고 하였다. 또한 작은 결혼식 실행 방법으로 가까운 분만 모시고 의미 있게 결혼을 올릴 것, 예물과 예단보다는 정성스러운 마음을 소중히 여길 것, 신혼살림은 신랑과 신부가 함께 준비해 나갈 것을 제안하였다. 이제는 불필요한 절차 생략과 결혼비용을 최소화하고 형식보다는 의미를 중시하는 알뜰한 결혼식을, 축의금을 받지 않고 초대인원과 결혼식 비용을 최소화하는 결혼식을 올릴 필요가 있겠다.

다함께 생각해 봅시다

이번 시간에는 내 자신이 결혼을 준비한다고 가정할 때 결혼비용은 얼마나 소요될지를 작성해 보는 시간을 갖도록 한다.

남성		여성	
품명	금액	품명	금액
합계		합계	

5. 결혼생활에서 만날 수 있는 위기

1) 경제적 어려움

결혼생활의 삶을 불안정하게 만드는 환경은 주거지의 잦은 이동이다. 어느 누가 결혼을 통해 불행해지기를 바라는 사람이 있을까? 그러나 많은 가정이 행복한 가정생활을 유지하며 살아가지만 때로는 사업실패, 실직, 질병 등 갑작스런 위기로 빈곤가정으로 전락하는 모습을 우리는 주변에서 종종 볼 수 있다.

특히 사업실패 등의 경제적 어려움으로 위기에 내몰린 가정은 생존의 기로에서 경제적 빈곤을 타개하기 위해 일자리를 찾아 이주하거나, 경제적 불안정으로 더 낙후된 주거지로 이곳저곳 옮겨 다니기도 한다.

이때 그 가족들도 이집 저집 옮겨 다녀야만 했다. 그리고 주거지 이동으로 먹고 사는 경제활동의 업종이 빈번하게 바뀌는 경우가 있으며 이런 잦은 이동으로 어린 자녀들은 지역사회와 문화에 익숙해지고, 또래관계를 만들어 가는 데 많은 장애를 가져오게 된다. 이는 어려움에 처한 개인이 지역사회 도움을 신속하게 지원받지 못하는 근본적인 원인이 되는 것이다.

사업실패, 실직이라는 개인적 불행이 노숙과도 같은 주거지 불안의 주요 원인으로 작용하기도 하고, 가족해체로 이어지기도 한다. 한 개인의 노숙생활은 빈곤을 전제로 하지만, 빈곤이 모두 노숙으로 이어지지는 않는다. 노숙이 발생하기 위해서는 빈곤과 함께 주거 상실이 발생해야 하기 때문이다.

갑작스런 위기가 바로 주거의 상실로 이어지면서 노숙에 진입하는 경로를 보여 줄 수도 있겠지만 대부분의 경우에는 가족들의 도움으로 어려움을 견디어 나가기도 한다.

가족의 도움으로 만들어진 주거안정은 삶의 재기의지를 가지고 다시 살아갈 수 있느냐가 정해지는 핵심요인으로 작용한다.

만일 경제적 어려움이 계속된다면 삶의 과정에서 심각한 스트레스를 경험하겠지만, 그것을 견뎌 낼 수 있는 힘은 가족, 친척 등 주변으로부터 얻는 격려와 관심일 것이다. 가족들을 만나서 수다를 떨고, 술을 한잔씩 하거나, 노래방을 가고, 등산을 가는 등 가족들과 만나면서 스트레스를 풀고, 기분을 전환하고, 힘든 마음을 위로받을 때, 견뎌 내고 다시 자신을 추스를 힘을 얻을 수 있는 것이다.

정신적인 어려움에 도움을 받을 수 있는 가족, 친척의 자원이 부족하고, 물질적, 시간적인 여유도 없다면 마음을 스스로 다잡기 위한 노력도 할 수 없을 것이며 가장 중요한 삶의 목표를 세울 수도 없을 것이다.

저자가 가족에 대해 어려운 환경을 경험할 수 있다는 가정을 가지고 이런 이야기를 하는 것은, 우리 모두가 갑작스럽게 경험할 수도 있기 때문이다.

만일 경제적으로 어려운 위기가 온다면 우리는 이전까지는 중산층으로 살던 사람들이었기에 현실을 수용하기 위해 겪는 심리적 고통은 더욱 크다는 데 문제가 있다. 또 다른 문제로 자본주의 사회에서는 교육, 문화, 의료, 여가 등이 필수요건인데, 이를 누리기 위해서는 일정한 경제적 능력이 있어야 하는데, 이러한 것이 충족되지 않아 더 큰 빈곤을 경험할 수 있기 때문이다.

자녀들은 부모 눈치를 보며 갈등하게 되고, 혹여 깨질지도 모를 부모의 결혼 생활을 붙잡아 주어야 한다는 압박감에 시달릴 수 있다. 가족은 가족구성원들과 함께 살아가는 삶을 추구하고 공동체 속에서 동질감을 느끼며 타인들과 함께 살기를 원하는 동시에 그렇게 살아가야 하는 것이다. 또한 삶에 대한 꿈과 희망으로 기대감을 가지고 가족이 처해 있는 상황에서 새로운 계획을 세우고 함께 어려움을 견디며 하루하루를 살아가는 것이라 하겠다.

가족은 미래에 목적에 초점을 두어야 한다. 가족 구성원의 삶은 가족이 처한 상태의 심각성에 대해 잘 알고 있기 때문에 좌절하고 절망으로 빠질 수 있는 가족 구성원들을 서로의 긍정적인 지지로 현재 처한 상황이 “가망이 거의 없을 것 같을지라도, 나는 할 수 있다”는 확신을 갖게 만들 용기를 만들어 낼 수 있기 때문이다.

만일 아버지로서의 역할을 하다가 실직이나 사업부도 등으로 가장으로서의 역할을 수행하지 못하게 되면 가족에 대한 미안함, 그리고 체면 손상, 경제적 압박감 같은 감정들이 표출될 수 있다. 그 표현과 감정들을 열거하면 다음과 같다.

가장으로서의 체면 손상, 아버지로서의 위치를 상실한 피해의식, 부인이 혼자 가정 수입을 책임지는 것에 대한 미안함, 가장의 책임을 지켜야 한다는 압박감에서 오는 중압감, 가장으로서 역할을 제대로 못 했다는 것과 자녀들에게 고통을 주었다는 죄책감, 가장으로서의 책임감을 다하지 못하는 심리적 불안, 아이들에게 공부 하나 제대로 시켜 주지 못하는 아버지로서의 슬픔, 아이들 진로와 교육문제에 대해 고민, 가장으로서 책임감 통감, 가장 역할을 하지 못하는 것에 대한 창피함 등이 실직 가장의 복잡한 심리적 단면이라 할 수 있겠다.

결국, 만일 사회구성원으로서 부적응을 경험하고 있는 가족구성원이 있다면 그를 위한 정서적 회복을 위한 지지가 필요하다. 정서적인 회복력은 잘 알려지지 않은 강한 잠재력이다. 가족들의 노력들이 역경을 극복하기 위한 기초가 되어 정서적 회복력을 갖게 하는 원동력이 되어야 한다.

즉, 가족의 지지를 통해 가족의 소중함을 알게 하는 실천목표에 집중하게 함으로써 보다 강한 사람으로 다시 태어나게 하도록 하자. 이를 실천하기 위한 방안을 제안하면 다음과 같다.

첫째, 역경에 처했을 때 스트레스를 최소화시키기 위해서는 당면한 문제를 재해석하기 위한 노력이 필요하다. 우선 현재 가지고 있는 부정적이고 반사회적 판단과 왜곡된 사고를 버려야 한다. 그러나 이러한 어려운 당면한 문제들을 혼자만의 노력으로 극복하는 건 매우 힘들기 때문에 가족을 포함한 주변 사람들과 함께 문제 상황에 대해 긍정적으로 해석할 수 있는 방법을 함께 찾아내는 것이 유익하다.

둘째, 주위에 스트레스를 덜어 줄 수 있는 사람이 있다면 효과적일 것인데 그것이 가족이다.

셋째, 폭넓은 교제를 통해 만난 친구들에게 심한 스트레스 원인에 대해 숨김없이 말하면 스트레스를 줄이는 효과가 있다. 하지만 친구들과 우정을 유지한다 해도 대화가 없이는 스트레스를 줄일 수 없다. 사람들과의 교제는 사람이 역경에 대응하는 데 도움이 된다.

넷째, 의사소통을 위한 노력이다. 다른 사람과 의사소통을 하는 것은 대단히 중요하다.

다섯째, 부모로 산다는 것에 대한 인식의 깨달음이 중요하다. 자녀와 부모와의 관계는 위기를 극복하고, 일시적이고 기분에 근거한 행복과 의미있고 목적의식이 분명한 행복에는 차이가 있는 것을 알아야 한다. 자녀를 키우는 것은 부모들에게 보통 때보다 훨씬 더 크고 부정적인 기분을 경험하게 할 수도 있지만 강한 의미와 목적의식을 부여하기도 한다.

여섯째, 역경에 대비하는 것은 의미 있는 일이다. 하지만 질병과 장애와 같은 역경이 갑자기 닥친다면 피할 수가 없다. 게다가 대부분의 사람은 언젠가는 심각한 질병 또는 장애를 앓기 마련이다.

일곱째, 행복은 자발적으로 목표를 추구하느냐, 외부적인 동기에 의해 추구하느냐에 따라서 좌우된다. 이상적인 목표와 당연히 이루어야 할 목표 중, 어떤 것을 위해 노력하느냐에 따라서도 좌우된다. 사람은 기쁘고 의미 있는 목표를 추구할 때, 행복을 느낀다. 그러나 많은 사람들이 자신이 어떤 목표에 맞추어 살아가고 있다는 사실을 의식하지 못한다. 그렇다면 역경은 어떤 면에서 사람을 행복하게 할 수 있을까? 역경은 진정으로 하기 원하는 것, 다시 원래의 삶의 모습으로 돌아가기를 원하는 것 등이 이루어질 때 경험할 수 있다.

2) 가정폭력

가정폭력은 가부장적 문화나, 경제적 빈곤 등 여러 가지 요인에 의해 발생한다. 가정폭력은 가정 내에서 이뤄지며, 전 세계의 가정 안에서 수시로 일어나는 신체적, 정서적, 성적 폭력 등은 경험한 가족들에게 외상을 남긴 채 평생 불행한 삶을 살게 한다.

과거 우리나라는 오랫동안 공권력이 가정 내부로 들어가지 않는다는 말로 가정 내의 폭력은 가정 내부의 문제, 가족구성원 사이의 문제라고 치부하며 외면해 왔다. 그러나 1990년대 초부터 여성인권단체를 중심으로 국가, 사회의 개입을 요구하는 노력이 있었고 1997년 12월 31일 「가정폭력방지 및 피해자 보호 등에 관한 법률」, 「가정폭력 범죄의 처벌 등에 관한 특례법」이 제정되면서 가정폭력을 사회적 문제로 다루기 위한 제도적 개입의 근거를 도입하였다.

부부나 커플 사이에 발생하는 가정폭력은 '가족이 아닌 지인 혹은 모르는 사람에게 당하는 일반 폭력'과는 다른 맥락에서 해석된다. 가정폭력과 일반 폭력과의 차이점을 살펴보면 다음과 같다.

첫 번째로 가정폭력의 경우 가해자보다 피해자가 비난받는 특징을 갖는다. 즉, 피해자의 잘못이 선행되었기 때문에 폭력이 발생했으며 '맞을 만하니 맞는 거라고' 하는 편견을 동반한다는 것이다. 두 번째로는 가정폭력은 사적 영역의 특수성을 가지며 가족 밖에서 발생하는 폭력보다 더 위험하고 치명적이라는 것이다. 세 번째로 가족은 폭력이 발생해도 일상의 공간을 공유하며 가해자를 피하거나 안전한 거리를 확보하기 어렵다는 것이다. 가해자와 피해자를 분리하는 데 어려움을 가지게 된다. 분리한다 해도 피해자의 안전보다는 남아 있는 가족을 걱정해 다시금 제자리로 돌아가려는 심리적 부담감을 갖기 쉽고 안전하게 분리조치를 시키더라도 가해자가 들어와 버티기라도 하면 그냥 받아들이는 경우가 종종 있어 재폭력의 위험에 노출되기 쉽다는 것이다. 네 번째로 목격자의 확보가 어려운 특징을 가지고 있다. 가정폭력의 경우 사적 영역에서 은밀하게 발생하여 목격자 확보가 어렵다. 피해자로서는 목격자가 없으므로 사실을 이야기해도 믿어 주지 않을 것이고 고발한다는 것 자체가 두려움으로 작용할 수 있다. 최근에는 진료기록서, 사진, 개인적 기록 등을 이용하여 증거를 수집해 폭력이 이루어졌음을 증명할 수 있다. 다섯째로 일반 폭력이 일시성을 가지는 것에 반해 가정폭력은 반복성을 가지고 지속되며 시간이 지날수록 폭력의 강도가 증가하는 특성을 가진다.

3) 학대

학대는 아동의 건강한 성장과 발달을 위협하며 이후 성인기의 삶에도 부정적인 영향을 미치고 아동 자신은 물론 가족과 사회 그리고 국가의 안녕에도 심각한 결과를 초래하기 때문에 우리나라는 물론 세계적으로도 심각한 사회문제로 간주되고 있다.

학대의 개념은 대상과 특별한 관계에 있는 자 등이 대상에 불필요한 고통을 주거나 가혹하게 대우하는 형태를 말한다. 종종 욕설(abuse)이나 방치(neglect)라는 일반적인 용어로 사용되기도 한다(네이버 백과사전).

우리나라는 2000년 「아동복지법」을 개정하고 전국에 아동보호 전문기관을 설치하여 국가적으로 아동학대의 조기발견과 개입에 노력해 왔으나 경제적인 어려움이나 가족해체 등으로 인해 아동학대 피해 사례는 해마다 증가하는 추세로서, 아동보호전문기관에서 피해 아동을 보호한 사례는 2001년 2,015건에서 2012년 6,403건으로 지난 12년 동안 4,388건이 증가한 것으로 나타났다(보건복지부 중앙아동보호전문기관, 2013).

2018년 아동보호전문기관에서 집계된 아동학대 전체 신고접수 건수는 총 36,417건으로 전년대비 약 6.6% 증가했다. 이 중 응급아동학대의심사례는 1,187건, 아동학대의심사례는 32,345건으로 총 아동학대의심사례는 전체 신고접수의 92.1%로 나타났으며 이외 동일 신고는 420건(1.2%), 일반상담은 2,464건(6.8%)이었다.

(1) 광의의 학대 개념

광의의 개념으로 자유를 박탈하는 행위, 아동·청소년 성장 발달을 저해하는 행위, 방임의 조건과 제도를 모두 포함하여, 가정 내에서뿐 아니라 사회제도, 환경에서 행해지는 모든 범위가 포함되었다(김혁돈·손지아, 2018). 이는 건강 및 복지를 해치는 행위가 아동·청소년 발달상의 욕구 충족에 실패한 모든 환경을 학대로 보고 신체학대, 정서학대, 성학대, 방임(유기)을 포함하여 현재 저해하고 있는 모든 영역상의 손상을 의미하고 있다(도미향 외, 2018).

(2) 협의의 학대 개념

협의의 개념으로 학대는 비신체적 학대의 규정과 범위보다 용이하고 외관적 검증에 의존하여 법적 증거자료 제출 및 학대에 대한 사후처리개입이 편리하나, 학대에 대한 판정과정에서의 행위자 처벌에 대한 모호한 점이 많아 보호체계의 운용이 단순화될 수 있으며, 비신체적 학대를 포괄하지 못하여 고의적인 것과 우발적인 것을 구분하는 데 문제를 가져올 수 있다(이세원, 2018).

「아동복지법」 제3조 제7호에서는 아동학대를 "보호자를 포함한 성인에 의하여 아동의 복지를 해치거나 정상적 발달을 저해할 수 있는 신체적, 정신적, 성적폭력 혹은 가혹행위로 보호자에 의하여 이루어지는 방임 및 유기"라고 규정하였다. 즉, 아동에 대한 신체적 가해행위뿐 아니라 정서적 학대, 언어적 폭력, 성적인 괴롭힘 등으로 아동의 발달을 저해하는 환경, 부모의 불화, 애정결핍, 가정폭력의 노출도 해당되며, 나아가 아동의 권리 침해까지 포함하게 된다.

(3) 학대의 분류

「아동복지법」에서는 보호자를 포함한 성인이 건강과 복지를 해치거나 정상적 발달을 저해할 수 있는 행위를 학대라고 명시하고 있다. 유형을 살펴보면, 「아동복지법」 제3조 7호에서는 신체학대, 정서학대, 성학대, 방임 및 유기의 네 가지 유형으로 분류하고 있다.

① 신체학대

신체학대는 보호자뿐만 아니라 성인이 영유아 · 아동 · 청소년에게 고의적으로 신체적 손상을 입히거나 신체적 손상을 입도록 허용한 모든 행위를 말하며 생후 36개월 이하의 영아에 가해진 체벌은 이유를 막론하고 모두 신체적 학대에 해당된다.

• 신체학대의 예

- 구체적으로 설명하면 손, 발 등으로 때리거나 꼬집고 물어뜯거나 조르고 비틀어서 할퀴는 행위 등 직접적으로 신체에 가해지는 행위
- 도구로 때리거나 흉기 및 바늘이나 포크, 이쑤시개 같은 뾰족한 도구로 신체에 손상을 주는 행위
- 힘을 사용하여 강하게 흔들거나 신체 부위를 묶거나 벽에 밀어붙이는 행위, 약물이나 화학물질로 신체에 해를 입히거나 화상을 입히는 행위 등을 의미한다.

출처: 보건복지부 · 중앙아동보호전문기관(2017).

② 정서학대

정서학대란 보호자를 포함한 성인이 영유아 · 아동 · 청소년의 건강 또는 복지를 해치거나 정상적 발달을 저해할 수 있는 정신적 폭력 또는 가혹한 행위를 하는 것으로 부모를 포함한 성인이 아동에게 언어적 모욕, 정서적 위협 또는 감금이나 억제를 비롯한 가해적인 행동을 말하며 언어학대, 정신적인 학대, 심리적인 학대가 이에 포함된다(보건복지부 · 중앙아동보호전문기관, 2017).

• 정서학대의 예

- 원망적, 거부적, 적대적, 경멸적인 내용이 있는 언어를 사용하는 행위
- 일부러 잠을 재우지 않는 행위, 연령에 상관없이 벌거벗겨 내쫓는 행위, 형제나 친구 등과 비교하고 편애하며 차별을 하는 행위
- 가족 안에서 감정 등을 무시하거나 모욕을 주는 행위를 말한다.
- 부부싸움을 하거나 배우자를 때리는 행위
- 가정폭력을 자주 목격하도록 하는 행위
- 버리겠다고 협박하거나 짐을 싸서 집 밖으로 쫓아내는 행위
- 미성년자가 출입할 수 없는 업소에 데리고 다니거나 미성년자에게 또 다른 학대를 강요하는 행위
- 보호자의 종교를 강요하는 행동, 연령에 부적절하고 과도한 일을 시키는 행위도 정서 학대에 포함된다.

출처: 보건복지부 · 중앙아동보호전문기관(2017).

③ 성학대

성학대란 보호자를 포함한 성인이 자신의 성적인 만족을 위해서 영유아 · 아동 · 청소년의 정상적 발달을 저해할 수 있는 성적 폭력 등의 가혹행위를 하는 것으로 정의하고 있다(보건복지부 · 중앙아동보호전문기관, 2017). 또한, 성인의 성적인 신체부위 접촉, 성관계 맺기 등 사회적인 금기에 위배되는 성적인 활동을 하는 것을 성 학대라고 한다.

• 성학대의 예

- 성학대의 행위를 관음적 행위나 성관계 장면을 노출시키는 행위, 옷을 다 벗거나 성기 노출 또는 자위행위, 음란물을 노출시키는 행위
- 자신의 성적 만족을 위해서 영유아·아동·청소년을 살펴보거나 성적인 노출을 하는 행위
- 구강성교, 항문성교, 성기삽입을 하는 행위, 성매매를 시키는 행위 등을 성학대에 해당한다고 제시하고 있다.
- 성학대는 보고가 잘 되지 않는 학대 유형에 속하는데, 그 이유로는 성학대를 증명하기가 어렵고, 진술에 신빙성이 떨어지며, 친인척의 성학대의 경우에는 다른 가족구성원이 진술하지 않는 경우가 많아 사실을 알리지 못하게 하는 분위기가 팽배하기 때문이다.
- 결국 성학대는 조기발견이 어려우며 발견이 늦어지는 관계로 대처 및 해결에 어려움이 따른다.

출처: 보건복지부·중앙아동보호전문기관(2017).

4) 노인학대

우리나라의 고령화는 세계에서 유래 없이 빠른 속도로 진행되고 있다. 1990년 5.1%였던 65세 이상 노인인구 비율은 '고령화 사회' 진입기준인 7%를 초과하는 데에는 10년이 걸렸고(2000년), 2018년에 '고령사회' 진입기준인 14%를 초과한 바 있다(통계청, 2018).

노인인구의 증가는 세대 간 갈등인 노인부양에 대한 사회적 부담을 가중시켜 결과적으로 노인학대로 이어질 수 있다. 그 가운데 노인학대는 노인의 인권을 유린하는 행위이며, 학대의 행위자가 노인이 의지하는 매우 가까운 사람들에 의해 이루어진다는 점에서 노인의 삶에 심각한 위해를 가하므로 중요하게 다루어야 한다.

(1) 노인학대의 개념

고령화가 급속하게 진행되면서 노인의 자기방임 문제에 대한 사회적인 관심이 늘어나고 있다. 언론매체에 전형적으로 등장하는 자기방임 노인은 기본적인 용모관리를 하지 않아 매우 더러운 모습으로 묘사되거나 필요한 의료·사회서비스를 거부, 거절하는 것으로 그려진다. 아니면 노인의 집안 내부 혹은 외부에서 쓰레기, 불필요한

신문 · 잡지 · 병 등을 수집하거나, 집안을 청소하기 않거나 관리하지 않아 집안에 곰팡이가 피어 있는 모습으로 표현된다. 우리나라 「노인복지법」(제1조의2 제4호)에서는 노인에 대하여 신체적 · 정신적 · 정서적 · 성적 폭력 및 경제적 착취 또는 가혹행위를 하거나 유기 또는 방임을 하는 것으로 노인학대를 규정해 두고 있다.

고령화와 함께 나이 든 자녀의 부양 능력이 떨어지면서 생기는 경제적 어려움이 노노 학대 증가의 원인으로 꼽힌다. 자신도 보살핌을 받아야 하는 노년기에 접어들어서도 나이 든 부모를 모셔야 하는 경우 신체적 · 경제적 어려움에 따른 부양 스트레스가 증가하고, 이것이 부모 학대로 나타나고 있다는 해석이다. 바로 그런 이유 때문에 노노 학대를 개인 문제로만 생각하지 말고 행위자와 피해자를 모두 도울 수 있는 해결책을 모색해야 한다는 지적도 나오고 있다(네이버 지식백과).

(2) 노인학대 신고방법 및 보호절차

신고방법은 경찰서를 방문하는 것과 전화번호 112신고 및 경찰서 민원에 고소장을 접수한다. 기타사항은 노인학대 전문기관(1577-1389)으로 방문한다. 보호절차로는 - 신고 - 접수 - 현장조사 - 사례판정 - 서비스 제공 - 평가 및 종결 - 사후관리에 따른다.

관련근거는 「노인복지법」과 「가정폭력범죄의 처벌 등에 관한 특례법」이다. 관련 법령으로는 「가정폭력범죄의 처벌 등에 관한 특례법」 제3조(다른 법률과의 관계)가 있다.

우리 사회는 급속도로 고령화 사회에 진입하였고 노인인구의 증가와 더불어 노인학대는 사회적 문제가 되었다. 현재 우리나라 노인인구는 735만 명이며, 이 중 약 10%가 학대 피해경험이 있는 것으로 추정된다(통계청, 2016).

학대는 이를 경험한 노인에게 여러 가지 신체상 부정적 영향을 초래하며 조기사망으로 이어지기도 한다. 더불어 사회 · 심리적 영역에서 공포, 슬픔, 분노, 고립, 삶의 질 저하, 우울증, 트라우마, 자아존중감 저하와 같은 위험을 증가시켜 결과적으로는 노인의 삶을 황폐화시키게 된다.

노인학대는 다양한 요인에 의해 발생한다. 노인학대 위험요인에 대한 선행연구들을 종합해 보면, 노인 개인의 열악한 건강과 경제 상태 및 사회인구학적 특성, 학대행위자의 사회인구학적 특성과 열악한 신체・심리・정신적 건강 상태, 노인과 가족의 부정적 관계 및 주거환경 특성, 사회・문화적 특성과 환경적 요인, 이웃 및 공공과의 단절된 관계 등이 노인학대를 발생시키는 요인으로 언급되고 있다.

07 배우자 선택의 범위 및 유형

Marriage & family | chapter 07

배우자 선택의 범위 및 유형

결혼을 하기 위해서는 반드시 필요한 것이 있는데 그것은 바로 사랑하는 사람, 나의 배우자일 것이다. 수많은 사람들이 결혼을 통하여 부부의 인연을 맺게 되는데 결혼하기까지, 이 사람이 나의 배우자로서 확신을 갖기까지 그들은 얼마나 많은 생각들을 하면서 공감하였을까?

대부분의 사회는 누구와 결혼할 것인가 또는 어떻게 배우자를 선택할 것인가와 같은 배우자 선택에 관한 규범을 갖고 있는데, 이러한 규범은 사회, 문화, 계층 등에 따라 다르게 나타난다(Eshleman, 2010).

오늘날에도 결혼은 종교, 계층, 교육수준 등에서 자신과 비슷한 사람을 배우자로 선택하는 동류혼(homogamy)이 지배적이며, 근친혼 금지와 같이 자신이 속한 가족구성원 밖에서 배우자를 찾도록 하는 외혼제(exogamy) 규범을 가지고 있다. 그리고 배우자를 선택하는 선택유형은 결혼 당사자보다 가족이 선택권을 가지는, 특히 부모의 의사가 존중되는 중매혼과 개인의 자유의사를 바탕으로 결혼 당사자가 배우자 선택에 결정권을 가지는 자유혼, 중매혼과 자유혼의 중간형태인 절충혼의 3가지로 구분할 수 있다(유가효, 2007).

1. 배우자 선택이론

대부분의 사람들은 성장하여 일정한 연령에 도달하면 배우자를 맞이함으로써 자신이 출생한 가족(方位家族)을 떠나 자신의 가족(生殖家族)을 이루게 되는데, 이러한 인생의 중요한 전환점이 바로 결혼이며, 각 개인은 결혼으로 새로운 역할과 권리 및 의무를 부여받고 행복을 추구하며 다음 세대를 재생산하고 사회구성원을 사회화시킨다. 그러므로 결혼은 개인적으로뿐만 아니라 사회적으로도 중요한 의미를 갖는다고 볼 수 있다. 한편, 결혼의 일차적인 목적이 가계계승에 있었던 전통사회와 달리, 당사자 사이의 애정과 행복을 목적으로 하는 현대 사회에서는, 배우자 선택이 본인들의 권리이자 의무가 되었다. 따라서 배우자 선택에 대한 관심 또한 증대되었다.

배우자가 선택되는 방식에 있어서 혼인을 중매결혼과 연애결혼의 두 가지로 크게 나눌 수가 있다. 중매결혼은 배우자의 선택과정에서 제 3자인 중매인을 통해서 신랑, 신부 양 후보자 측의 의견이 조정된다는 점에서 붙여진 용어이지만, 실은 당사자의 의견이 아니라 양측 부모의 의사에 의하여 배우자 선택이 좌우되는 것을 뜻하고 있다. 연애결혼은 혼인 당사자의 자유로운 의사결정에 의하여 배우자 선택이 이루어진다는 점에서 자유결혼이라고 부르기도 한다.

산업화와 도시화가 이루어진 사회에서는 자유교제를 통해서 배우자를 선택하는 제도가 정착되어 있다. 자유교제를 통한 배우자 선택이 제도화되어 있는 사회에서 배우자 선택에 영향을 미치는 요인은 무엇인가? 일반적인 배우자 선택이론에는 교환이론,

공평이론, 동질성이론, 보완욕구이론, 여과망이론, 자극 - 가치 - 역할이론, 결혼전 배우자 관계형성이론 등 다양한 배우자 선택이론이 있다.

1) 사회교환 이론(Social Exchange Theory)

사회교환 이론(Social Exchange Theory)을 설명하면, 인간이 근로한 이후에 받는 보수에는 금전, 재물, 서비스 등의 물질적인 것과 사랑, 승인, 정보 등의 심리적인 것이 있다. 이들 주고받기의 일반적인 원리를 기술하는 것이다.

성공적인 결혼생활을 하는 부부는 서로에게 보상은 최대로, 비용은 최소화하는 노력을 성공적으로 기울이고 있지만 불만족한 결혼생활을 하는 부부는 결혼생활에 자신이 지불하는 비용에 비해 자신이 보상을 덜 받고 있다고 생각하고 자신을 보호하기 위해 상대에게 보상이 되는 노력을 할 여유가 없다. 결과적으로 가치가 적은 것만 배우자에게 주거나 부정적 강화와 벌을 줌으로써 비용을 최소화하려고 한다. 티보와 켈리는 행동교환을 반복하다 보면 상호성의 규칙이 생기기 때문에 그 자극이 부정적이든 긍정적이든 상대방이 반응을 하도록 유도한다고 보았다. 사회교환 이론은 행동주의 상담자들의 가족 상담과 부부상담 분야 외에도 경쟁, 협력, 원조, 동조, 리더십 등의 영역에서 중요한 연구를 만들어 내는 모태가 되었다.

사회교환 이론은 배우자 선택에 적용될 수 있다. 친밀한 관계는 두 사람 간의 비용, 보상, 대안의 가능성 등을 바탕으로 발전되는데, 사람들은 가능한 한 비용보다 보상이 큰 관계를 원한다. 여기서 보상이란 개인이 관계에서부터 얻을 수 있는 기쁨, 이익, 만족감 등을 뜻하고, 비용은 관계를 유지하는 데 있어 요구되는 부정적 측면이 될 수 있다. 예를 들어, 서로 다른 먼 나라에 거주하는 두 남녀가 여행길에서 만나 사랑에 빠졌다고 가정하자. 여행 후 일상생활로 돌아온 두 사람은 관계로부터 얻는 이익과 두 사람이 만나고 연락을 주고받기 위해 드는 시간과 피로감 등의 비용을 비교해 관계 유지가 가치 있는 일인지 고민하게 될 것이다. 이때 관계를 유지하는 것으로부터 얻는 보상이 비용보다 크다고 판단되면 두 사람의 관계는 계속 유지될 것이다.

일반적으로 비용과 보상에 대한 평가는 사회마다 다른데 사회교환 이론에 따르면, 사람들은 사회적 계층, 신체적 매력, 직업, 교육수준 등이 유사한 사람을 배우자로 선택하는 동류혼의 경향이 있다. 유가효(2007)의 연구에 따르면, 우리나라의 젊은 세대는 결혼으로 인한 사회적 지위 확보나 경제적 안정을 취하고자 하는 태도를 보이고 있으며, 특히 결혼정보회사의 성장에 따른 맞춤결혼 방식은 계층적 동류혼의 경향을 더욱 강화하는 경향이 있다고 하였다.

또한, 결혼만족도와 결혼안정성에 관한 연구에 가장 많이 공헌한 이론은 사회교환 이론이다. 이러한 사회교환 이론의 시각으로 결혼만족도와 결혼안정성을 살펴본 연구는 Napier, A(1988) 등에 의해 이루어졌다. Moss, B. & Schwebel, A(1993)는 '결혼의 질과 결혼안정성의 사회교환 이론'을 구성하였는데, 이들은 비록 낮은 질의 결혼이 반드시 이혼으로 끝나지 않고, 높은 질의 결혼이 항상 안정적인 것은 아니지만, 이들의 모델은 결혼의 질이 결혼 안정성에 정적으로 영향을 미친다고 가정한다. 그리고 결혼의 질과 결혼안정성의 관계에 영향을 미치는 상황적인 변인(contingent variables)으로 결혼 이외의 대안적 매력과 결혼을 유지하게 하는 외부적 압력을 제시하고 있다. 대안적 매력은 결혼의 질과 결혼 안정성 사이의 관계 강도에 부적으로 영향을 미치며, 외부적 압력은 결혼의 질과 결혼안정성 사이의 관계 강도에 정적으로 영향을 미친다고 설명하였다.

2) 공평성 이론(Equity Theory)

공평성 이론(Equity Theory)은 각 배우자가 결혼생활에서의 자신의 투여와 결과물의 비율을 상대방과 비교함으로써 결혼생활의 공평성을 평가하게 된다고 설명한다. 사람들은 자신의 이익을 최대화하고자 하지만, 남에게 손해를 끼치는 관계를 선호하지 않는다. 따라서 공평성 이론에서는 어느 한쪽에게 이익이나 손해가 되는 관계보다,

양쪽 모두의 공평한 관계를 원한다고 가정한다. 한 사람이 관계에서 자신만이 손해를 본다고 여긴다면, 그 사람은 관계가 공평하다고 생각할 때보다 그 관계를 떠날 가능성이 높을 것이다. 이때 공평성은 평등성과 다른 의미를 갖는다. 평등성은 개인의 투여나 노력의 정도와 무관하게 모든 구성원들이 결과물을 똑같이 나누어 갖는 것을 의미하는 반면에 공평성은 서로가 투여한 자원이나 노력에 따라 다른 보상을 받는 것을 공평하다고 평가한다. 그러므로 공평성은 관계에 대한 자신의 노력과 결과물을 뛰어넘는 보다 복합적인 고려를 통해 구성된다. 공평성 이론은 인간을 단순히 이기적인 존재로 판단하는 것이 아니라, 합리적이면서도 타인에 대한 배려를 할 줄 아는 존재로 정의하고 있기에 사적이고 친밀한 부부관계에서도 공평성 이론을 적용할 수 있다.

한국 사회는 산업화 이전 공동체적인 가족중심사회에서 벗어나 소규모 가족이 등장하게 되면서 결혼생활에서 부부간의 '평등'이나 '공평성'의 문제가 제기되기 시작하였다. 특히, 1980년대에 이르러 여성 취업이 증가하고 여성의 권리에 대한 관심이 증가하게 되자 부부관계에서의 평등문제가 활발하게 다루어졌다. 진정한 사랑이나 서로에 대한 배려와 같은 사적인 관계들도 결국은 교환적인 측면에서 완전히 자유로울 수 없다는 점이 나타나게 된 것이다. 그렇다면 부부관계에서의 공평성 이론은 어떠한 특징을 가지는가? 첫 번째로, 공평성 이론은 심리적인 요소에 의해 형성된다. 그간 우리나라에서 부부관계의 공평성에 대해 제기된 문제는 맞벌이 부부의 가사노동 역할 분담에 관한 것이다. 여성이 가사노동을 전담했던 전업주부에서 벗어나 사회활동에 참여하는데도 불구하고 여전히 가사노동을 전담하는 것은 공평하지 않다는 것이다.

두 번째로, 공평성은 단순히 심리적인 요인에 의한 것만이 아니라 사회적, 문화적인 맥락에 의해서 영향을 받을 수도 있다. 예를 들어, 산업화 이후 급격히 증가한 여성의 사회활동으로 인하여 한국 사회에 오랫동안 고착되어 있던 남존여비의 사상에서 벗어나 부부관계의 공평성을 강조하게 된 것처럼, 공평성 이론은 사회문화적 요인의 영향을 크게 받는다.

세 번째로, 공평성은 어느 정도의 계산적인 과정이 필요하다. 공평성 이론에서 이야기하는 공평성은 자신이 투여한 것에 대한 결과물과 상대방이 투여한 것에 대한 결과물을 비교한다. 이 과정에서 결과물의 차이가 클 때 사람들은 자신이 처해 있는 상황 혹은 관계를 불공평하다고 인지하게 되는 것이다. 일반적으로 결혼생활은 자원의 배분과 같은 교환적 요소를 배제한다고 생각하였다. 그러나 이는 이상적인 결혼생활의 겉모습에 불과하다. 현실적인 결혼생활에서 자원의 분배를 신경 쓰지 않는다면, 가족 내의 기여도에 따라 알맞은 보상을 받지 못하기에 이는 불평등 혹은 누군가의 희생으로 이어질 수 있다. 그렇다면 부부관계에서 어떻게 공평성을 맞추어 갈 수 있는가? 첫 번째로, 완벽하게 역할을 정량적으로 나누는 것이 아니라, 서로의 상황에 맞게 역할을 분배한다. 일하는 시간, 가사노동의 양, 각자의 수입을 계산적으로 평등하게 나누는 것이 아니라 공평하게 나누는 것이다. 예를 들어, 맞벌이 부부이나 남성에 비해 여성이 버는 수입의 양이 더 많다면, 퇴근 후 가사노동은 여성보다 남성이 조금 더 참여하는 것이다. 이 상황을 완벽하게 비율로 따지면 남성이 여성보다 가사노동을 많이 참여하는 것처럼 보이지만 여성이 직장에서 더 많은 일을 하기에 결과적으로 이 상황은 공평하다고 볼 수 있다. 두 번째로, 시댁/친정관계에서의 공평성도 인지할 필요가 있다. 여성의 취업 비율이 높아지면서 가사노동의 분담에 대한 공평성 인식은 어느 정도 개선이 되었으나 시댁/친정관계에서는 여전히 여성이 불리한 위치에 있다. 2018년 상반기 '사람인'에서 실시한 설문조사에 따르면 시댁을 먼저 가고 처가를 나중에 가는 관행에 대해 불합리하다고 답한 여성은 55%였지만 남성은 14%에 불과했다. 결혼과 가족에 대한 기존의 가치관이 빠르게 붕괴되고 있다고 하나, 한국 사회에서 견고하게 이어져 온 가부장적인 문화가 아직까지 잔존하고 있는 것이다. 하지만 앞서 공평성 이론의 특징에서 언급했듯이, 공평성은 사회 문화적 영향을 크게 받기에 기존의 가부장제에서 요구하는 며느리상에서 벗어나 남편과 아내가 공평하게 시댁과 처가에서 대우받을 필요가 있다. 마지막으로, 부부는 잠재적인 믿음을 가질 필요가 있다. 부부는 법적으로 정의된 관계이며 이혼을 하지 않는 이상 장기적으로 관계를 유지한다. 그러므로 당장 나타나는 결과물이 균형을 이루지 않더라도 부부라는 하나의 단위로써 잠재적인 믿음을 가지고 장기적으로 서로를 바라본다면, 조금 더 수월하게 공평성을 맞추어 나갈 수 있을 것이다.

3) 보완욕구 이론(Complementary needs theory)

보완욕구 이론(Complementary needs theory)을 제시한 Winch(1954)는 두 사람 사이에 서로를 보완해 줄 수 있는 요인이 있을 때 매력을 느낀다고 하였다. 사람들은 자신이 선택 가능한 범위 안에서 배우자를 선택하게 되는데, 이때 자신과 비슷한 욕구를 가진 사람보다는 보완적인 욕구를 가진 사람을 선택하는 경향이 있다. 호감을 느끼는 사람은 욕구가 유사한 사람이기보다는 자신의 욕구를 보완하는 사람에게 호감을 갖게 된다. 즉, 자신의 욕구 충족에 가장 큰 만족감을 줄 수 있는 보완적인 사람을 배우자로 선택한다는 것이다.

이 이론의 기본 가정은 사람들이 모든 가능한 데이트 대상자들 중에서 자신의 욕구 충족에 가장 큰 만족감을 줄 수 있는 보완적인 사람을 배우자로 선택한다는 것이다. 즉, 한 사람이 호감을 느끼는 사람은 욕구가 유사한 사람이기보다는 자신의 욕구를 보완하는 사람에게 호감을 갖게 되는 것이다. 예를 들어, 의존적인 사람은 똑같이 의존적인 사람보다는 양육적인 사람에게 더욱 호감을 갖게 되고, 마찬가지로 양육적인 사람은 자신에게 의존하려는 사람에게 끌리게 되는 것이다. 또 다른 의미는 '내가 가지고 있지 않는 분야의 재능의 능력자를 배우자로 선택함으로써 성취감을 대리만족을 할 수 있다'라는 것이다.

1950년 노스 웨스턴 대학교에서 선정한 25팀의 커플, 즉 50명을 대상으로 실험을 하였다. 실험의 정확성을 위해 사회경제적 지위, 종교, 인종, 나이 등을 고려하여서 실험 대상을 지정했다. 그리고 모든 커플들은 결혼한 지 2년이 되지 않고 아이가 없는 상황이라는 조건도 추가되었다. 그 이유는 부부간의 상호작용이 미치는 영향을 최소화함으로 그들이 배우자를 선택할 때 자신의 성격의 영향을 보기 위함이었다. 실험에서 그들이 생각하는 자신의 성격과 자신에게 필요한 성격, 반대로 자신에게 필요하다 생각하는 성격을 조사하였다. 그 결과로 그들이 의식하지 않고 있지만 모두 비슷한 경향을 보여 주었다. 자신이 부족하고 필요하다고 생각하는 성격의 조합, 즉 서로 반대되는 성격의 상관관계가 도출되었고 이 관계에서 자신이 갖고 있지 않는 성격, 필요성이 배우자에게 나타나는 것을 알 수 있었다. 실험으로 보통 사람들이 배우자를 선택하는 경우에 보완욕구이론이 나타나는 것을 알 수 있었다.

서로가 정말 비슷한 사람이어서 영혼의 쌍둥이 같다는 커플들이 있다. 먼저 배려하고, 음악 감상, 요리 등 취미와 정치적 견해까지 놀랄 만큼 비슷해서 단짝 친구처럼 산다. 굳이 묻지 않아도 상대의 마음을 헤아리니 싸울 일이 없고 평화롭다. 문제가 없어 보이는 이들도 문제가 있다고 한다. 문제는 이미 서로를 너무 잘 알아 더이상 관계가 발전할 수 없는 데서 느끼는 무력감과 뜻밖에 싸워야 할 대상은 무엇인지 모르는 관계의 공허함이라는 이야기를 한다.

이러한 보완에는 두 가지 유형이 있는데, 첫 번째 유형은 어떤 분야에 높은 욕구를 가지고 있는 사람은 그렇지 않은 사람에게 이성적인 감정을 느끼는 보완이 있고, 만족하려는 욕구 분야가 서로 다를 때 매력을 느끼는 두 번째 유형의 보완이 있다.

예를 들어, 내성적인 사람은 외향적인 사람에게 더 큰 매력을 느끼고, 모성적이고 양육적인 사람은 자신과 반대인 의존적인 사람에게 매력을 느끼며, 지배력이 강한 사람은 복종적인 사람에게 더 끌리게 된다는 것이다. 보완욕구 이론으로 설명할 수 있는 커플이나 부부는 많은 영화나 드라마에서도 자주 볼 수 있다.

영화 <이터널 선샤인>(Eternal Sunshine Of The Spotless Mind, 2004)의 두 남녀 주인공은 서로 정반대인 인물들이다. 여주인공 클레멘타인은 충동적이고, 활발하며, 말보다는 행동을 우선으로 하는 명랑한 여자이다. 그러나 남주인공인 조엘은 계획적이고, 무뚝뚝하며 표현을 잘 하지 않는 차분한 남자이다. 영화에서 조엘과 클레멘타인은 서로에게 첫눈에 반했고, 바로 사귀기로 했으나 심한 다툼 후에 서로의 기억을 지웠다. 후에 다시 만난 둘은 다시 처음처럼 사랑하기로 했다. 그들이 첫눈에 반한 이유와 심한 다툼 후 기억을 지웠음에도 서로에게 끌린 것은 서로의 반대되는 성격이었고, 그렇기에 더 큰 매력을 느껴 서로의 배우자가 되었기 때문에 보완욕구 이론으로 이 둘을 설명 할 수 있다.

영화 〈이터널 선샤인〉 클레멘타인(케이트 윈슬렛), 조엘(짐 캐리)

드라마 〈응답하라 1988〉 덕선(혜리), 택(박보검)

드라마 <응답하라 1988>(2015)이 한창 방영할 때, 여주인공 덕선(혜리)의 미래 남편이 택(박보검)이 될 것인가, 정환(류준열)이 될 것인가에 대해 엄청난 토론들이 이어졌다. 덕선의 선택은 많은 시청자들의 바람과는 달리 택이었다. 덕선이 택이를 배우자로 선택한 이유를 보완욕구 이론으로 설명할 수 있다. 1남 2녀의 가정에서 둘째로 태어난 덕선은 첫째와 막내 사이에서 부모의 대한 애정을 덜 받았음을 느끼며, 그렇기에 오히려 더 양육적이고 모성애가 강한 여성으로 성장하게 되었다. 그런 그녀는 어렸을 때부터 몸이 약했고, 소심했던 택이에게 모성애와 보호본능을 느꼈고, 택이 자신에게 기대길 바랐었다. 택은 어머니 없이 홀로 자라왔기에 엄마 같았던 덕선에게 의존하는 모습을 많이 보였다. 그에 반해 정환은 뭐든 알아서 잘하는 남자였고, 오히려 정환은 덕선을 챙겨 주는 입장이었다. 서로에 대한 보완적인 욕구를 갖고 있었던 덕선과 택은 결국 결혼에 이르렀다.

그러나 보완욕구이론은 후속 연구들로부터 완전한 경험적인 연구결과가 부족하다는 이유로 지지를 얻지 못하였다(Murstein, 1970). 서로의 욕구를 보완해 주는 이성에게 더 많은 매력을 느끼고 배우자 선택을 한다는 이 이론은 대체적으로 보면 맞는 말 인 듯하다. 그러나 배우자를 선택할 때 상극된 욕구를 추구하는 것은 앞으로 평생을 함께할 상대를 고를 때에 조금은 맞지 않을 수 있다. 게다가 비슷한 성격과 욕구, 가치관을 갖고 있는 부부도 적지 않으므로 보완욕구 이론은 이론의 재구성 작업이 필요하다.

4) 자극 - 가치 - 역할 이론(Stimulus-Value-Role Theory)

우리에게 결혼이라는 것은 굉장히 익숙한 단어일 것이다. 결혼을 하는 가장 큰 이유로, 사람들은 사랑하는 배우자와 함께 미래를 보내고 싶기 때문일 것이다. 하지만 요즘 결혼을 쉽게 생각하고 충동적인 감정으로 하는 사람들이 많아졌다. 평생의 사랑과 신뢰를 서로에게 약속하며 결혼을 하지만, 서로 다른 환경에서 자란 두 사람과 두 가정의 조화가 쉽지만은 않은 것이다. 결혼 전에 예상치 못했던 상황을 극복하지 못하고 이혼을 결정하는 부부들이 많아지고 있다. 그 이유는 배우자 선택과정 중 하나인 자극 - 가치 - 역할 이론이 충분히 행하여지지 않았기 때문이며 정확하게 말하자면 자극 단계에 충실했기 때문이라고 말할 수 있다.

자극 - 가치 - 역할 이론은 배우자 선택에 관한 단계이론 중 하나로, 여과 이론을 보완하고 사회적 상호작용을 행위자 간에 가치 있는 물질적 · 비물질적 보상을 주고받는 교환과정으로 이해하는 이론인 사회교환 이론적 관점을 취하고 있다. 사회교환 이론을 바탕으로 한 Mustertein의 자극 - 가치 - 역할 이론에서는 배우자 선택이 자극, 가치, 역할의 연속적인 세 단계를 거쳐 이루어진다고 설명한다. 특히 자극 단계에서 보상이나 대가의 교환이 중요하다는 것을 제시하고 있는 이론이다. 3가지 단계를 간략하게 설명해 보겠다.

자극 단계에서는 직접적인 상호작용을 시작하기 전에 외모, 명성과 같은 관찰이 가능한 상대방의 자질에서 다른 사람보다 더 이끌리는 매력을 느끼게 되는 것이다. 즉, 연애 초기이거나 흔히 말하는 썸인 경우 느끼는 단계이며 내적보다는 외적 이상형을 중요시하기 때문에 지속적이지 못하고 일시적인 특징을 가지고 있다.

가치 단계에서는 사람이 서로 긍정적으로 느끼는 자극을 주고받은 다음에 인생의 목표, 결혼관, 자녀관 등 가치관이 비슷한지 살펴보는 단계이다. 이 과정을 통해 두 사람의 관계를 진전시키는 것이 본인에게 손해가 더 많은지 아니면 보상이 더 많은지 평가한다. 이 단계에서는 더 이상 신체적 매력은 중요하지 않는 상태이며 이는 연애 초중반에 많이 일어나는 단계이다. 또한 자극 단계보다는 지속적인 특성을 가지고 있다.

역할 단계에서는 현재와 결혼 후의 역할 수행 능력과 상호역할을 검증하는 부분이라고 할 수 있다. 가치관이 일치한다고 해서 끝나는 것이 아니라 역할이 서로에게 적합하는지 확인하는 것이 필요하다. 이때 상호 간의 만남과 접촉을 통해서 누가 주도권을 쥐게 될지, 누가 실제로 일을 수행할지에 대해 탐색하고 바람직한 관계에 대한 서로의 생각과 행동을 발견하는 단계이다. 이 단계에서 중요한 것은 두 사람이 모든 면에서 완벽한 의견의 일치를 볼 수는 없다는 점이다. 이는 연애 후반이나 결혼 또는 동거를 할 때 많이 영향을 끼치는 단계이며 위에 것들이 일치하면 결혼을 하게 된다.

또한 이는 3단계 중 가장 지속적인 특징을 가지고 있다. 단, 이 3가지 단계는 순차적으로 일어나기도 하지만 한꺼번에 작용하기도 하며 서구에서는 동거를 하면서 관계를 형성해 나아가기도 한다. 즉, 사회문화에 따라 유동적으로 변화하는 특성을 가지고 있다.

저자는 이 세 가지 단계가 나타나는 영화를 소개하려 한다. 바로 <겨울왕국>이다. <겨울왕국>은 개봉 이후 참 많은 사랑을 받았다. <겨울왕국>은 얼음마법을 쓰는 엘사와 그의 동생 안나의 이야기이다. 이 <겨울왕국>의 주요 줄거리는 사실 배우자 선택 혹은 결혼과 큰 상관이 없을지도 모른다. 하지만 우리가 주목해서 볼 부분은 바로 안나의 이야기에 있다. 안나는 영화 초반 한스라는 인물과 사랑에 빠져 결혼을 결심하게 된다. 그 서사를 잘 살펴보자.

안나와 한스는 처음 항구에서 만나게 된다. 한스의 말이 안나를 치고, 떨어지려는 안나를 한스가 구한다. 안나는 처음 한스의 얼굴과 목소리에 호감을 느끼고는 버벅대는 모습을 보인다. 이후 안나와 한스는 대관식에서 다시 만나게 되고 대관식 이후 파티에서 안나와 한스는 많은 이야기를 나누게 되며 서로에 대해 알아 간다. 한스의 정중함과 다정함에 안나는 더 큰 호감을 느꼈고 서로에 대한 공통점을 발견해 낸다. 이어 유명한 OST인 'Love is an open door-Santino Fontana'를 부른다. 노래 마지막에는 한스의 "Will you marry me?" 라는 질문에 "Yes"라 대답하고 둘의 배우자 선택은 끝이 나게 된다. 저자는 이 이야기에서 안나와 한스의 첫 만남을 자극 단계, 대관식에서 다시 만나 많은 이야기를 나누는 때를 가치 단계 마지막으로 노래를 부르며 서로에 대한 공통점과 목표에 확신하는 OST 순간을 역할 단계라고 생각했다.

정리해 보면 초반, 즉 연애의 경우에는 자극 > 가치> 역할이었다면 시간이 지날수록 연애 중후반이 되고 결혼을 할 시기가 된다면 역할 < 가치< 자극으로 변화한다는 것이다. 이 이론이 말해 주고자 하는 바는 사랑하는 사람과 자극 - 가치 - 역할의 단계를 걸치는 도중 서로 다른 점이 있다고 하여 그 사람을 배우자로 선택하지 말라는 것이 아니라 서로 협상을 통하여 합의점을 찾아가는 것이 매우 중요하다는 점이

다. 이러한 단계를 정확하게 밟는다면 우리나라의 사회적 문제인 이혼율 또한 감소될 것이고 서로서로 더 나은 미래를 향해 갈 수 있게 될 것이다.

5) 결혼 전 2인 관계 형성 이론(Premarital Dyadic Formation)

결혼 전 2인 관계 형성 이론은 Lewis가 주장한 이론으로서 자신의 배우자를 선택하기 전에 교제하고 있는 두 사람 간에 관계의 발달 과정을 설명하는 데 적합한 이론이라고 할 수 있다. 또한 이 이론은 6가지의 과정으로 형성되어 있는데, 각각의 과정들이 분리되어 있는 것이 아니라 서로서로 연관되어 있고, 직전의 단계가 제대로 형성이 되어야 안정적으로 그 다음 과정으로 향할 수 있다는 것이다. 6가지의 과정은 다음과 같다.

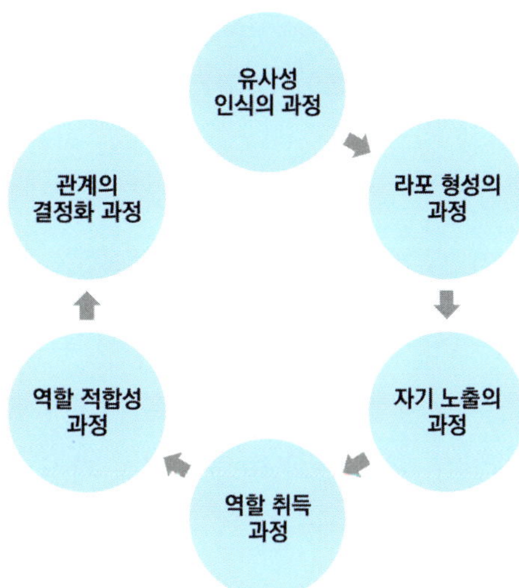

[그림 7-1] 결혼 전 2인 관계 형성 이론 6가지 과정

그 첫 번째 과정은 유사성 인식의 과정이다. 이 단계에서는 사회적 배경, 가치, 흥미, 성격 등에서 서로의 유사성을 인식하는 단계로 볼 수 있다.

두 번째 과정은 라포 형성의 관계이다. 라포란 마음의 유대라는 뜻으로서 서로의 마음이 연결된 상태, 즉 서로 마음이 통하는 상태를 뜻한다. 이 단계에서는 두 사람 간의 편안한 대화, 서로에 대한 긍정적 평가, 서로의 관계에 대한 만족, 주변 사람들의 인정 등으로 관계가 더욱 발전한다고 본다.

세 번째 과정은 자기 노출의 과정이다. 서로 간의 노출을 통해서 두 사람의 관계가 더욱더 솔직해지고 개방적인 관계로 발전하게 된다는 것이다. 여기서 중요한 것은 친밀함을 드러내는 것이다. 지속적으로는 두 사람이 자신의 내적 생각과 감정을 서로에게 드러내는 상호적 노출이 중요하다.

네 번째 과정은 역할 취득 과정이다. 이 과정은 다른 것들과는 다르게 이전 과정에서 습득한 서로에 대한 이해를 바탕으로 서로에게 적합한 역할을 취득하게 된다. 자신이 자기가 편한 역할을 선택하는 것이 아니라 상대의 기대를 고려하면서 자기의 행동을 조정해 역할 행동을 습득해 가는 과정이라는 것을 인지하고 취득하여야 한다.

다섯 번째 과정은 역할 적합성 과정이다. 여기에서는 서로 간의 성격의 유사성, 역할의 보완성, 욕구의 보완성 등을 파악함으로써 서로의 역할을 적절하게 조화시키게 된다.

마지막으로 여섯 번째 단계는 관계의 결정화 과정이다. 이 과정에서는 서로에 대한 관여가 증가하고, 두 사람이 함께 기능함으로써 커플로서 인식하는 단계이다. 이 단계에 도달하면 두 사람은 외부세계와의 경계를 확실히 설정하고, 서로에 대한 헌신과 희생이 더욱더 증가하게 된다. 서로 간의 역할 영역이 확실히 결정됨으로써 한 커플로서의 정체감을 수립하고, 당사자 간뿐만 아니라 타인들로부터 한 커플임을 인정받는다는 것이다.

이렇듯 우리가 배우자나 관계 상대를 결정함에 있어서 수많은 결정을 해야 한다. 뿐만 아니라 위의 여섯 과정들은 앞서 말했던 것처럼 상호작용으로 이루어지기 때문에 전 단계의 과정이 성공적으로 이루어져야 다음 단계가 좀 더 원활하게 진행될 수 있는 것이다. 그러므로 교제함에 있어서 진실되고 성실하게 임해야 할 것이다.

6) 갈등이론(conflict theory)

우리가 함께 살아가고 있는 사회라는 울타리 속에서, 우리는 가정, 학교, 직장, 각종 단체와 같은 다양한 집단에 소속된 채로 살아간다. 각 구성원들의 '필요'에 의해 만들어진 집단은 때때로 그 내부적으로, 혹은 그들 집단 간에도 서로 갈등을 빚곤 하는데, 구조 기능주의와는 달리, 갈등이론은 이 '갈등'이라는 현상을 중요시하고 그것을 통해 우리 사회에서 이러한 관습은 왜 생겨났는지, 혹은 이러한 사회구조가 어떻게 만들어져 왔는지 등의 사회현상을 분석하고 설명하려 한다.

갈등이론을 이해하기 위해서는 '마르크스'에 대하여 먼저 이해하는 것이 아주 효과적이다. 마르크스는 인간의 역사를 계급 간의 갈등의 역사로 보았으며, 모든 사회 변화는 생산수단을 소유하는 집단과 그것을 쟁취하려는 비소유 집단 간의 갈등과 투쟁의 결과라고 보았다. 생산수단을 소유하였다는 것은 자본주의 사회에서 돈을 벌 수 있는 수단을 가졌다는 것을 의미하고, 이들은 그렇지 못한 사람들보다 사회적으로 더 우위에 서게 되는데, 이렇게 형성된 불평등이 투쟁의 원인이 되고, 투쟁을 통해 불평등한 사회는 이상적인 모습에 다다를 때까지 끊임없이 변하게 된다.

위의 내용들을 우리의 사회 구조에 그대로 투영해 보면 갈등 이론가들의 주장을 쉽게 이해할 수 있다. 갈등이론에서 갈등 발생의 원인은 마르크스의 이론에서와 마찬가지로 '불평등'이다. 우리 사회에서 개인들은 불충분한 자원을 더 많이 확보하기 위해 경쟁하고, 이 과정에서 수많은 갈등이 발생한다. 여기서 '불충분한 자원'을 '돈'이라고 생각해 보면 이해가 훨씬 빠를 것 같다. 갈등 이론가들의 입장에서, 이러한 '돈을 벌기 위한 갈등, 쉽게 말하자면 월급을 올리기 위한 갈등과 인건비를 줄이기 위한 갈등' 등은 마르크스 이론에서의 '투쟁'과 같은 작용을 한다. 즉, 갈등이 부정적이라기보다는 사회적 진보를 위한 수단이자, 필수적인 것이라고 생각하는 것이다. 불평등의 격차를 줄이기 위한 노력, 즉 갈등은 기존의 부당한 제도의 변화를 유발하고, 이러한 변화를 통해 부조리한 것들을 개선하면서 사회를 끊임없이 재조직시키는 역할을 수행한다. 그렇다면 '사회'라는 단위를 더 세분화하여 '가족'이라는 집단을 살펴보도록 하겠다. '현모양처, 혹은 여성은 집안일을 해야 한다'는 사회적 악습이 팽배했던 과거에는 경제적 생산의 주요 책임자이자 공급자인 남성이 가족 내에서 권력을 독점하고 우월적 지위를 차지하였으며, 상대적으로 그러할 능력이 없는 여성과 아동은 아버지의 말, 남편의 말이라면 무조건적으로 따라야만 했고, 이러한 권력의 차이는 결혼과정이나 가족 내에서도 불평등을 초래하였다. 대표적인 사례가 결혼 예식에 존재하는 '폐백'이다. 폐백은 신부가 시부모 및 시댁 친인척에게 인사를 드리는 것으로, 여성이 친정을 떠나 시댁으로 들어간다는 의미로, 신부 측에게만 강요되었던 풍습이었다. 반대로 더 많은 권력을 지닌 남성에게는 요구되지 않는 행위로써, 권력의 불평등이 초래한 또 다른 불평등을 보여 주는 사례이다.

결국 이러한 불평등은 또 다시 갈등을 초래하였고, 그 수많은 갈등들을 거쳐 현대사회에서는 가부장제도와 남존여비 사상, 남아선호 사상 등 부조리한 기존의 관습들이 대부분 사라진 상태이며, 현대에는 여성 인권을 신장하기 위한 사회적인 움직임들 또한 우리 사회에서 새로운 갈등 중의 하나로 대두되고 있다. 이렇듯 갈등이라는 것은 필연적이고 끊임없이 발생하는 것이기 때문에, 갈등주의자들은 갈등을 없애려고 하기 보다는 구성원들이 갈등을 관리하는 과정에서 상호 만족스러운 방식으로 협상하고 타협하는 것이 중요하다고 본다.

결혼 및 가족에 관하여 갈등이론을 평가해 보았을 때, 조화와 갈등이 공존하는 가족의 양면성과, 가족갈등 문제를 표면화시킨 점에서 갈등이론은 의미가 있지만, 권력이나 역할과 같은 사회 규범이 가족 간에는 경쟁적 갈등 기제로만 작용하는 것이 아니라 오히려 긍정적인 질서로서 수용되기도 한다는 것을 간과하였다는 아쉬움이 있으며, 또한 애정, 친밀감, 유대감 등의 긍정적 정서를 기반으로 한 모든 가족행동들을 갈등이라는 한 가지 원인으로 설명하려고 한다는 한계점이 있다.

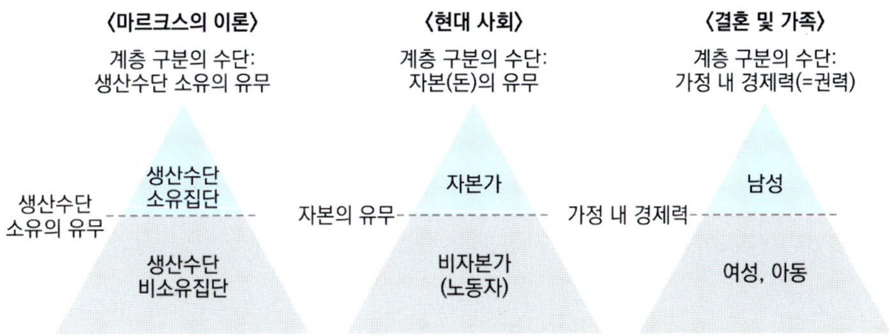

[그림 7-2] 특정 요소에 의한 계층구분과 그에 따라 갈등의 주체가 되는 두 계층

7) 상징적 상호작용 이론(symbolic interactionism)

상호작용(interaction)은 사람이 사회를 구성하고 삶을 영위해 가는 본질적인 체계라 할 수 있는데, 이는 사람은 자신을 둘러싸고 있는 다양한 환경의 영향 속에서 작용과 반작용 과정을 거듭함으로써 개인의 삶, 그리고 나아가 사회를 구성하기 때문이다. 상호작용에 대한 정의는 학자들에 따라 다양하지만, '둘 이상의 대상 간의 행동'이라고 보는 것에는 공통을 보이며, 인간의 사회적 행위가 진공상태가 아닌 행위의 주체와 객체가 서로 영향을 주고받는 데에서 구성된다는 것을 강조한 개념이라고 할 수 있다. 상징적 상호작용론은 인간의 이러한 사회적 행위를 설명해 주는 이론으로, 개인이 그들의 사회적 환경과 상호작용함으로써 세상에 대한 의미를 얻고 가치관을 형성하게 된다는 것을 강조한다. 또한 개인의 상호작용을 통한 가치관 형성을 설명하기 때문에 상징적 상호작용론을 다루는 연구는 사회구조나 문화가 사회 구성원의 행위를 좌우한다고 보는 거시적 관점과는 달리 사회구조와 문화 속에서 개인이 행위하는 과정에 중점을 두는 것이 특징이다. 사회·문화 현상에 대한 미시적 관점으로서 상징적 상호작용론은 거시적 관점이 간과한 개인의 능동적인 사고 과정과 행위의 선택 그리고 타자와의 의사소통 과정에 주목한다.

상징적 상호작용론에 따르면, 사람은 언어와 문자 등 상징을 사용하여 서로 상호작용하며, 그 과정에서 자신과 주위 사람들과의 관계를 깨닫고, 자신이 어떻게 행동할 것인가를 판단한다. 상징적 상호작용론은 개인들이 자신들 나름대로의 방식으로 주어진 상황을 정의하며 이에 따라 행동하고 있음을 강조한다.

결혼과 가족에서의 상징적 상호작용론은 가족구성원 간의 일상적 상호작용에 초점을 두고 결혼제도 및 가족과정을 이해하는 관점으로서, 첫째, 상징적 상호작용 이론의 전제는 인간의 행동은 서로 간의 사회적 상호작용에 의해 결정된다는 것이다.

둘째, 상징적 상호작용 이론의 전제에 대한 가정은, 인간은 상징을 창조하고 조작할 수 있는 존재라는 것으로 인간은 상황에 대해 주관적인 해석을 하며, 해석에 따라 행동이 달라진다. 예를 들면, 어머니가 자녀의 행동을 어떤 의도로 해석하느냐에 따라 어머니의 양육 행동은 달라질 수 있다. 아이의 울음을 졸린 것으로 생각한다면 아이를 재울 것이고, 울음을 떼쓰는 의도로 받아들인다면 혼을 낼 수도 있다. 이러한 상징적 상호작용 이론의 한계는 결혼제도나 가족체계에 영향을 미치는 거시적 측면을 간과했다는 것으로 경제가 어려우면 결혼에 큰 영향을 미칠 수 있어 결혼과정이나 가족 내에 존재하는 권력관계 및 갈등을 충분히 설명하지 못하는 것이다.

8) 가족발달 이론

가족은 살아 있는 유기체처럼 태어난 후 서로 존중과 배려를 하여 살아가며 그 과정에서 성장하고 마지막에 소멸을 하는 존재라고 말할 수 있다.

이에 가족발달 이론은 가족을 상호작용하는 개인들의 집합체로 보고 시간적 경과에 따른 가족의 변화에 초점을 맞추어 본다. 또한 이 이론은 출생부터 사망에 이르는 개인의 생애처럼 가족도 형성부터 해체까지의 전 과정이 있다고 가정한다.

개인의 생애를 보았을 때 출생, 영유아기, 아동기, 청소년기, 성인기, 중장년기, 노년기의 단계를 거치는데 가족 역시 이러한 단계를 거친다는 것이다. 성인 남녀의 결혼으로 성립된 가족은 이후 자녀 출산, 양육, 자녀들의 독립, 배우자의 사망 등 일련의 사건을 겪게 된다. 이 과정에서 가족의 구조, 기능, 역할, 과업 등이 변화한다. 이처럼 시간이 경과함에 따라 변화하는 가족생활의 연속적 과정을 가족생활주기라고 한다.

가족발달 이론은 가족생활주기의 각 단계마다 가족이 이루어야 될 과업이 무엇이고, 과업을 달성하는 과정에서 구성원들의 기대와 욕구가 어떻게 조정되며, 각 단계가 어떠한 가족 상호 작용이 이루어질지 예측할 수 있는 준거를 제시하였다. 먼저 가장 고전적인 가족생활주기에는 미국의 핵가족을 조사한 듀발의 8단계가 있는데, 이는 결혼하여 아직 자녀가 없는 신혼기, 첫 자녀 출생 후 자녀가 약 2세 반이 되는 시기인 자녀 출산기, 첫 자녀가 2세 반에서 6세가 되는 학령전기 자녀기, 첫 자녀가 13세에서 20세인 10대 자녀기, 자녀들이 집을 떠나는 시기인 진수기, 다 떠난 후 은퇴가 이루어질 때까지의 중년기, 자녀들의 은퇴에서 부부의 사망까지의 노년기가 그 8단계이다.

이 듀발의 8단계가 서구 중산층 핵가족을 모델로 한 가족생활주기이기 때문에 그들을 대상으로 하기엔 적절하다고 할 수 있지만 현대의 한국 가족들에게 적용되기에는 부적절한 것으로 여겨진다. 가족은 순간순간 변화하는데 가족발달 이론은 이를 움직이거나 변화하는 집단으로 파악하여, 가족 체계의 종단적 경로인 가족생활주기를 중요시한다. 즉, 기존 가족생활주기는 남녀의 결혼을 출발로 자녀를 출산하고 양육하며 이혼 없이 지속되는 가족만을 설명한 것이다. 최근 증가하고 있는 무자녀 가족은 자녀 양육기나 자녀독립기로 이행되지 않기 때문에 기존의 가족생활주기로는 설명이 어려우며 이혼 후 재혼을 하는 가족이 증가하는 것 역시 기존의 가족생활주기로 설명하기 어려운 부분이 있다. 또한 기존의 이론에서는 자녀의 발달에 초점을 맞추기 때문에 부모나 조부모의 연령단계에 따른 발달을 잘 알아보기 힘들고 가족이 놓여 있는 시간개념에 대해서는 집중하고 있지 않고 있기 때문에 같은 가족생활주기의 경로라도 사회마다, 그리고 문화마다 다르게 해석될 수 있다는 점을 간과하였다. 그러나 가족생활주기에는 간과한 점들도 있지만 분명히 사회에 기여한 점들도 있다.

우선 가족연구에서 가족을 보는 시각을 새롭게 하였다는 것, 연구방법의 측면에서 많은 기여를 했다는 것이 있다. 또한 가족의 발달적 변화를 강조함으로써 가족생활교육의 프로그램을 구성할 때나 가족상담 그리고 가족치료 등의 실천적 영역에서 널리 사용되었다. 앞으로는 다양한 가족들 모두에게 적용될 수 있는 경우들을 모두 설명하기 위해 가족에 대한 보다 정교하고 확장된 가족생활주기가 필요할 것이다. 개인의 생애발달에서 각 시기에 이루어야 될 발달과업이 있듯이 가족발달 이론에서도 원만한 가족생활을 위하여 가족이 성취해야 할 단계별 발달과업은 중요하다.

가족생활주기에 따른 과업을 가족이 단계적으로 수행해야만 가족원들이 안정감과 충족감을 느낄 수 있는데 각 단계별 발달과업은 반드시 이루어져야 하는 결정적 시기가 있으며, 결정적 시기에 과업이 수행되지 않으면 가족은 역기능을 나타낼 수 있다. 이에 이 과정 속에서 가족들은 서로를 이해해야 할 필요가 있다. 또한 가족생활주기의 각 단계마다 혹은 전이의 시기에 가족은 사건을 겪으며 스트레스를 경험을 하는데, 홈즈와 레어의 연구에 따르면 스트레스의 강도가 큰 사건을 순서대로 나열하면 배우자의 사망, 배우자와의 이혼, 별거, 가족구성원의 사망, 결혼 등이라고 한다. 이러한 상황 속에서 가족들은 가족의 스트레스 정도를 이해하기 위해 발달적 관점을 고려할 필요가 있고 가족들은 더욱더 가족구성원을 이해할 수 있도록 해야 한다.

따라서 가족구성원들이 성장하고 노화함에 따라 가족원의 상호작용에 변화가 생길 수 있고 가족 안에서의 역할에 대한 규범 역시 변화하며 각자가 다양한 수준에서 다양한 요인들에 의해 영향을 받고 서로 상호영향을 미치기 때문에 이런 다양한 과정과 경우에 대한 발달적 이해가 중요하다고 볼 수 있다.

9) 가족체계 이론(family system theory)

일반 체계 이론을 가족에 적용하여 가족이 가지고 있는 유기체적인 특징과 역동을 설명한다. 체계(system)란 일정한 상호연관 관계를 가지고 있는 구성요소들이 조직화

된 하나의 전체를 의미한다. 먼저 생물학자인 L.Bertalanffy가 주장한 일반체계이론에 따르면, 체계의 구성요소들은 서로 상호작용을 하는 밀접한 관계를 맺고 있기 때문에 체계의 어느 한 부분에 변화가 일어나면 다른 부분도 연쇄적으로 변화가 일어나고, 그러한 변화는 다시 처음의 변화에 영향을 미친다. 따라서 한 체계가 어떻게 움직이는지를 이해하기 위해서는 체계 안의 다양한 구성요소들에 대해 개별적으로 관찰하고 이해하기보다는, 구성요소들 간의 상호작용을 이해해야 한다.

일반 체계 이론을 가족에 적용하면, 가족은 하나의 전체적인 체계이다. 가족의 하위 구성 요소는 가족구성원들이고, 가족구성원들은 위치에 따라 부부 하위체계, 부모 하위체계(부모와 자녀와의 관계), 형제자매 하위체계, 가족구성원 개인 간의 관계에 소속되고, 각자 기능을 수행한다. 이 과정에서 가족구성원들이 상호작용을 하며 서로와 가족 전체 체계에 영향을 미친다. 따라서 가족체계 이론은 가족이 의사결정을 내리고, 특별한 목표를 성취하며, 규칙을 정하는 과정에 영향을 미치는 요인들과 가족의 복잡한 상호작용을 설명하는 데 유용하다. 가족체계 이론에서는 가족이 겪는 문제는 가족의 상호관계에 있으므로 단위로서의 가족이 치료대상이 된다.

가족체계 이론에서는, 가족이 효과적으로 기능을 수행하기 위해서는 가족과 가족 외부를 구분 짓는 경계가 분명하면서 동시에, 일정 수준의 투과성이 있어야 한다. 경계와 투과성의 수준에 따라 기능적 가정과 역기능적 가정으로 나뉘는데, 가족 외부의 정보 유입이 유연하고, 융통성을 가지고 있는 가족을 기능적 가정이라고 할 수 있다. 반면 외부의 정보와 에너지가 전혀 유입되지 못할 정도로 폐쇄적이거나, 너무 느슨해서 결속력을 갖추고 있지 않은 가족은 역기능적 가정이라고 한다. 기능적 가족의 특징은 가족규칙이 명확하고 공평하게 정해지고 자유로운 의사소통을 통해서 필요하면 규칙이 변할 수 있다. 그리고 각 개인의 자율성을 존중하면서도 전체로서의 가족이 유지된다. 반대로, 역기능적 가족은 가족규칙이나 역할이 명확하지 않으면서, 경직되어 있다. 그리고 개인의 자율성은 가족 전체를 위해 희생되거나 반대로 가족이 통합되지 못해 개인에게 지나치게 큰 자율성이 요구된다. 역기능 가정에는 중독자가 속해 있는 가족이나, 개방적인 분위기가 부족한 가족, 지배적 태도가 나타나는 가족, 병과 죽음을 경험한 가족 등이 있다.

가족체계 이론은 대표적으로 '전체성, 상호의존성, 항상성' 개념을 가지고 있다. 전체성(wholeness)은 가족을 독립적으로 행동하는 개인들의 단순한 집단이 아닌 전체로 보는 것이다. 각 가족구성원들은 개인적 특성을 가지고 있지만, 동시에 교류를 통해 새로운 관계성을 형성하기 때문이다. 다음으로 상호의존성(interdependence)은 가족 내 한 사람이나 한 부분에서 변화가 일어나면 부정적이든 긍정적이든 모든 나머지 사람들에게 영향을 미치는 것을 의미한다. 가족 구성원은 변화의 불균형에 대해 보상적 반응을 보이고, 따라서 불균형을 일으킨 변화를 이전의 균형 상태로 되돌리려는 경향이 있다. 마지막으로 가족체계 기능의 궁극적 목표는 안정성, 항상성을 유지하는 것이다. 가족구성원은 규칙적인 상황이 변화했을 때 원래의 상태로 돌아가기 위해 행동한다.

10) 생태학 이론(Ecology Theory)

부모와 자녀관계에서는 같은 집안에 소속되어 다양한 요인들에 영향을 받는다. 그렇기에 부모와 자녀관계를 정확히 이해하기 위해서는 생태학 이론이 반드시 필요하다. 인간의 발달은 인간이 자신의 환경을 자각하고 다루는 방식 안에서 지속적으로 변화하는 것이라고 정의된다. 이것의 기본 전제는 3가지로 제시하였다.

첫 번째, 발달하는 개인을 단순히 환경의 영향을 받는 백지상태로 간주하는 것이 아닌 환경을 재구성하는 존재인 성장하는 역동적인 실제로 간주한다.

두 번째, 환경도 상호 조절과정을 요구하면서 발휘하기 때문에 개인과 환경 간의 상호작용은 상호 호혜성의 특징을 가진 것으로 간주한다.

세 번째, 생태학적 환경의 개념은 개인이 직접 참여하는 장면에 국한되는 것만이 아닌 개인이 직접 참여하는 장면들의 상호연결과 개인이 속해 있지 않은 외부환경으로부터 오는 영향까지 포함된다. 생태학 이론은 가족을 둘러싼 여러 환경이 개인과 가족 관계의 기능뿐만 아니라 부모 - 자녀에게 어떻게 영향을 주는지 말해 준다. 예를 들어, 만일 부모가 우울증에 빠져 있다면 이는 가족체계에서 자녀와의 상호작용에 영향을 주고 자녀의 또래 관계 및 학교생활에도 영향을 준다. 또한 부모가 직장에서 책임이나 업무 분야가 달라져 직무스트레스가 증가한다면 가정 내 부모 - 자녀 관계는 영향을 받을 수밖에 없다.

Hoffman(1960)은 부모 - 자녀를 결정하는 요인으로 부모가 지니고 있는 자녀 양육 관련 태도, 가족 구조적 특성, 현재 가정이 처해 있는 상황 등을 생태학적 관점에서 제시하였다.

〈표 7-1〉 부모 - 자녀 관계를 결정하는 요인

영역	하위요인	결과요인
현재의 가정상황	가정의 기능 가정의 사회문화적 위치 사회계층, 지역적 위치 가족의 병리적 상태	자녀의 행동, 성격 및 정신건강 등의 결정 부모나 다른 가족원에 대한 태도 및 행동 결정 자녀의 지적 능력, 창의성, 학업성취 등의 결정 가정 및 가족성원에 대한 자녀의 인지수준의 결정 성취 동기수준의 결정
부모 변인	부모가 성장한 환경 부모의 태도 및 성격 부모의 양육태도 및 행동	
가족구조	가족 구성 가족 관계의 구성	

• 가계도

가계도는 2~3세대의 가족관계를 도표로 작성하는 것으로, 가족의 주요한 사건들, 가족성원의 출생과 상실, 의사소통과 관계유형, 그리고 직업 등 가족에 관한 연대기적 청사진을 보여 준다. 가족은 공간적으로 존재할 뿐 아니라 시간적으로 존재하기 때문에 시계열적으로 조명할 필요가 있다. 가계도는 가족을 사정하는 데 널리 사용되어 왔으며, 여러 세대를 살펴볼 수 있다는 장점을 가진다. 가계도는 사람을 표시하는 기호와 관계를 표시하는 선을 활용하여 주로 3세대 이상의 가족들에게 나타난 중요한 생활사전(결혼, 별거, 이혼, 사망, 입양 등)과 인구학적 정보(연령, 학력, 직업, 주거 등)들을 기술한다. 가계도는 가족구조를 도식화하고, 가족에 관한 정보를 기록하며 마지막으로 가족관계를 기술하는 순서로 작성된다. 중요한 가족사건이란 과도기, 인간관계의 변화, 이주, 상실과 성공 같은 것을 말하는데 이러한 정보들은 가족을 역사적 관점에서 볼 수 있게 해 주고, 가족의 역사가 각 개인에게 어떤 영향을 미쳤는지를 알 수 있게 한다. 가족관계의 표현은 선으로 나타내게 되는데, 융합이나 대립적 관계를 선으로 상징화하여 나타낸다.

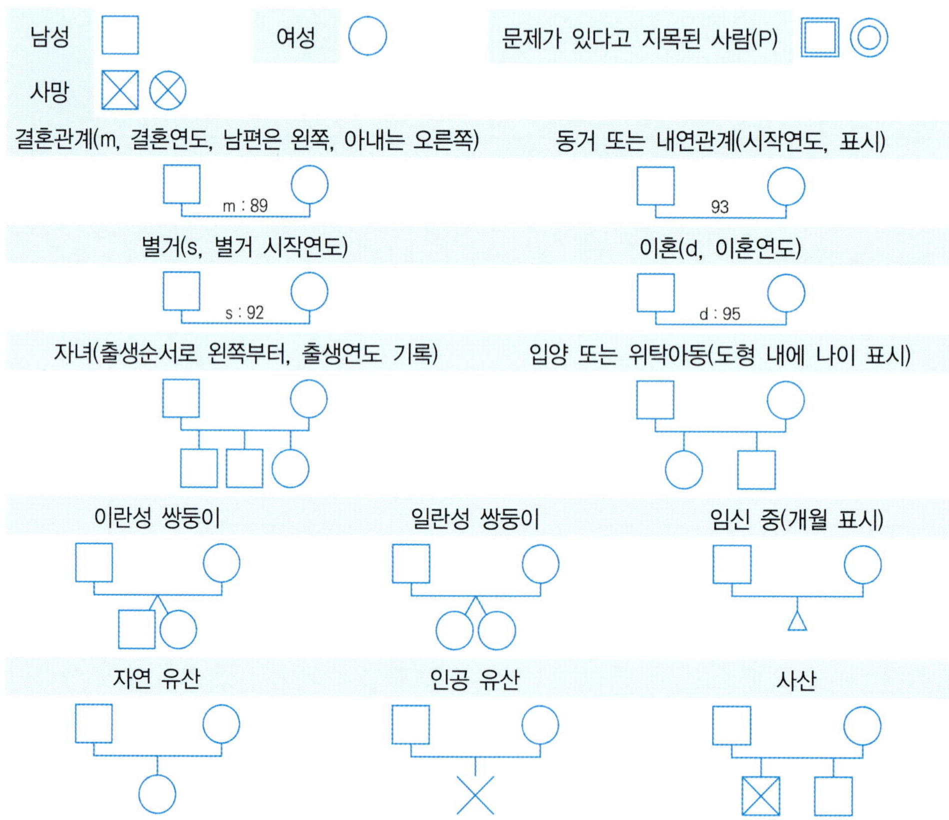

[그림 7-3] 가계도

출처: McGolddrick, M.. & Gerson, R.(1985).

• 생태도

생태도란 가족 및 가족구성원과 환경 간의 상호작용을 그림으로 나타낸 것이다. 생태도는 개인이 상호작용하는 외부환경들을 명료하게 해 줄 뿐 아니라 그 환경들 간의 상호작용의 성격과 질, 지지와 자원의 흐름까지 파악할 수 있도록 해 주며, 나아가 개인과 가족에게 유용한 자원과 스트레스가 되는 자원, 부족한 자원과 보충해야 할 자원, 연계의 성격 등에 대한 정보를 제공해 주기 때문에 외부체계로부터 스트레스를 경험하고 있는 가족의 문제를 사정할 때 유용하다. 생태도는 현재 주거를 같이하고 있는 가구를 기초로 한다. 원을 그리고, 그 안에 현재 어려움을 겪고 있는 개인과 가족의 가계도를 그린 후, 각 구성원들이 관계를 맺고 있는 외부의 사회체계들을 각각 원으로 그려 넣는다. 그 다음 상호작용하고 있는 의미 있는 체계들과 관계를 선으로 표시하게 된다. 또한 각 체계 간의 관계의 질과 자원의 흐름을 특정기호를 사용하여 표시한다. 이렇게 완성된 생태도는 가족과 환경체계 간의 관계에 대한 전체적 조망과 함께 개입에 필요한 정보를 간략하게 한눈에 파악할 수 있도록 해 준다.

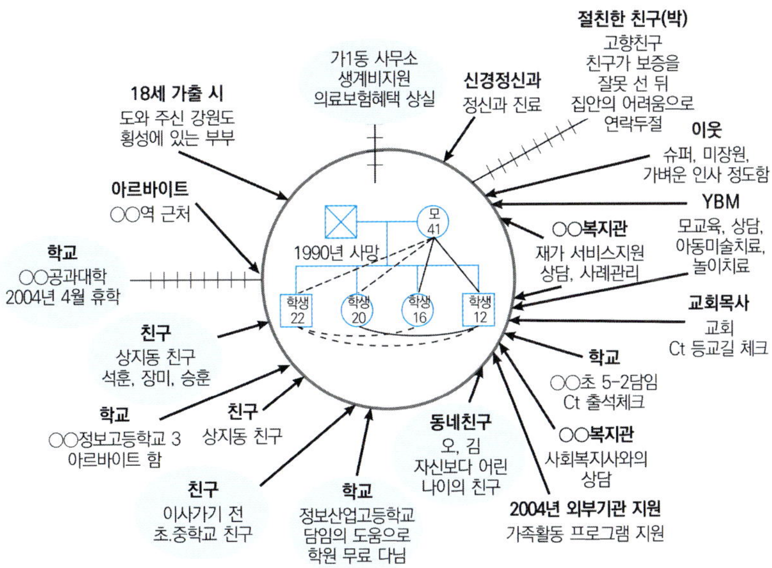

[그림 7-4] 생태도

1. 나의 출생 가계도 그리기

① 나이, 사망여부, 가족이 사망 시 자신의 나이

② 직업, 종교, 결혼여부, 중요사건, 가족과의 심리적 관계(밀착, 소원한 관계, 갈등 관계, 단절관계 등)

③ 성격, 대화방식

2. 나의 가계도 수정하기

가족과의 심리적 관계 설명

친구 2명에게 가계도가 명확한지, 심리적 관계가 잘 설명되었는지 평가받아 수정할 것.

3. 나의 가족에 관한 이야기 활동

1) 나의 출생가족에 대해 제목을 붙인다면 어떠한 제목을 붙이겠는가?
2) 출생가족 안에서 나는 어떤 존재로 취급되었는가? 만족했는가?
3) 출생가족의 모습이 현재의 나에게 어떠한 이점(나쁜점)을 주고 있는가?
4) 출생가족의 모습을 통해서 나는 미래에 어떤 가족의 모습을 만들겠다고 생각했는가?
5) 현재 가족은 어떠한 모습인가? 기대했던 모습을 이룰 수 있었던(없었던) 요인은 무엇인가?

* 친구 1명에게 피드백 받은 내용:

* 친구에게 발표한 소감:

수정한 나의 가계도와 함께 다음 수업시간에 제출할 것.

2. 배우자 선택의 기준

일반적으로 사람들은 상호 간의 근접성이나 유사성, 신체적 매력을 가진 사람들과 어울리고 호감을 갖는다(정옥분 외, 2006). 배우자를 선택하는 것은 결혼 직전의 의지의 결과이고 현생의 운명의 선택이라고 하겠다. 배우자는 인륜의 사회적 관계라고 말하는데 자기애의 작용에 의하여 맺어진 관계이기 때문에 자신의 의지에 따라 이를 해소하거나 부정할 수 있는 것인데 결혼 이후에는 여러 가지 복합적인 문제가 발생하기 때문에 신중을 기하는 게 당연하다.

결혼이란 당사자의 혼자만이 결합하는 것이 아니라 두 집안이 하나로 엮어지면 여러 가지 복잡하고 다양한 인간관계가 설정된다. 이 같은 이유 때문에 바람직한 배우자의 선택이란 아무리 강조해도 지나치지 않을 것이다. 결혼을 아무런 목적의식이 없이 충동적이고 자의적으로 선택하고 결정한다는 것은 돌이킬 수 없는 과오를 저지를 수밖에 없다는 점을 심각히 고려해 보아야 할 것이다. 따라서 배우자를 선택하는 기준은 명확해야 하고 단순해야 하는데 우선 고려해야 할 점이 건강상태를 살펴보는 것, 또한 외모, 심성이나 감정, 타고난 성품, 경제력 등이다.

다음의 많은 글들은, 그동안 저자가 대학교 수업시간과 기타 특강 시간을 통해 많은 결혼 전에 있는 젊은 대학생들에게 배우자의 선택의 기준은 무엇인지 각자의 의견을 적어 보는 시간을 갖게 하였고, 그 당시 많은 학생들이 자신의 의견을 적어 준 내용들이다. 여러분도 함께 읽으면서 공감되는 부분을 찾아보기를 바란다.

내가 생각하는 배우자 선택의 기준

- 제가 생각하는 배우자 선택의 기준은 가치관과 성격입니다. 평생을 함께 살아야 하는 배우자라면 똑같지는 않아도 비슷한 가치관을 가지고 있어야 한다고 생각합니다. 서로 살아온 배경이나 환경이 다르기 때문에 가치관은 쉽게 변하

지 않기 때문에 가치관이 비슷한 배우자를 만나야 합니다.

- 저는 서로의 가치관이 잘 맞고 서로의 행동과 성격을 적정선에서 이해해 주는 것이 중요하다고 생각합니다. 또한 경제적으로 관념이 제대로 박혀 있어야 한다고 생각합니다.

- 제가 생각하는 배우자 선택의 기준입니다.
  성격: 가정적이고 자상한 사람. 특히 성격이 너무 기분파이거나 다혈질이면 배우자로는 별로일 것 같습니다. 왜냐하면 제가 그러는 면이 있기 때문입니다. 저를 옆에서 잘 잡아 줄 수 있는 사람이었으면 좋겠습니다.
  가치관: 취향, 유머코드, 가치관, 종교관, 경제관 등이 비슷한 사람인 게 가장 중요하다고 생각합니다. 결혼하면서 맞춰 나가면 된다고 생각하는 사람도 많고 실제로 그러는 경우도 많이 봤는데, 그래도 역시 처음부터 잘 맞는 사람인 게 훨씬 더 좋은 것 같습니다.
  외모: 제 이상형은 단정한 외모에 큰 키를 가진 사람입니다. 하지만 성격이 더 중요합니다. 이상형은 이상형일 뿐이니까요~
  경제 능력: 결혼할 정도의 능력은 되어야 결혼 생각을 하지 않을까라고 봅니다. 그래도 이건 저도 경제 활동을 할 계획이기 때문에 같이 가정을 꾸려 나갈 수 있을 정도면 괜찮을 것 같습니다. 결혼을 빨리 하고 싶은 생각은 없어서 저도, 배우자도 어느 정도 자금을 마련한 뒤에 결혼하고 싶습니다.

- 저의 배우자 선택의 기준은 저와 같은 가치관을 가진 사람입니다. 어느 정도 다른 부분은 맞춰 나가면 된다고 하더라도 가치관 자체가 달라 버리면 같이 살아 나가는 데 큰 어려움이 있을 것 같습니다 또한 취미나 취향이 같았으면 좋겠습니다.

- 제가 배우자 선택에서 중요하게 생각하는 부분은 크게 세 가지로 나뉩니다. 첫 번째는 성격입니다. 저는 좀 내향적인 성격이라 에너지를 내부에서 얻는데, 배우자도 비슷한 성향이면 좋을 것 같습니다. 성격에 포함시키긴 모호하지만 가치관도 매우 중요하다고 생각합니다. 사회 문제나 정치에 대한 입장이 너무 다르면 충돌이 불가피할 것 같기 때문입니다.
  두 번째는 경제 관념입니다. 결혼은 충분히 경제적인 준비가 된 상태에서 하는 것이 가장 좋겠지만, 만약 준비가 덜 된 상황에서는 자신의 경제 관념을 꼭 공유해야 한다고 생각합니다.
  세 번째는 외모입니다. 개인마다 취향, 중요도는 다르겠지만 저는 결혼을 한다면 제가 선호하는 외모를 가졌으면 좋겠습니다.

- 결혼은 인생에서 중요한 선택이니만큼 이 외에도 생각해야 할 것이 많지만, 지금 제가 중요하다고 생각하는 점들은 다음 5가지입니다.
  첫 번째로 성격이 제일 중요합니다. 성격이 좋고 저랑 잘 맞았으면 좋겠습니다.
  두 번째로는 대화가 잘 통하고 유머감각이 있으면 좋겠습니다.
  세 번째로는 거짓말을 안하고 서로 간의 신뢰가 높았으면 좋겠습니다.
  네 번째로는 자신의 일이나 경제활동에 책임감이 있으면 좋겠습니다.
  마지막으로는 외적인 부분에서도 저의 이상형이랑 가까웠으면 좋겠습니다.

- 첫째, 경제적 능력으로 많이는 못 벌더라도 같이 먹고살 정도는 되어야 한다고 생각합니다.
  둘째, 성격, 가치관 등으로 취향, 가치관이 맞아야 하고 똑똑했으면 좋겠습니다(지적수준이 맞았으면 좋겠음. 맞춤법 틀리는 것을 싫어함). 날 위해 희생할 준비가 된 사람이었음 좋겠습니다(나 또한 내가 희생할 수 있다고 생각이 드는 상대와 결혼할 것).

셋째, 외모이며 외모는 잘 안보지만 코가 예쁜 사람이 좋습니다. 키는 상관없지만 너무 깡마르거나 뚱뚱한 것은 싫습니다.

- 첫째, 성격으로 숨김없이 솔직하게 말하고, 예의가 있어야만 합니다. 그리고 저는 조금 내향적이고 부정적인 생각을 자주 하는데 제 배우자는 긍정적이고 외향적인 성향으로 저를 보완해 줄 수 있으면 좋겠습니다. 또한 대화하는 걸 좋아하는 성격이었으면 좋겠습니다. 소통하며 서로를 발전시켜 나갈 수 있기 때문입니다.
  둘째, 가치관으로 사회적 현안에 대한 이야기를 나눌 때 자기 생각만 강요하는, 특정 사상에 대한 맹목적인 지지만 없으면 될 것 같습니다.
  셋째, 경제력으로 '몇억 원대의 빚이 있다.' 이런 것이 아니라면 쌓아 놓은 자산은 크게 상관없습니다. 그러나 경제관념에 대한 정립만큼은 되어 있어야 한다고 생각합니다. 무계획적이고 충동적인 소비는 앞으로의 관계에 있어서 불협화음을 낼 가능성이 높기 때문입니다.
  넷째, 외모로서 자기관리가 안되어 추레한 것만 빼면 괜찮을 것 같습니다.

- 제가 배우자를 선택할 때 가장 중요하게 생각하는 것은 성격입니다.
  저는 외향적이고 적극적인 성격이기 때문에 상대방도 저랑 비슷한 성격, 그리고 그 밖에 서로의 부족한 부분을 잘 채워 줄 수 있는 성격을 가지고 있었으면 좋겠습니다. 경제력, 가치관, 외모 등 수업시간에 언급되었던 배우자 선택 기준 역시 저도 크게 동감합니다.
  수업시간에 언급된 것 외의 기준에는 종교가 있습니다. 저는 무교이기 때문에 만약 상대방이 종교가 있다면 저 또한 배우자와 같이 종교활동을 하는 일이 있을 수도 있기 때문에, 혹은 상대방의 종교활동 때문에 주말을 같이 보내지 못하는 일 등을 고려하여 상대방도 저와 같은 무교이기를 희망합니다.

- 제가 생각하는 배우자의 조건은, 첫 번째로 정신과 육체가 건강한 사람입니다. 정신이 건강한 사람은 자존감이 높아(근자감x) 자신을 사랑함과 동시에 남에게 사랑을 줄 수 있고, 또 어려운 일과 마주했을 때 멘탈이 흐트러지지 않는 강인한 정신력을 가지고 있습니다. 육체적 건강은 자신의 단지 외적인 모습만 말하는 것은 아닙니다. 보이지 않는 몸까지 자신의 몸을 소홀히 대하지 않고 끊임없이 건강을 위해 노력하는 사람이었으면 좋겠습니다.
  두 번째로는 가치관이 잘 맞는 것입니다. 가치관이나 사상이 비슷하면 대화도 잘 통하고 관심분야도 자연스럽게 비슷할 것이고 취미생활도 함께하기 좋을 것이라고 생각합니다. 더 나아가서는 유머코드도 맞았으면 좋겠습니다.
  세 번째로는 스스로 옳고 그름을 분별할 수 있는 사람이었으면 좋겠습니다. 사람은 변할 수 있지만 변하는 건 무엇보다 어렵다고 생각합니다. 자신의 무논리에 빠져 있는 옳고 그름을 이상하게 판단하는 사람과는 교제할 수 없습니다.
  네 번째로는 이해와 인정을 잘해 주는 사람입니다. 결혼을 하면 많은 시간을 함께 보내게 되어 아무리 잘 맞는 사람이라도 어긋나는 부분이 있을 것입니다. 그럴 때 이해하는 것이 제일 좋은 방법이지만 살아온 환경과 그동안의 경험으로 성인이 되었을 때의 가치관은 변화하기 쉽지 않습니다. 그렇기 때문에 다름을 인정하고 적응해 나가는 것도 하나의 방법이라고 생각합니다.
  다섯 번째로는 표현을 아끼지 않고 변함없이 저를 아껴 주고 사랑해 주는 사람입니다. 오랜 시간을 함께 보내고 말하지 않아도 마음을 알 수 있게 된다하여도 표현하지 않으면 상대방은 100 중에 50정도밖에 알지 못할 것입니다. 표현으로 사랑하고 사랑받고 있음을 매일 느끼게 해 주고 함께 있을 때 진짜 나의 모습으로 편안하게 숨기지 않고 생활하는 것이 가장 중요하다고 생각합니다.

- 외적인 생김새는 잘생기지 않아도 얼굴에 귀여워 할 구석이 있었으면 좋겠습니다. 경제적 능력은 하고 싶은 거 10개 중에 5개는 할 수 있는 정도의 경제력이

었으면 좋겠고 돈을 생각 없이 쓰지 않는 사람이었으면 좋겠습니다. 배우자의 가족들은 종교가 있을 시 종교를 권유하지 않았으면 좋겠고 웬만하면 배우자의 가족들과는 자주 만나고 싶지 않습니다. 배우자가 동물을 좋아하는 사람이었으면 좋겠습니다. 배우자가 2세를 너무 원하지 않았으면 좋겠습니다.

- 좋은 배우자로서는 본인의 가치관이 뚜렷한 사람이어야 한다고 생각합니다. 인터넷이 발달하면서 많은 정보들을 접하고 편리한 점이 있지만 그만큼 신빙성 있는 정보가 아니라 거짓정보들을 접할 가능성이 많은데 인생을 살아가는 데 큰 걸림돌이 될 거라고 생각하기 때문에 군중에 휘둘리지 않는 사람이 좋은 배우자도 될 수 있다고 생각합니다. 그리고 감정의 기복이 심하지 않은 성향의 사람이 좋은 배우자의 조건이라고 생각합니다. 매 순간마다 그때그때 자신의 감정에 충실하게 된다면 생각과 판단이 흐려지기 때문입니다.
  마지막으로는 거짓말을 하지 않는 사람이 되는 것이 중요하다고 생각합니다. 사람과 사람의 관계에서 신뢰가 사라진다거나 서로를 의심하게 된다면 좋은 관계를 이어 나갈 수 없는 것은 당연한 것이라고 봅니다.

- 제가 생각하는 배우자의 선택 기준은 우선 성향입니다. 물론 성향이 달라도 살아갈 수 있겠지만 맞춰 가는 과정에서 맞춰지지 않는 부분이 있다면 살면서 조금은 다툼이 있지 않을까 하는 생각이 듭니다. 먹는 음식, 취미생활, 생활습관 등 성향이 맞는 사람과의 결혼을 더욱더 희망하고 있습니다.
  둘째는 경제적 개념이 뚜렷한 사람입니다. 물론 경제적 능력이 뒷받침된다면 너무나 좋겠지만 아무리 경제적 능력이 뛰어나다 하더라도 돈을 쓰는 입장에서 경제적 개념이 뚜렷하지 않다면 언제든 위기가 찾아올 수 있다고 생각합니다. 앞서 말한 두 가지 기준보다도 제가 가장 선호하는 기준은 무엇보다 저에게 신뢰를 줄 수 있는 사람이어야 합니다. 저는 모든 인간관계에 신뢰가 없다면 언제든지 위태로워질 수 있는 관계라고 생각하기 때문에 제 배우자는 언제든지 신뢰할 수 있는 사람이었으면 하는 바람입니다.

• 저의 배우자 선택기준은 성격과 가치관적으로 저와 잘 맞아야 할 것 같습니다. 첫 번째는 나이나 지위를 떠나서 모두에게 예의 바른 사람이면 좋겠습니다. 두 번째는 긍정적이었으면 좋겠습니다. 특히 결혼은 중요하기 때문에 결혼 전에 경제생활, 양육, 집안일 등 결혼에 관한 것들을 많이 얘기 나눠 보고 저랑 잘 맞는 게 중요할 것 같습니다.

• 경제생활은 아내가 일을 하든 하기 싫어하든 존중할 것입니다. 돈은 가진만큼 생활하면 되기 때문에 크게 신경 쓰지 않습니다. 너무 경제관념이 없지만 않으면 괜찮을 것 같습니다.

• 저의 배우자 선택의 기준은 공감대 형성입니다.
아무리 경제적인 능력과 출중한 외모, 좋은 성격을 가졌을지라도 서로의 공감대와 감정선, 생각하는 포인트가 다르다면 행복한 결혼생활은 어려울 것이라고 생각합니다. 또 한 가지의 기준은 아이를 대하는 태도입니다. 결혼과 양육은 뗄 수 없는 과제들이기 때문에 양육에 있어서 아이를 대하는 태도가 올바르지 못한 사람과 결혼을 한다면 그건 가정의 불행일뿐더러 태어나는 아이의 인생에 있어서도 큰 불행일 것이라고 생각합니다.
외모는 특별한 기준 없이 내가 자연스럽게 좋아하게 된 사람이면 매력적으로 느껴집니다. 경제적인 능력이 있으면 좋겠지만, 없어도 괜찮습니다. 나와 가치관이 잘 맞고 다르더라도 서로 이해하고 부족한 점을 채워 줄 수 있으면 좋겠습니다. 나를 정말 많이 사랑하고, 책임감이 있어 가정과 자녀에 충실한 사람이면 좋겠습니다. 갈등이 생긴다면, 서로 존중하고 적극적으로 대면하며 잘 해결할 수 있는 혜안을 가진 사람이면 좋겠습니다.

• 배우자를 선택할 때 저는 제일 크게 보는 기준이 이 사람으로 인하여 내가 발전할 수 있는지입니다. 즉, 배울 점이 있는 사람입니다. 왜냐하면 현실적으로 얘기하면 사랑은 기본이지만 사랑으로 평생을 살 수는 없다고 생각합니다. 그렇기 때문에 배우자로 인해 내가 발전하고 나로 인해 배우자가 더 발전할 수 있는 윈윈관계가 될 수 있는지가 배우자를 선택할 때 가장 크게 볼 저의 기준이라고 생각합니다. 그중 제가 제일 중요하다고 생각하는 요인은 배우자의 경제적 능력입니다. 제가 말하는 경제적 능력은 자본이 많은 배우자를 얘기하는 것이 아니라 100만 원을 잘 사용하고 투자하고 잘 운용하여 200만 원으로 만들 수 있는 경제적인 사람이었으면 좋겠습니다. 그러면 저는 집안의 경제적인 면은 배우자에게 모두 믿고 맡기겠습니다.
두 번째 소통이 잘 되는 사람입니다. 무슨 일이 생겼을 경우 서로 대화로 풀어가려고 노력하는 사람을 선택하는 것이 제 두 번째 기준입니다. 살면서 무조건 다툴 때가 많을 것입니다. 하지만 다투더라도 이것을 어떻게 지혜롭게 해결하는지, 대화로 풀어 가려고 하는 사람인지, 그냥 묵언수행으로 소통을 안하려는 꽉 막힌 사람인지 이 점을 정말 중요하게 볼 생각입니다.
마지막으로 애교가 많고 밝은 성격의 배우자였으면 좋겠습니다. 왜냐하면 제 이상형이기 때문입니다.

• 맞벌이는 본인이 원한다면 해도 안해도 상관없지만, 경제적인 관념이 있었으면 좋겠습니다. 유머나 감동, 공포 등에 대한 코드가 맞는 사람이면 좋겠습니다. 마지막으로 부모님에게 잘하고, 어른들에게 잘하는 사람이면 좋겠습니다.

• 제가 생각하는 배우자를 선택하는 기준은 바로 '그 사람이 있어서 내가 좀 더

나은 사람이 될 수 있냐', 다른 말로 하게 되면 그 사람이 나의 부족한 부분을 채워 줄 수 있나입니다.

물론 '상대방의 가치관이나 성격이 나에게 잘 맞나'라는 의견도 굉장히 일리가 있지만 사람이 살아온 환경도 완전히 똑같을 수 없고 교육 환경도 똑같지 않았을 텐데 가치관이나 성격이 나에게 딱 맞는 사람을 찾기는 굉장히 힘들기 때문에 처음부터 모든 면에서 상대방과 성격과 가치관이 모두 맞는 것은 불가능하다고 생각합니다. 이 부분에 대해서는 서로서로 상대방의 입장에서 생각해 보고 배려해 주면서 상대방에게 맞춰 가면서 나에게 부정적인 성격이나 가치관들은 고쳐 나가고 상대방은 상대방 대로 나에게 맞춰 나가면서 또 한번 우리들은 성장할 수 있다고 생각합니다.

- 내적조건으로는 성격이 유머러스하고 자신의 일을 사랑하는 사람이면 좋겠다. 또한 시간을 낭비하지 않고 알차게 생활하고 부지런한 사람이어야 한다. 그리고 가장 중요한 점은 긍정적인 사람을 만나고 싶다. 부정적인 성격의 사람은 같이 있으면 나까지 부정적이게 되므로, 결혼 생활을 하면서 어려운 문제에 많이 직면할 텐데 긍정적인 배우자가 있으면 잘 해결해 낼 수 있을 것 같아서 긍정적인 사람이었으면 좋겠다. 그리고 아이를 좋아하고 잘 돌보는 사람이어야 한다. 나는 아이를 낳고 싶기 때문에 상대가 육아에 관심이 많은 사람이어야 할 것 같다. 외적조건으로는 내가 키가 작기 때문에 상대는 키가 175가 넘어야 하고 피부가 좋았으면 좋겠다. 그러나 내적 조건이 충분히 나와 잘 맞는다면 외적인 조건은 크게 상관하지 않을 것 같다.

- 저의 배우자 선택의 기준은 가정환경과 공감능력입니다.

첫 번째로 가정환경이라는 것은 내 배우자가 혹여나 부모님에게 폭행, 욕설 등을 받고 자라 왔다면 나중에 아이가 생겼을 때에도 일어날 수 있는 일이기 때문에 가정환경은 꼭 봐야 하며, 두 번째로는 이 배우자가 나에 대해 공감해 주고 같이 아프고 슬프며 때로는 나에게 조언해 줄 수 있는 그런 공감능력을 볼 것 같습니다.

- 내가 생각하는 배우자 선택기준은 3가지의 범주로 나눌 수 있다.
  첫째는 성격이다. 내 배우자는 온화하고 따뜻한 성품을 가진, 그리고 조금은 활발하며 잘 웃는 긍정적인 배우자를 만나고 싶다. 둘째는 가치관이다. 취향, 종교관, 가치관 등 어떤 점을 생각함에 있어서 아예 똑같지는 않을지라도 생각의 방향이 비슷한 사람을 만나고 싶다. 너무 정반대의 사람을 만나 서로 맞춰 간다는 것은 불가능은 아니지만 매우 힘들 것이라고 생각된다. 또 음악이나 문화생활에 있어서 취미를 함께할 수 있는 사람이면 좋겠다. 셋째는 외모이다. 사실 결혼은 연애와 다르기 때문에 외모에 중점을 두기보다는 성격과 가치관적인 측면에 좀 더 비중을 두지만, 그래도 희망사항이 있다면 수수하고 귀여운 사람이었으면 좋겠다.

- 저는 제 미래의 배우자가 두 명은 생활하게 할 수 있는 정도의 경제력을 갖췄으면 좋겠습니다. 왜냐하면 제가 임신을 하여 어쩔 수 없이 일을 쉬어야 하는 상황이 왔을 때 경제적으로 힘들고 싶지 않기 때문입니다. 그리고 저는 아이는 제가 더 좋은 엄마가 되면 되니까 남편은 저를 더 챙겨 주는 사람이었으면 좋겠다는 욕심이 있습니다. 여기서 추가적으로 집안일과 요리를 어느 정도 할 수 있는 생활력을 갖춘 가정적인 사람, 음주와 유흥을 즐기지 않고 건강한 취미가 있는 사람, 아침 잠이 많지 않아 저와 같이 오전 운동을 해 줄 수 있는 사람, 저와 유머코드, 화 나고 슬픈 포인트와 가치관이 비슷하고, 다른 점이 있더라도 이해하고 존중해 줄 수 있는 사람, 그리고 평소 언행이 바르고 예의가 바른 사람이 좋습니다. 외모는 평균만 되면 상관없습니다.

- 저의 개인적인 배우자 선택의 기준은, 첫째, 결혼하고 나서 내가 경제적으로 여유가 되면 와이프를 일을 하지 않아도 되게 하겠지만, 결혼 전 자신의 확실한 직업이 있고, 경제적 활동을 해서 경제적인 관념이 잡혀 있는 커리어 우먼이었으면 좋겠다. 둘째, 내가 요리에 소질이 없기 때문에 와이프가 요리실력이 뛰어나 삼시세끼 걱정 없었으면 좋겠다. 셋째, 내가 배울 점이 있는 여자였으면 좋겠다. 그렇다고 너무 완벽하거나 그러지는 않고, 와이프의 부족함 점은 내가 채워 주고, 내가 부족한 점은 와이프가 채워 주면서 상호보완적인 관계였으면 좋겠다.

- 배우자를 선택할 때 가장 중요하게 생각하는 것은 상대의 가치관입니다. 저와 비슷하지 않은 가치관을 가진 사람과 함께 생활하면 갈등이 많이 일어날 것이기 때문에 가치관이 비슷한 사람을 배우자로 삼고 싶습니다. 그리고 누구에게나 예의 바른 사람을 배우자로 삼고 싶습니다. 어르신들은 물론이고 자신보다 나이가 어린 사람에게도, 모두에게 예의 바른 사람이면 좋을 것 같습니다. 또한 아무 종교를 섬기지 않는 사람이었으면 좋겠습니다. 그리고 저를 아주 많이 사랑해 주는 사람과 결혼하고 싶습니다.

- 첫째, 세상을 대하는 가치관이 비슷해야 한다. 다른 사람들을 바라보는 시선이나 사람을 대하는 태도, 인간관계 등 세상을 바라보고 대하는 온도가 비슷하다면 갈등을 빚을 일도 적을 것이다.
 둘째, 자신의 감정에 꾸밈없이 솔직해야 한다. 늘 본인의 감정을 숨기고 남은 드러내 주길 바라는 사람이 아닌, 자신부터 솔직한 감정을 공유하고 갈등을 해결하려 노력하는 사람이라면 좋겠다.
 마지막으로는, 자신과 배우자를, 둘을 진심으로 사랑해 주어야 한다. 자신을 사랑하는 사람일수록, 상대방에게도 그 사랑을 베풀 수 있다. 자신을 사랑하지 않는 사람이라면, 남 역시 사랑해 줄 수 없다고 생각한다.

- 제가 생각하는 배우자 선택의 기준 첫 번째는 성격입니다.
  성격은 그 사람의 됨됨이를 보여 주는 것이기 때문에 제일 중요하다고 생각합니다. 주변사람들과 어른들에게 어떻게 행동하는지가 중요한 것 같습니다. 주변사람들과의 관계나 친구들의 성품 등이 그 사람이 평소 어떻게 행동하고 지내왔는지 제일 잘 알 수 있는 방법이라고 생각합니다.
  두 번째는 저와 생각이나 가치관 등이 얼마나 잘 맞는지입니다.
  결혼은 두 사람이 평생 함께 사는 것으로 그만큼 잘 맞아야 부딪힐 일도 적다고 생각합니다. 연애할 때는 너무 좋아하면 조금은 안 맞아도 잘 지낼 수 있겠지만 결혼은 조금 다르다고 생각합니다. 같이 있는 시간도 훨씬 많은 만큼 생각하지 않을 수 없는 부분인 것 같습니다.
  마지막으로 세 번째는 경제적 능력과 관념이라고 생각합니다.
  결혼은 현실이라는 말이 있듯이 두 사람이 생활하기에 턱없이 부족한 경제적 능력을 갖고 있다면 아무리 사랑해도 할 수 없는 게 결혼인 것 같습니다. 최소한의 경제적 능력이 있어야 집을 꾸리고 생활을 할 수 있다고 생각합니다. 뛰어난 경제적 능력이 아니더라도 최소한의 능력은 있어야 한다고 생각합니다.

- 첫째, 서로를 존중해 주는 것입니다. 서로 존중해 주는 것만큼 서로를 위하는 일은 없다고 생각합니다. 많은 이야기를 나누고 서로의 생각을 공유하며 내 배우자가 혹은 내가 하는 일에 있어서 응원해 주고 곁에 있어 주었으면 좋겠습니다.
  둘째, 예의가 바른 사람이었으면 좋겠습니다. 물론 아직 저도 철없는 대학생일 뿐이지만 최소한 어른들 앞에서, 혹은 중요한 자리에서는 상대방에게 매너를 지키고 문제가 생기면 화부터 내는 게 아니라 생각하고 논리적으로 상대방에게 말할 수 있는 그런 사람이었으면 좋겠습니다.
마지막은 자기 자신도 소중하고 귀한 존재인 걸 알았으면 좋겠습니다. 연애를 하다 보면 맹목적으로 자신의 연인을 위해 모든 것을 해 주는 연인들도 분명 있을 것입니다. 하지만 너무 많이 사랑해서 자신이 지친다면 양쪽이 모두가 어느 순간에 끝날 것이기 때문입니다. 그렇기 때문에 아무리 상대방을 사랑할지언정 자기 자신도 소중하고 대우받을 만한 존재라는 것을 알았으면 좋겠습니다.

- 첫 번째로 거짓말을 하지 않는 사람입니다. 사소한 일이든 중요한 일이든 거짓말을 버릇처럼 하는 사람은 신뢰가 떨어지게 됩니다. 신뢰가 없는 사람과의 결혼은 불가능하다고 봅니다.
두 번째는 작은 일에도 감사할 줄 아는 사람입니다. 나의 호의를 당연하다 여기지 않고 사소한 것에도 감사하다 표현할 줄 아는 사람이었으면 좋겠습니다. 보답의 문제가 아닌 말 그대로 표현의 문제이고 나의 노력을 알아주고 고마워해줄 수 있는 사람이라면 함께하는 미래를 고민해 볼 것 같습니다.
세 번째는 본인의 집안일을 강요하지 않는 사람입니다. 저는 남을 챙기는 걸 어렵게 생각하기 때문에 당연하다는 듯이 시댁 어른들을 부모님처럼 여기고 모시라거나 배우자가 없는 상황에서 혼자 시댁을 찾아가라는 등의 강요를 하지 않는 사람이었으면 좋겠습니다. 물론 이 문제는 시부모님이 어떤 분들이냐에 따라 달라지겠지만 저에게 당연하게 요구하는 사람과는 결혼을 하고 싶지 않습니다. 저에게 그 부분을 요구하는 사람이라면 본인이 먼저 저의 부모님을 잘 모시고 챙기는 사람이길 바랍니다. 상대가 그런 모습을 보인다면 저도 그 부분에 고마워서 더 시부모님을 챙겨 드리고 싶을 것 같습니다. 이 점을 더 넓게 보면 가부장적이지 않고 가정적인 사람이라는 이야기와 동일합니다. 그 외에는 종교가 없거나, 저에게 강요하지 않았으면 좋겠고, 담배를 피지 않았으면 좋겠습니다.

• 제가 생각하는 배우자 선택의 기준은 크게 3가지입니다.
첫째, 서로 존중하며 포용력을 가진 사람
둘째, 소소한 행복이란 가치를 아는 사람
셋째, 현명한 사람
우선 첫 번째, 서로 존중하며 포용력을 가진 사람입니다.
사람은 서로 가치관이 완전히 일치하는 경우는 드뭅니다. 살다 보면 서로 다른 가치관이 분명이 존재하며 이로 인해 갈등을 겪는 것이 현실입니다. 따라서 저는 가치관이 달라도 이를 존중하며 포용할 줄 아는 사람이 중요하다 생각합니다. 서로의 다른 생각을 이해하며 다름을 인정할 수 있는 사람이 제 첫 번째 기준입니다.
두 번째, 소소한 행복이란 가치를 아는 사람입니다. 저는 이 가치관을 굉장히 중요하게 생각합니다. 제가 힘든 시기를 겪은 시절이 있었는데, 영화 <About Time>을 보았는데, 그 영화에서 주인공이 소소한 행복을 느끼며 사는 모습을 보고 무척이나 인상 깊어 현재에도 이를 추구하고자 노력하고 있습니다. 삶에 있어서 가장 중요한 부분은 행복입니다. 행복의 시작은 거창한 것이 아닌 맛있는 음식을 먹고 집에서 누워 영화를 보는 것 등 이러한 소소한 부분에서 시작한다고 생각합니다. 저와 이 가치관을 공유하고 같은 생각을 가진 배우자가 제 두 번째 기준입니다.
세 번째, 현명한 사람입니다. 제 성격상 많이 덤벙되는 스타일입니다. 그래서 물건을 자주 잃어버리거나 길도 잘 못 찾는 경향이 있습니다. 또한 금전적인 부분에서 효율적 관리를 잘하지 못합니다. 따라서 이를 도와줄 그리고 저의 부족한 점을 채워 줄 수 있는 배우자가 제 세 번째 기준입니다.

• 제가 생각하는 배우자의 선택 기준 첫 번째는 성격입니다.
배우자는 남은 한평생을 살아가는 동반자입니다. 같이 살아가다 보면 여러 문제에 직면할 텐데, 그때 성격이 맞지 않는다면 간단한 문제도 원만하게 해결하지 못하고 싸우는 일이 빈번할 것 같아서입니다.
두 번째는 외모입니다. 어느 정도의 외모는 필요하다고 생각합니다.
세 번째는 경제 능력입니다. 돈을 많이 버는 것보다는 작은 돈이라도 잘 관리할 수 있는 능력을 가지고 있으면 좋을 것 같습니다

• 제가 생각하는 배우자의 기준은,
첫 번째 성격입니다. 무덤덤하고 조용한 성격보다는 활발하고 장난끼가 많으면 좋고, 함께 있을 때 지루하지 않고 항상 저를 웃게 해 주는 남자였으면 좋겠고, 욱하거나 화가 났을 때 물건을 집어 던지거나 때리지 않는 사람이면 됩니다. 또한, 내가 아닌 다른 사람들에게도 배려가 깊은 사람이면 좋겠고 부모님에게 친근하고 가깝게 지내는 사람이면 좋겠습니다.
두 번째 외적인 미모입니다. 외모 같은 경우는 솔직히 큰 신경은 안 쓰지만 너~무 못생기지만 않았으면 좋겠고 일단 키가 컸으면 좋겠습니다.
세 번째 가치관입니다. 자신의 가치관이 뚜렷한 사람이면 좋겠습니다. '이게 좋다던데 이렇게 투자를 좀 해 봐.' 라는 주의 사람들의 말에 휘둘리지 않는 사람이여야 합니다. 중요한 일을 처리하기 전에 배우자와 상의를 한 후 처리를 하면 좋겠습니다. 몇 년은 남남으로 살다가 만났기 때문에 서로가 다 맞을 순 없지만 서로서로 배려하면서 개인의 취미를 존중하고 서로가 같이 즐길 수 있는 취미를 찾아서 같이 했으면 좋겠습니다.

• 배우자가 맞벌이를 하자고 하면 할 생각도 있고 자기만 혼자 일을 하고 집안일을 하라고 하면 할 생각도 있습니다. 따로가 아닌 부모님과의 합가를 하자고 한다고 해도 저는 크게 상관이 없을 것 같습니다. 경제적인 부분에서는 서로가 행복한 선에서 만큼은 벌어야 하며 돈을 아예 벌지 못하거나 안정적인 직업이 없으면 안됩니다.

- 사실 결혼을 하는 데 있어 이것저것 따져 가며 머리 아프게 계산하며 하고 싶지 때문에 배우자에 대한 기준을 세우고 결혼에 철칙을 두는 것은 꺼려집니다. 하지만 저는 결혼과 배우자 선택은 현실적이어야 하며 너무 감정에만 의존하는 일이 있어서는 안 된다고 생각하고 있습니다. 제 의견에 있어 감정에만 앞서 성사된 결혼은 그 끝이 아름답지 못할 확률이 높다고 생각되기 때문입니다. 이런 의미에서 배우자의 선택에 기준을 두는 것은 나쁘지 않다고 생각하며, 어느 정도에 기준은 잡아 두는 것이 좋다고 봅니다. 그래서 제가 잡아 둔 기준은 3가지입니다.

  첫째, 나보다 경제능력이 뛰어난 사람은 꺼린다.

  배우자의 부모님의 능력과는 별개로 제 배우자에 있어 저보다 자립적 경제능력이 뛰어난 여성 분은 꺼리기로 했습니다. 그 이유는 돈이라는 것은 아무리 많아도 쓰는 것에 있어 스트레스가 있는 게 당연하다고 봅니다. 제 배우자가 될 사람이 저보다 경제능력이 뛰어나다면 당연 제 경제능력에 대해 걱정하게 될 것이고 이런 현상은 돈 때문에 다툼을 자초할 수 있다고 생각합니다.

  둘째, 예의가 바른 사람으로, 그 누가 예의 바른 사람을 싫어하겠습니까? 저는 예의가 바르다는 것은 그 사람의 교육 수준부터 사회성을 볼 수 있다 생각합니다.

  셋째, 서로가 서로에게 좋은 영향을 주는 사람으로 사실 세 번째 기준은 너무 추상적이라서 설명하기가 어렵습니다. 그래도 이야기해 보자면 일방향적인 기댐과 바람은 하지 않습니다. 하지만 저도 사람인지라 마냥 그 사람을 받아 주기만은 할 수 없습니다. 그렇기 때문에 서로가 있으니까 서로 힘이 되 주고 좋은 방향으로 나아가는 그런 관계를 가질 수 있는 사람이면 좋겠습니다.

  위 3가지 기준이 제 배우자 선택의 기준입니다. 하지만 저는 제 배우자보다는 스스로의 기준을 더 엄격하고 확고하게 잡아야 한다고 생각합니다.

- 제 배우자에 있어 기준은 사실 의미가 없다고 생각합니다. 제 능력이 뛰어나고 제가 좋은 사람이라면 좋은 사람은 언제나 만날 수 있다고 생각합니다. 제가 배우자를 얻게 된다면 제가 훌륭한 사람이 되서 자잘자잘한 일은 던지고 구구절절 따질 것 없는 생활을 할 수 있도록 하고 싶습니다. 간단히 결론을 내자면 제 배우자 선택의 궁극적인 기준은 '내가 좋은 사람이 되자~'입니다.

  첫째, 세상을 바라보는 가치관이 저와 비슷해야 한다고 생각합니다. 다른 사람들을 바라보는 시선과 사람을 대하는 태도, 말투와 인간관계 등 세상과 사람을 대하는 온도가 비슷하다면 갈등이 생길 일도 적을 것이고, 대화도 잘 통할 것입니다. 또 가치관과 생각하는 것이 비슷하다면 항상 내 편이 있다는 느낌이 들게 되면서 심리적으로 안정감이 생겨 행복한 인생을 만들어 나갈 수 있을 것입니다.

  둘째, 자기자신을 사랑할 줄 아는 사람이어야 한다고 생각합니다. 자신을 사랑할 수 있어야 상대방에게도 그 사랑을 베풀 수 있다고 생각합니다. 자신을 사랑하지 않는 사람이라면, 남에게 사랑을 베푸는 것이 어색하고 어렵게 생각될 것이라서 이런 사람과 결혼하게 된다면 상처를 많이 받을 것 같습니다.

  셋째, 외모적인 부분에서는 키가 크고 선하고 착하게 생긴 사람이었으면 좋겠습니다. 사람은 나이가 들수록 얼굴에서 성품이 나타난다고 하는데 얼굴에서 선한 느낌이 나고, 인상이 좋으면 성격도 좋을 것이라 생각하기 때문입니다.

  넷째, 자신의 감정에 꾸밈없이 솔직한 사람이어야 한다고 생각합니다. 본인의 감정을 숨기고 남한테는 드러내는 것을 바라는 사람이 아니라, 자신부터 솔직한 감정을 공유하고 갈등을 해결하려 노력하는 사람이라면 좋겠습니다.

  마지막으로 경제적인 능력도 어느 정도 있었으면 좋겠습니다. 결혼은 현실이다 보니 경제력이 부족하면 서로 아무리 잘 맞고 사랑해도 만족스러운 결혼생활을 할 수 없을 것 같습니다. 경제적으로 여유가 있어야 심리적, 정신적으로도 안정되고 행복하게 살 수 있을 것입니다.

- 저는 결혼은 현실이라고 생각합니다. 현실이기에 배우자 선택의 기준은 더욱더 엄격해야한 다고 생각합니다.

  첫째, 나의 기분을 잘 다룰 줄 아는 사람이어야 합니다. 이 기준은 저희 부모님을 보면서 세우게 된 기준입니다. 저희 부모님은 정말 자주 싸우시곤 합니다. 하지만 싸운 적이 언제였다는 듯이 금새 풀어지시곤 하는데요. 그 모습을 보고 저는 생각했습니다. 저렇게 자주 싸우면 그만 살고 싶다는 생각이 들텐데 어떻게 우리 부모님은 저렇게 잘 살고 계시는 걸까? 그 이유는 저희 아빠에게 있었습니다. 엄마와 싸우면 항상 엄마의 마음을 잘 다루고 애교를 피우며 기분을 풀어주시는 아빠를 보고 상대의 마음을 잘 다룰 줄 알면 아무리 싸워도 서로 잘 풀어나가며 살아갈 수 있는 길이 생기는구나 라는 생각이 들었습니다. 이에 저도 제 마음을 잘 다루어 줄 수 있는 사람이 제 배우자가 되었으면 좋겠습니다.

  둘째, 어느 정도의 경제력이 있는 사람이어야 합니다.

  앞서 말했듯이 결혼은 현실이라고 생각합니다. 연애를 할때는 돈이 없어도 서로 같이 있는 것만으로도 행복을 느낄 수 있지만, 결혼을 한 후에 경제력이 없다면 그것은 서로의 존재만으로는 해결될 수 없는 문제가 될 것 같습니다. 이에 어느 정도의 경제력은 필요하다고 생각합니다.

  셋째, 상대의 부모님께 잘하는 사람이어야 합니다.

  부모님 그리고 웃어른을 공경한다는 것은 상대를 배려하고 존중하고 존경할 줄 아는 사람이라고 생각합니다. 그리고 결혼을 함에 있어서 서로의 부모님께 잘하는 모습은 서로를 더욱더 돈독하게 해 줄 수 있는 길 중에 하나라고 생각하기 때문에 마지막 배우자의 선택의 기준은 상대의 부모님께 잘하는 사람이어야 한다고 생각합니다.

다함께 생각해 봅시다

내가 생각하는 배우자의 조건

1.

2.

3.

4.

5

6.

7.

Marriage & family | chapter

08

부모 되어 가기

Marriage & family | chapter 08

부모 되어 가기

1. 부모 됨

1) 부모 됨의 의미

결혼이란 청춘남녀에겐 생애 최대의 이벤트이자 새로운 세계로 여행을 시작하는 출발점이다. 그 여정에는 임신과 출산, 자녀양육, 교육 등 소중하고 많은 단계를 거쳐야 한다. 좋은 부모가 되기 위해서는 사전준비가 필요하다.

부모는 가정의 리더로, 자녀에 대한 양육과 훈육의 일차적 책임자로서의 중요한 역할을 담당하게 된다. 부모가 자녀들에게 미치는 영향은 어떤 요인보다 강력하고 지속적이기 때문에 부모 역할을 효과적으로 잘할 수 있도록 지원하는 부모교육은 매우 중요하게 강조되어 왔다. 특히 오늘날과 같이 급변하는 시대에서 부모들은 기존의 전통적인 부모의 역할을 현대 사회의 부모역할 모델로 적용하는 데 어려움이 많고, 핵가족화 경향으로 인해 부모나 친지의 도움 없이 부모역할을 해 나가야 하는 젊은 세대 부모들이 증가하는 등 변화된 부모역할을 요구하는 새로운 환경과 도전에 직면하고 있어, 그 어느 시기보다 사회적으로 부모교육의 필요성과 중요성이 강력하게 요구되고 있다.

아무런 준비 없이 부모와 자녀관계로 만나게 된다면 부모가 되었다는 기쁨은 잠시뿐, 양육과 교육걱정으로 부모역할을 수행하는 데 있어 어려움을 겪게 된다. 준비 없이 또 자격부족 상태로 어쩌다 부모가 된다면 바람직한 부모 - 자녀 관계는 기대하기 어려울 것이다.

'부모기로의 전환'이라 함은 자녀를 출산함으로써 부모가 되는 것을 말한다. '부모기로의 전환'은 결혼 후 두 사람만의 친밀한 관계에서 자녀의 출산으로 인한 가족관계로의 전환을 의미한다. 이 시기는 동시에 배우자 역할과 부모로의 역할이 요구되는 시기이므로 부모로서의 역할변화에 따른 다양한 준비가 필요하다. 특히 한 개인의 삶에서 온전히 부모가 된다는 것은 이전과는 매우 다른 삶을 살도록 한다. 과거 전통사회에서 부모가 된다는 것은 부부의 의지나 계획에 의해서가 아닌 운명에 의해서 자녀를 얻을 수 있고 인간의 본능이 작용하는 자연스런 일이라고 생각하였고, 또한 생물학적 측면인 자녀출산, 대를 잇는 것의 사회문화적 측면, 노동력의 충원에 초점을 두었지만 오늘날의 부모 됨은 자녀 양육을 위해서 심리적, 신체적, 사회 · 경제적으로 매우 다양한 차원의 준비가 필요하다. 그러므로 현대 사회에서 부모가 된다는 것이 예전과 비교했을 때 어떻게 그 의미와 내용이 변화되었는가를 살펴볼 필요가 있다(여성가족부, 부모교육, 2017).

2) 내 안에 있는 '부모 됨'

개인이 태어나 최초로 상호작용을 경험하는 관계는 가족이며, 그중에서도 부모-자녀관계는 가족관계의 중심축을 구성하는 일차적인 관계로 볼 수 있다(류정현, 2007). 시대나 문화를 막론하고 부모는 생애 발달 초기부터 자녀와 정서적 유대감과 결속감을 형성하고, 양육행동을 통해 전 생애에 걸쳐 자녀의 심리·사회적 발달에 중요한 영향을 미친다(이경숙, 박진아, 이미리, 신유림, 2013). 즉, 자녀의 성장발달을 촉진시키는 데 필요한 환경을 조성하고, 자녀의 성격형성이나 사회화 과정을 포함하여 자아개념, 가치관, 수행능력 등을 구축하는 데 있어 부모의 양육태도는 중요한 역할을 한다(김성현, 정재은, 2019).

오늘을 살고 있는 우리는 부모로 인해 이 세상에 있고, 현재와 미래의 부모로서 세상을 살아가게 된다. 부모가 된다는 것의 의미를 알아보기 위해, 우리는 부모에 대해 어떤 생각을 가지고 있는지, 우리 안에 부모에 대한 신화는 무엇인지, 그 신화로 인해 우리가 부모가 된다는 것에 대해 두려워하고 있지 않은지, 그렇다면 이러한 신화를 뒤집어 보면 어떤 결과가 나오는지, 부모 됨은 시대와 문화에 따라 다른지, 다변화되는 현대 사회에서 다양한 부모들의 모습은 어떠하며 과연 어떤 역할을 해야 하는지를 살펴보는 것은 중요한 일이다.

부모는 경제적으로 사회·정서적으로 모든 준비된 상태에서, 자녀에 대해 모든 것을 알고 모든 것을 할 수 있어야 한다는 생각이다. 부모들은 자신을 희생해서라도 자녀를 옆에 두고 무엇이든지 다 해 주어야 한다는 신념을 갖고 있다.

부모들은 자녀에 대해 모든 것을 알고 있다는 생각을 하고 있다는 것이다. '네가 하고 싶은 것이 무엇인지 나는 다 알고 있어.' 와 같이 자녀와 자신은 일심동체라고 생각한다. 요즘 우리 사회에서 심각한 사회문제로 대두되고 있는 것 중 하나인 가정에서 아동학대가 일어나는 비율이 높다는 것을 고려해 본다면, 생물학적 부모라고 해서 모두 자녀를 위해 희생하고 사랑하는 것은 아니라는 사실을 알 수 있다. 좋은 부모가 되기 위해서는 사회・심리적으로 많은 준비가 필요하며, 이를 위해 필히 부모교육이 이루어져야 한다.

때로는 부모가 바라는 생각과 아이의 생각이 다름을 인정하는 것이 필요하다. 사춘기 자녀를 둔 부모는 갑자기 자신이 생각했던 자녀의 모습이 아님을 직면하게 되면 당황하기도 한다. 아이들은 성장하면서 자신만의 세계를 갖게 되므로 자녀의 생각과 부모의 생각이 다를 수 있다는 것을 인정하는 것이 필요한 것이다. 이 아이를 잘 키우기 위해선 사회의 도움이 필요하다.

일차적 책임은 부모라는 생각, 특히 주요 책임자는 엄마라는 생각은 다양한 문제들을 야기시킨다. 여성의 학력이 높아지고 사회진출이 많아지면서, 젊은 세대에게는 여성으로서의 개인적 성취도 중요한 가치가 되었다. 양육의 일차적 책임은 부모라는 생각은 때로는 맞벌이 가정의 어머니에게, 경제적으로 어려운 부모들에게도 양육에서 비롯되는 문제를 개인의 책임이라는 부담을 가지게 한다.

2. 부모 됨의 동기

자녀를 출산하고 기르며 부모가 되어 간다는 것은 어렵고 힘든 일이지만 대부분의 부모는 부성애와 모성애라는 이름으로 결혼 후 자녀를 낳을 것인지, 시기는 언제쯤 낳을 것인지, 몇 명의 자녀를 몇 살 터울로 낳을 것인지에 대한 부분들도 모두 선택의 영역이 되었다. 부부의 합의하에 부모가 되거나, 되지 않기로 결정할 수 있다. 사람마다 부모가 되려는 동기는 다양하지만 대다수의 사람들이 쉽지 않은 부모의 길을 선택하는 이유는, 자녀를 임신하고 출산하고 기르는 과정에서 많은 즐거움과 어려움의 경험을 통해 생활의 일가견을 갖춘 사람, 즉 어른이 될 수 있기 때문이다.

3. 부모의 역할

자녀라는 새로운 가족의 출현은 복잡한 상호작용적 관계망으로 변화한다. 자녀들은 부모라는 큰 그릇을 만나게 되고, 부모는 스스로 그릇의 역할을 위해 자신의 모습을 가꾸며 자녀의 올바른 성장을 위한 임무가 주어진다. 부모의 역할은, 희생적으로 수행한다는 것과 여성이 남성보다는 부모역할의 수행에 있어 문화적 압력을 더 받게 되며, 부모역할은 연습할 수도 없는, 언제나 실시간으로 이루어지는 실제상황이라는 것이다. 또한 부모역할은 자녀의 발달단계에 따른 많은 변화를 요구하고 있으며, 부모역할은 항상 자발적으로 이루어지지는 않는다. 때로는 원치 않는 부모역할을 감당해야 하기도 한다. 마지막으로 부모역할은 도중에 포기할 수도 없는 것으로 부모역할을 성공적으로 해낼 수 있도록 많은 노력과 함께 지혜롭게 실행해야 한다.

부모는 스스로의 강점과 능력을 강조하여 가족과 자녀를 보다 긍정적인 시각으로 보도록 하며, 부모로서의 역량을 강화하고 전체적인 가족 기능을 향상시킬 수 있도록 부모역할을 수행해야 한다.

부모가 가족과 자녀의 강점과 긍정적 측면을 찾아 개발하고 이를 더욱 강화하며, 가족의 상황에 따라 가장 적절하고 효과적인 양육의 방법을 스스로 탐색하고 이를 발전시켜 나갈 수 있도록 도움을 주어야 한다. 동시에 부모역할의 특성을 잘 이해하고 있어야 하는데 부모에게 요구되는 일반적인 부모역할은, 첫째, 부모는 출산 및 양육의 책임자이며, 둘째, 부모는 자녀를 출산하여 키우거나, 입양하여 키우더라도 양육의 주된 책임자이며, 자녀의 권리를 지켜 주는 일이나 정서적, 경제적 지지를 해 줄 수 있는 일차적인 책임자의 역할을 해야 한다. 셋째, 부모는 자녀의 신체적 · 심리적 보호 및 적절한 훈육의 책임자로서의 역할을 해야 한다. 넷째, 부모는 자녀의 교육자의 역할을 해야 한다. 다섯째, 부모는 자녀에게 동일시 모델의 역할을 수행하고, 여섯째, 부모는 자녀의 상담자 및 친구의 역할을 해야 한다. 이와 같은 부모의 역할은 부모 자신이 그들의 부모로부터 받아 온 양육방식과 부모 자신의 성격과 기질, 그들이 속해 있는 사회 환경, 부모 자신의 가치관, 자녀관 등의 복합된 관계 속에서 형성된 결과물이 자녀에 대한 양육방식으로 나타난다. 부모라면 누구나 자신의 자녀만은 훌륭하게 키워 내고자 한다.

다함께 생각해 봅시다

1. 아버지와 어머니의 역할

현대 사회에서 부모의 역할 중 자녀양육에 있어서 어머니의 역할 못지 않게 아버지의 역할도 중요시되고 있어, 아버지와 어머니의 역할이 똑같이 비중 있게 다루어지고 있다.

(1) 좋은 엄마되기

좋은 엄마가 된다는 것은 어떤 의미일까? 세상의 모든 경험을 하게 되는 신비로운 삶의 시작일 것이다. 그러나 때로는 엄마라는 호칭을 얻게 되면서, 많은 나의 것들을 포기해야만 하는 원치 않는 경우도 생길 수 있다. 어느 누구도 처음부터 완벽한 엄마를 기대할 수는 없다. 아기가 태어나는 순간 '엄마'라는 호칭을 얻게 된다. 이는 아기가 태어날 때 잘 키워 달라고 엄마에게 드리는 선물이라고 한다. 이 선물의 유효기간은 없다고 하니, 엄마의 역할을 현실적으로 받아들여 잘 해낼 수 있는 도움이 될 만한 내용을 살펴보도록 한다.

(2) 좋은 아빠되기

여성들은 대체로 임신임을 확인하고 그 임신 기간 중에 부모로서의 준비를 하지만 대다수의 남성들은 아무런 준비에 관심이 없다가 아이 출산 이후에야 부모 될 준비를 하며 육아준비를 생각하기 시작한다. 이런 이유로 아빠가 된다는 점에 당황할 수 있고 부담스러워 할 수도 있다. 현대에는 많은 남성들이 육아에 함께 참여하고 싶어는 하지만 방법을 몰라 함께하는 데 있어 어려움을 느낀다. 또한 배우자가 육아에만 관심을 쏟고 집중을 하면 소외감도 느낄 수 있다. 엄마가 된다는 것만큼 아빠가 된다는 것은 결코 쉬운 일이 아니라는 것을 깨닫는 것이 중요하다. 육아는 부부의 공동의 책임임을 현실적으로 받아들일 수 있는 내용을 알아본다.

(3) 양육행동의 유형

양육태도의 대표적 학자인 Baumrind는 애정과 통제의 차원으로 네 가지 유형의 부모의 양육행동을 분류했다. 부모의 양육행동은 애정, 통제, 성숙, 의사소통의 기준이 어느 정도 치우쳐 있느냐에 따라 민주적[1], 권위주의적,[2] 허용적[3], 무관심한[4] 부모 유형으로 분류하였다.

나는 어떤 유형의 부모일까?

부모유형	특 성	아동의 사회적 행동
민주적 부모	온정적, 애정적, 반응적 대화 자녀의 독립심 격려, 지지	자신감 있고 성취동기가 높음 원만한 인간관계를 유지함.
권위적 부모	냉담한 태도와 엄격한 통제 규율 강조, 체벌과 권력사용 자녀의 자율성을 인정하지 않으며 비난	비효율적인 대인관계 의존적이며 사회성 부족 복종적이며 반항적인 성격
허용적 부모	따뜻하게 반응하나 요구자체가 없고 일관성 결여	자신감이 있으며 적응은 잘하나 규율을 무시하고 버릇이 없음. 책임회피
무관심한 부모	냉담하며 애정이 없고, 무관심함	독립심과 자기 통제력이 부족하며 문제행동을 보임

4. 부모의 자녀양육 태도

전통적 한국 사회에서 아버지는 가족의 수장으로서의 권위를 지니므로 자녀양육에 직접 개입하기보다 위상에 적합한 행동을 하면서 가족을 이끄는 것을 주역할로 여겼다.

---

1) 민주적 양육행동은 애정, 통제, 성숙, 의사소통 수준이 모두 높고 서로 균형을 이루고 있는 양육유형으로, 자녀에게 온정적이며 자녀의 요구에 대한 수용도가 높고 민감하게 반응하며, 적정한 수준에서 통제를 하는 바람직한 양육방식이다.

2) 권위주의적 양육행동은 통제와 성숙은 높은 수준에 있으나, 애정과 의사소통 수준이 낮은 양육유형으로 자녀의 요구에 대해 비교적 수용적이지 못하며 참여정도도 낮고, 자녀의 자율성을 거의 인정하지 않는 양육방식이다.

3) 허용적 양육행동은 대체로 수용적이고 온정적이지만 자녀의 요구에 대해 지나치게 관대하거나, 적절한 통제나 제지가 이루어지지 않는다. 이러한 양육행동은 통제, 성숙, 의사소통 수준이 모두 낮고 애정만 높은 수준에 있는 양육유형을 의미한다.

4) 무관심한 양육행동은 애정, 통제, 성숙, 의사소통 수준 모두가 낮은 상태인 양육유형이다. 자녀양육에 대한 참여의지가 희박하고 애정 및 자녀의 요구에 대한 수용정도가 낮다. 부모는 정서적으로 자녀와 분리되어 있거나 우울증과 같은 증세를 보일 수도 있다.

부모의 역할이 과거에는 부모가 일방적으로 자녀를 형성시키고 영향을 주는 것이었다면, 현대 사회의 부모 관계에서는 과거와 같이 수동적인 존재만이 아닌 능동적인 행위자로서 부모에게 영향을 주며 부모를 사회화시키고 자아 개념을 형성시켜 나간다.

가족의 형태도 조부모, 부모, 자식의 3세대가 각기 자기의 위치에서 활동하며 관계를 유지하며 친족들과 긴밀한 유대를 가지며 성장한 확대가족에서 가족의 기능이 부부 중심으로 이루어진 핵가족 형태로 변화되었다.

특히 현대 사회에서 맞벌이 부부의 비중이 높아짐에 따라 아버지도 어머니와 같이 자녀를 돌볼 책임이 있으며, 아버지의 양육참여가 증가하고 기대치가 높아짐에 따라 점차 아버지에 대한 관심이 고조되고 있다. 자녀에 대한 양육 담당이 부모 어느 한쪽에만 귀속되어 있지 않은 오늘날, 부부간 양육태도의 일치여부와 아버지 본인 스스로 생각하는 역할인식이 자녀의 행동에 영향을 미치는 중요한 원인으로 보기 시작하였다.

Rohner와 Pettengill(1985)의 연구에서 미국 청소년들의 경우 부모의 엄격한 통제를 비신뢰적이고 거부적인 태도의 표현으로 지각하는 데 반해 한국 청소년들은 애정이나 관심의 표현으로 받아들이는 것으로 보고되었다.

1) 한국형 아버지 양육태도

그동안 한국 사회에서 아버지는 한 가정의 가장(家長)으로서 역할을 수행해 왔다. 가족구성원들은 가부장적 위치에 있는 아버지의 가족문제에 대한 결정에 따르며 살아왔다. 그중에 하나인 자녀교육도 예외는 아니었지만 오늘날에는 어머니의 의견을 존중하는 형태로 변화되어 가고 있는 추세이다.

그러나 아직도 자녀를 기르고 대하는 기준이 아버지 본인 위주이며, 자녀의 의견이나 감정상태와 관계없이 일방적으로 통보하고 지시하는 아버지의 양육태도를 보이는 가정이 많이 있다. 양육에 관한 객관적인 지식을 배우기보다 무조건 본인이 살아온 방식과 가치관에 맞춰 자식을 대하는 태도, 자녀가 무슨 이야기를 해도 잘 들어주고, 저녀가 한 말을 세심하게 기억해 주는 태도, 학업이나 진로에 대해 자녀가 스스로 알아서 할 수 있도록 간섭하지 않는 태도, 자녀가 무슨 일을 하든지 항상 믿어 주고 힘내라는 용기를 주는 태도, 모든 면에서 자식이 남들보다 뛰어나기를 기대하는 태도, 자신이 못 이룬 꿈(직업)을 대신 이뤄 달라고 말하는 태도, 자식이 성공하는 것이 곧 아버지의 성공이라고 생각하여, 자식을 통해 자신이 잘 살고 있음을 인정받고자 하는 태도, 자녀를 자신과 동일시하여 높은 기대치를 가지거나 학업 및 진로 영역에서 적극적으로 관여하는 태도, 가족가치를 강조하고 사회적 규범이나 규칙, 예의범절 등에 대해 훈육하는 태도 등을 보여 왔다.

2) 한국형 어머니 양육태도

양육태도 및 행동의 기준이 어머니 본인 위주이며, 자녀의 의견이나 감정상태와 관계없이 일방적으로 강요하거나 지시하는 태도, 자녀의 입장을 우선시하여 그 의견이 자신과 다를지라도 존중하고, 자녀에게 도움이 되는 방향으로 훈육하고자 하는 어머니의 양육태도, 어머니 자신이 시키는 걸 하지 않으면 '그렇게 네 멋대로 할 거면 혼자 나가서 살아라!'하고 화를 내는 태도, 자녀의 고민을 이야기하면 이야기를 잘 들어주고 공감해 주는 태도, 훈육(체벌)을 하기 전에 자녀에게 혼나는 이유를 이해할 수 있게 잘 설명해 주는 태도, 자녀가 학교에서 무조건 중요한 역할(반장, 회장 등)을 맡기를 바라는 태도, 자녀가 공부를 잘하게 만들기 위해 최대한 많은 학원(또는 과외, 학습지 등)을 다니게 하는 태도, 입시 준비에 유용한 정보를 얻기 위해 입시설명회나 학부모 모임에 빠짐없이 참여하는 등 지나치게 적극적인 태도, 자녀에게 무조건적으로 헌신, 희생하며, 마치 자신의 일처럼 자녀의 삶에 대해 큰 책임감을 느끼고 과잉보호하려는 어머니의 양육태도 등이 있다.

한국 부모의 양육방식은 애정적이고 수용적인 태도를 지니고 있지만, 동시에 사회적 성공을 중요하게 여겨 자녀를 공부위주로 양육하고 행동을 통제하려고 하며, 본인이 이루지 못한 바람을 자녀를 통해 보상받고자 하는 것으로 인식하고 있음을 나타낸다. 즉, 한국의 부모들이 애정적인 태도를 취하지만 동시에 통제적인 특성을 지니며(이원영, 1998; 임연신 · 현온강, 2002), 자녀에게 높은 기대를 가지고 있어 학업성적에 과도하게 간섭하고, 어린 시절부터 학업에서의 성취를 강조하는 경향이 있다고 본다(김빛여울, 조경숙, 강진령, 2018).

다함께 생각해 봅시다

이번 시간에는 결혼 후 자녀양육 역할에 대해 생각해 봅시다.

1. 아버지가 어머니와 공동양육태도를 가지고 나를 양육하셨다.
   1) 예 2) 아니오

2. 나(남편)의 가사참여는 당연하다고 생각한다.
   1) 예 2) 아니오

3. 아버지의 가정에서의 행동이 나의 남편의 가사참여에 대한 인식에 미치는 영향은 어떠한가?

4. 부모님과의 인터뷰 내용을 발표하며 부모님의 가치관에 대해 서로 이야기를 나누며 공감 소통하며 이해하도록 한다.

부모님과의 인터뷰 사례 1)

F: 아버지 M: 어머니

Q: 간단한 인터뷰를 할 예정이에요. 긴장하지 마시고 생각나는 대로 대답해 주시면 됩니다.

• 서로를 만난 후 결혼까지

Q: 본인이 결혼을 할 거라는 걸 알고 있었나요?

F: 결혼할 생각은 없었어. 네 엄마를 30대 초반에 만났는데 그전까지는 모아 둔 돈도 없었고 또 나이도 많았어서 결혼을 못할 거라고 생각했어.

M: 좋은 사람 생기면 결혼하려고 했지.

Q: 결혼을 한다면 어떤 성격의 배우자를 만나고 싶었나요?

F: 사소한 일에 화 내지 않는 사람을 만나고 싶었어. 남자 형제밖에 없어서 그런지 여자에 대해 잘 모르겠고 어떻게 대해야 하는지 어려웠거든.

M: 무엇보다도 나를 잘 이해해 주고 책임감 많은 사람을 만나고 싶었어. 특히나 책임감은 연애에 있어서도 결혼에 있어서도 중요한 거라고 생각했어. ○○이도 남자를 볼 때 그 사람이 책임감이 있는 사람인지 잘 봐야 해.

Q: 두 분은 어떤 계기로 만나게 된 건가요?

F: 네 큰엄마(아버지 큰형의 부인)가 너네 엄마랑 같은 등산모임 회원이었어. 그래서 소개를 받아서 만났지.

M: 맞아. 나는 처음에는 절대 소개를 안 받겠다고 했는데 너무 좋은 사람이라고 하더라고. 그래서 결국에 소개를 받게 된 거야.

Q: 서로 결혼을 하기 전에는 어떤 결혼생활을 할 거라고 생각했나요?

F: 뭐 똑같지… 결혼하고 애들 낳기 전까지는 상상한 것과 크게 다르지는 않았던 것 같아. 애들이 생기면서 많이 달라지긴 했지만…

M: 나는 결혼하기 전까지 내가 결혼한다는 거에 정말 크게 생각을 안 했던 것 같아. 그래서 상상하던 결혼생활, 뭐 그런 것도 딱히 없었던 것 같아. 근데 정말 네 아빠 말대로 아기를 낳고 나서는 상상 이상으로 갑작스럽고 당황스러웠던 적이 많았어. (웃음)

• 결혼을 한 후

Q: 아이를 가질 계획은 있었나요? 계획에 있었다면 몇 명을 낳을 생각이었나요?

F: 나는 딸을 너무 가지고 싶었어. 그래서 너가 생겼을 때 딸인 걸 알고 엄청 기뻤지. 이렇게 ○○처럼 무서운 딸이 생길 줄은 몰랐지만…(웃음)

M: 나는 딸, 아들 상관없이 어느 정도 경제적으로 자리를 잡으면 아이 하나를 낳고 싶었어. 계획과는 다르게 결혼 직후에 아이가 생기긴 했지만 말이야.

Q: 오빠와 저를 낳고 어떤 순간들이 가장 기억에 남나요?

F: 아무래도 나는 너네가 처음 태어났던 순간이 기억에 남는 것 같아. 정말 신기했어. 그리고 처음 첫아이가 태어났을 때 얼굴을 본 순간 엄청난 책임감이 느껴졌어.

M: 나는 너네가 어렸을 때가 너무 예뻐서 모든 순간들이 기억에 남는 것 같아. 너랑 너네 오빠 아주 애기 때 아장아장 걷고 사고 치던 모습들이 다 아직도 선명해. 정말 예뻤어.

Q: 아이를 양육하면서 힘들었던 기억이 있나요?

F: 나는 너나 네 오빠가 커 가면서 가끔씩 밖에서 들어올 때 표정이 뚱해서는 방에 들어갈 때가 고민이 많아졌던 것 같아. 애들이 표정은 분명 힘들어하고 문제가 있는 것 같은데 그렇다고 물어볼 수는 없고… 솔직히 그때는 나도 어떻게 해야 할지 많이 생각했던 것 같다.

M: ○○가 특히 갓난아기 때 잠을 잘 못 자고 자주 깼어. 출산한 지 얼마 안 됐을 때, 몸도 성하지 않은데 한 시간마다 깨서 우는 너를 잠도 못 자고 밤새 안고 달래는데 서럽고 눈물이 났던 날이 있었어. 그날이 기억나네. 그래도 아이를 낳은 건 후회하지 않는 것 같아. 너도 아이가 생기면 알겠지만, 자식이 나를 힘들게 할 때가 있어도 결국은 자식 때문에 행복할 때가 더 많아. 그래서 되돌아봐도 기뻤던 순간들이 더 기억에 남는 것 같아.

Q: 부모님이 저에게 바라는 이성교재, 혹은 결혼생활이 있다면 어떤 것인가요?

F: 그냥 너를 많이 사랑해 주는 사람을 만났으면 좋겠어. 그리고 생긴다면 바로 아빠한테 데려와. 나는 보면 괜찮은 애인지 바로 알 수 있으니까. (웃음)

M: 나는 너가 많은 사람을 만나 봤으면 좋겠어. 그리고 서로 마찰이 있어도 그걸 해결하는 방법이 잘 맞는 사람을 만났으면 좋겠어. 같이 살다 보면 마찰이 생길 일이 많은데 그걸 어떻게 해결하느냐가 관건이거든. 결혼은 현실이야, 현실!

Q: 마지막 질문입니다. 서로 지금까지의 결혼생활은 어땠는지 한 말씀해 주세요.

F: 음… 나는 네 엄마 만나서 참 다행인 것 같아. 네 엄마 만나서 건강도 많이 챙기게 됐고 또 너네 둘도 잘 키워 줬고… 아빠는 결혼을 하고 많이 안정된 것 같아. 신혼 때 경제적으로 힘든 시기도 있었지만 지금 생각하면 가난했던 것도 다 추억이지.

M: 아이들을 낳고 엄마도 행복을 많이 느낀 것 같아. 아마 결혼을 하지 않았다면,

아이를 낳지 않았다면, 평생 느끼지 못했을 감정들도 많이 느꼈고 그래서 후회는 없는 것 같아. 엄마는 결혼 정말 추천이야. 옆에 니 아빠 있어서 하는 말은 절대 아니야. (웃음)

• 인터뷰를 마치고 나의 생각

부모님과 평소에 이런 대화를 많이 하는 편이지만, 녹음기를 켜 두고 미리 적어 둔 질문을 하려니까 많이 쑥스러웠다. 하지만 그런 분위기에서 하는 질문이어서 그런지 부모님도 평소보다 진지하게 대답해 주셔서 '우리 부모님이 이런 생각을 하는 분들이셨구나'라고 새삼 느낄 수 있는 계기가 됐던 것 같다. 또한 어린 시절에는 몰랐지만 성인이 된 지금 생각해 보면 부모님과 나의 가치관이 많이 비슷하다는 게 느껴져 '내가 은연중에 부모님의 영향을 많이 받았구나'라고 생각했다. 이번 인터뷰 질문들을 준비하면서 나도 결혼에 어떤 요소들이 필요한지 생각을 하는 계기가 된 것 같다. 전에는 막연하게 내가 사랑하는 사람이면 다 괜찮을 것 같다고 생각했지만, 이제는 각자의 가치관과 경제관이 맞아야 결혼 생활을 잘 유지할 수 있겠다는 것을 느꼈다. 그리고 나도 나의 부모님처럼 언젠가 결혼을 하고 아이를 낳을 순간이 오면 내 남편, 그리고 나의 아이들에게 좋은 가치관을 공유하고 나 또한 그들에게 배울 수 있는 사람이 되고 싶다.

① 질문: '결혼과 가족'이라는 강의의 과제로 부모님을 대상으로 결혼에 관한 인터뷰를 하게 됐는데 도와줄 수 있으신가요?

아버지 답: 일단 과제라면 도와줘야겠지.

어머니 답: 얼마든지 물어봐봐.

② 질문: 결혼하기까지 먼저 연애부터 시작하셨을 텐데, 누가 먼저 좋아하셨어요?

아버지 답: 우리는 집안끼리 정해서 결혼한 거야. 너희 할머니, 할아버지가 초

반에는 집안끼리 약속한 거니깐 결혼하라고 하셨는데, 나중에는 내가 김 여사를 좋아하게 됐지.

어머니 답: 솔직히 너 아빠는 별로였는데, 계속 엄마 아플 때, 힘들 때 항상 옆에서 챙겨 주는, 그 사소한 거 하나하나 챙겨 주는 게 좋았어. 그런데 지금은 뭐 말 안 해도 알지?

③ 질문: **원래 자식 계획은 저 하나였어요?**

아버지 답: 원래는 네가 막내여야 했는데, 내가 사업한다고 젊은 시절에 김 여사 걱정을 많이 시켰지…. 그래서 항상 그 부분은 미안하고, 너도 외동이라 외롭다고 하니깐 그 부분이 미안하더라.

어머니 답: 너 아빠가 뭐 엄마 스트레스 받게 한 게 한두 번이니~ 뭐 너 아빠 잘못도 있겠지만, 엄마도 몸이 안 좋다 보니깐 그런 거지. 사실 너도 힘들게 낳았어. 거의 7개월 만에 낳았지.

④ 질문: **그런 상황은 몰랐네요. 저 키우시면서 힘든 부분은 없었나요?**

아버지 답: 너 태어났을 때랑 사춘기 때가 힘들었지. 너 갓난아기때 일찍 나와 가지고 정말 상태가 안 좋았어. 거의 인큐베이터에서 살다시피 했지. 그랬던 애가 나중엔 선수한다고 하고 참 별일이야.

어머니 답: 어휴, 너 아기 때도 문제였지만, 운동 쪽으로 나간다고 했다가 다쳐서 그만둘 때 정말 안쓰러웠어. 그리고 그거 땜에 사고치고 다닐 때는 정말 안쓰러우면서도 답답했어.

⑤ 질문: **그때는 제가 정말 철이 없었죠. 그때 저한테 크게 실망하셨는데, 많이 힘드셨죠?**

아버지 답: 나보다는 김 여사가 힘들었지. 공부도 운동도 열심히 잘하던 녀석이 한순간에 막 나갔으니깐 실망도 했지만, 걱정이 컸지.

어머니 답: 나는 실망보다는 네가 정말 잘못되지 않을까, 너 성격상 나중에 후회할 게 분명한데 상처받지 않을까? 그 생각밖에 안 들었어. 겉으로만 활발하지 속은 소심해서 말이야.

⑥ 질문: 이제는 열심히 살잖아요. 제가 이제 잘할게요. 두 분은 일찍 결혼하셨는데, 결혼 전 꿈이 뭐였어요?

아버지 답: 나는 정치를 하는 게 꿈이었지. 너희 할아버지, 할머니가 원하시는 부분이기도 하고, 그렇게 살면 성공한 삶이라고 생각했었지.

어머니 답: 나는 외교관이 꿈이었는데, 너 아빠 때문에 대학교를 그만두게 되었어. 일본어도 배우고 중국어도 배우고 그랬는데 말이야.

⑦ 질문: 아~ 그래요? 그런 얘기는 처음이네요. 그럼 앞으로 바라는 게 있다면 어떤 게 있으신가요?

아버지 답: 난 솔직히 지금도 네가 다시 공부해서 로스쿨을 가든 법조인이 됐으면 하는 게 내 개인적인 바람이지. 그게 힘들다면 그냥 네가 열심히 살면 그걸로 된 거겠지.

어머니 답: 난 그냥 아들만 다치지 않고, 연애도 많이 하고 좋은 사람 만나서 결혼하면 좋겠어. 대신 누구한테 상처 주지 않고, 당당하게 살아가면 최고의 아들이겠지?

느낀 점

사춘기 때는 제가 많이 실수도 하고 그랬지만, 그럴 때마다 부모님은 바쁘시고 저한테 관심 없으시단 생각을 했었는데, 알고 보니 어떻게 해야 할지 몰라서 그랬다는 걸 이제야 알았습니다. 그리고 누구보다 저를 잘 알고, 항상 걱정하는 건 부모님이 제일이란 생각이 들었습니다.

또한, 아버지와 어머니의 원래 꿈에 관한 얘기는 이번 인터뷰를 통해서 듣게 되었는데, 과제를 핑계로 오랜만에 대화를 해 본 것 같아서 어색한 감정이 조금이나마 해소되는 것 같았습니다.

그리고 어머니가 원래 몸이 약하셨는데, 제가 태어나면서 더 안 좋아진 게 아닐까 하는 생각이 들면서 그렇게 힘드신데도 저를 낳아 주신 것에 대해 감사함이 컸습니다. 그동안은 항상 저만 생각하고 부모님 생각을 미처 못했는데, 알고 보니 저 때문에 걱정하시고 힘들어하셨을 부분을 생각해 보니 죄송하기도 하고 앞으로 열심히 효도해야겠단 생각이 우선으로 들었습니다.

저는 원래는 결혼을 굳이 해야 할까 하는 생각을 평소에 했습니다. 처음에 좋았던 감정도 결국 계속 같이 지내면서 희석이 되고 이후에 남는 건 갈등과 상처뿐이라고 생각했습니다.

물론 너무 극단적으로 생각하는 부분이긴 하지만, 실제로 저는 결혼한 분들을 보고 이야기를 들어보면, 행복한 부분도 분명히 있지만 그만큼 포기하는 게 큰 것 같습니다. 저는 지금은 하고 싶은 것, 해야만 하는 것을 누리면서 현재를 즐기고 싶다는 생각이 크고, 30대 중반까지는 홀로 사는 즐거움을 누리고 싶습니다.

평소의 부모님은 티격태격하시면서 친구같이 지내시는데, 어렸을 때, 부모님은 사이가 안 좋다고 생각했었습니다. 하지만 제가 성인이 돼서 바라보니 부모님은 오히려 자기감정에 솔직하시고 겉으로 티를 안 내도 서로를 위하는 그런 관계였습니다. 부모님을 보면서 저도 결혼이란 걸 생각해 보면, 좋아하는 감정도 중요하지만 서로 의지하고 솔직한 그런 결혼생활이라면 궁금하다는 호기심은 듭니다.

결혼이라는 것은 평생을 같이 의지하고 살아가야 할 동반자를 구하는 인생에서 중대한 부분이기 때문에 많은 것을 고민해야 할 중요성이 매우 크다고 생각합니다. 그렇기에 지금 당장은 별로 생각이 없지만, 미래를 위해서 어떤 상황에서도 내가 의지하고 도움을 줄 수 있는 그런 사람이 한 명쯤 있다면 그 사람과 결혼하면 좋겠다는 생각은 듭니다.

Marriage & family | chapter

09

가족의 건강성과 부부 의사소통

Marriage & family | chapter 09

가족의 건강성과 부부 의사소통

최근 수십 년간 가족과 가족을 둘러싼 환경은 급속한 변화를 경험하고 있다. 가족의 구조와 생활주기 패턴이 다양해지고 가족 내 성역할의 변화에 따라 사회의 가족은 다양한 문제를 경험하고 있다. 이러한 가운데 개별 가족의 문제는 그 가족만의 문제로 끝나지 않고 심각한 사회 문제로 대두되고 있으며 이에 가족의 건강성에 대한 의심이 고조되고 있다.

가족건강성(family strength)은 신체, 정서, 사회적으로 가족이 건강한 정도를 의미하는 것으로 가족의 구조나 형태보다는 가족의 기능과 심리사회인 측면을 강조하는 개념이다(Eo, 1997; Olson & Defrain, 2003). 우리나라의 경우는 2004년 「건강가정기본법」의 제정을 계기로 활발한 연구가 이루어지고 있다.

한 개인은 타인과 정서적 친근감과 유대감을 형성하고 유지 할 수 있는 동시에 개별성과 자율성도 발달된다. 반면, 가족 분화 수준이 낮은 가족은 가족 내의 연결성과 분리성에 한 균형을 이루지 못하는 가족으로 분리성 없이 연결성만 보이거나 연결성이 없이 분리성만 보이는 극단적인 상호작용 유형을 지니게 된다(Allison & Sabatelli, 1988). 특히 부부간의 의사소통은 남편과 아내가 언어적, 비언어적인 방식을 통해 정보와 의사를 교환하고 서로의 행동에 영향을 미치는 과정이다. 부부간의 상호 지지적이고 효율적인 의사소통은 서로를 이해하고 수용하며 원만하고 친한 부부관계를 유지하는 데 중요한 역할을 하며(Noller & Fitzpatrick, 1990), 이는 더 나아가 가족 전체의 기능이나 건강성을 결정짓는 중요한 역할을 한다.

부부간에 분명하고 개방적이며 효율적인 방식으로 의사소통하는 부부는 행복하고 건강한 결혼생활을 유지하는 반면, 공감이나 경청, 배려 등의 긍정적인 의사소통 기술이 부족하거나 불충분하고 불분명한 의사소통을 많이 하거나 제 3자를 통한 간접적인 의사소통을 하는 부부들은 관계에 어려움을 많이 겪는 것으로 나타났다(Jacobson & Magolin, 1979). 부부간의 의사소통은 부부 각자가 자라 온 사회·문화적 배경, 경제 배경, 가족 배경에 영향을 받는다. 특히 부부는 각자 성장환경이 다른 원가족에서의 가족체계 경험을 통해 자신의 고유한 의사소통 방식과 상호작용 패턴을 터득하며 이와 유사한 방식으로 배우자와 의사소통하고 상호작용 하게 된다. 이러한 과정에서 각자의 의사소통 방식이나 역기능인 의사소통 방식은 부부 사이에 오해와 갈등을 가져올 수 있으며 이로 인해 부부는 서로에 대해 부정적인 감정을 갖게 되고 부부관계가 악화되는 결과를 가져올 수 있다(Kieclt-Glaser & Newton, 2001). 친한 부부는 자기 개방적이고 지지적이며 효율적인 의사소통을 하며 이러한 의사소통은 서로에 대한 이해와 신뢰를 증가시키고 감정적인 교류가 가능하도록 한다.

1. 가족건강성(family strength)의 개요

1) 가족건강성(family strength)의 개념

가족건강성(family strength)은 가족의 건강한 정도를 의미하는 것으로 연구자들에 따라 그 개념과 특성이 다양하게 정의되어 왔다. Otto(1963)는 강한 가족(strong family)이라는 개념을 통해서 긍정적인 가족 정체감을 형성하고 가족구성원 간에 만족스런 상호작용을 증진하며 가족의 개인 잠재력을 격려하는 특성을 지닌 가족이 건강하다고 정의하였다. Olson, Russell, and Sprenkle(1983)은 건강한 가족을 균형 잡힌 가족(balanced family)으로 정의하였으며 가족의 응집성과 응집성이 극단으로 치우치지 않고 균형을 이룬 상태에서 가족의 기능이 가장 효율적으로 이루어진다고 하였다. 그 외에도 Walsh(1998)는 회복력이 있는 가족(resilient family)으로, Beavers(1977)는 최선의 가족(optimal family) 등으로 지칭하면서 건강한 가족을 정의하였다.

2) 가족건강성에 영향을 미치는 요인

(1) 가족분화

가족분화(family differentiation)는 Anderson과 Sabatelli(1992)가 가족구원들 간의 상호작용을 연구하기 위해 제안한 개념으로 가족 상호작용에 있어 연결성과 분리성의 균형을 의미한다. 연결싱은 정서 단질(emotional cut-off)과 반대되는 개념으로 의미 있는 타인과 정서 유대감을 유지하는 능력을 의미하며, 분리성은 정서 융합(emotional fusion)과 반대되는 개념으로 의미 있는 타인과 구별되는 자아를 유지하는 능력을 의미한다(Bowen, 1978).

Bowen(1978)은 중요하게 분화가 이루어진 가정에서 성장한 개인들은 배우자의 요구에 민감하게 반응하며 이러한 상호작용 패턴은 배우자의 불만족을 감소시키고 배우자와의 유대감과 친밀감을 향상시킨다고 하였다.

(2) 부부 의사소통

의사소통은 가족건강성의 핵심으로 건강한 가족은 분명하고 상호지지적인 방식으로 의사소통하는 가족이다. 부부는 가족체계의 핵심으로 이들의 의사소통 방식과 질은 친밀한 부부관계를 형성하고 유지하는 데 중요한 영향을 미치며 나아가 가족의 행복이나 건강성과 관련되는 중요한 요소이다. 부부간의 원활한 의사소통이 결혼의 질과 중요한 관계가 있어 부부간에 자기표현이 빈번하고 비언어적 의사소통이 정확하며 감정이입이 많을수록 결혼의 질이 높아질 것이다.

(3) 부부 친밀감

친밀감은 크게 행동의 한 특성, 개인 능력이나 성향으로서의 특성, 그리고 인간 상호작용의 부산물로서의 특성 등 세 가지 측면으로 정의될 수 있다(Moss & Schwebel, 1993). 부부 친밀감은 이 세 가지 정의와 인간 상호작용의 부산물로서의 특성으로 이해하는 것이 적합하다.

부부관계에서 경험하는 친밀감의 정도는 부부의 결혼만족도와 안정성에 영향을 미치며 이는 더 나아가 가족 체계의 건강성에 영향을 미치게 된다(Diener, 1984). 부부친밀감의 결여는 다양한 부부문제와 스트레스를 유발하여 사회・심리 부응, 우울증, 정서장애 등을 야기하게 되며(Costello, 1982; Reis et al., 1985), 중요한 이혼사유가 된다는 것을 알 수 있다(Moss & Schwebel, 1993; Waring, 1984). 원가족에서 정서 융합이나 삼각화[1]를 경험한 사람들은 자아분화 수준이 낮고 가족관계에서 많은 갈등과 스트레스를 경험하며 우울, 불안 등의 심리 부적응을 겪는 경우가 많다. 또한 이들은 가족투사과정을 통해 원가족에서 경험한 병리적인 상호작용 방식을 세대를 거쳐 반복되는 경향이 있다. 반면, 원가족에서 중요한 균형의 연결성과 분리성을 경험한 사람들은 보다 더 친하고 애정적인 가족관계를 경험하고 타인들과 분화된 자아를 형성하며 자

1) 가정에서 부부 또는 가족구성원 중 두 사람의 불안에서 오는 것을 제3자의 가족구성원을 개입시키는 형태

율적으로 사고하고 행동하는 경향을 보인다. 이들은 높은 수준의 원가족 가족분화경험을 통해 가족 타인과 바람직한 관계를 형성하고 정서적인 유대감을 유지하며 심리사회적으로 잘 적응하여 궁극으로는 건강하고 행복한 가족을 형성하고 유지할 수 있게 된다. 이처럼 병리적인 상호작용뿐만 아니라 이러한 건강한 상호작용 방식도 세대를 거쳐 수정된다는 점을 고려할 때, 원가족에서의 가족분화경험은 기혼여성이 결혼 후 형성한 핵가족의 상호작용 건강성에 중요한 영향을 미칠 것으로 사료된다.

둘째, 원가족에서의 가족분화경험은 핵가족의 건강성에 직접적으로 유의미한 영향을 미칠 뿐만 아니라 부부 의사소통과 부부 친밀감을 통해 간접적으로도 영향을 미치는 것으로 나타났다. 가족분화 수준이 높은 원가족에서 부모 - 자녀 간에 친하면서도 자율성과 독립성이 유지되는 방식으로 의사소통하고 상호작용하는 것을 경험한 기혼여성은 이와 유사한 방식으로 긍정적이고 효율적으로 남편과 의사소통을 하게 되며 이러한 의사소통 방식은 부부 친밀감을 향상시킬 수 있으리라 생각된다. 부부 사이에 개방적이고 효율적으로 의사소통할 때 서로를 더 잘 이해하고 수용할 수 있으며 정서적이고 애정적인 관계를 유지할 수 있다. 건설적이고 효과적인 갈등 문제 해결을 위해서 부부는 효과적이고 지속적으로 의사소통을 하도록 노력해야 한다. 부부 사이에 비난, 방어, 경멸하거나 상호 회피하는 등의 행동의 부정적이고 비효율적인 의사소통이 지속될 경우 부부 사이의 친밀감이 약해지고 갈등이 심화되며 더 나아가 이혼과 같은 가족해체 상황을 야기하게 된다. 바람직한 부부간의 의사소통은 부부친밀감을 향상시키며 향상된 부부 친밀감은 건강하고 행복한 가족 기능의 원동력이 된다.

결론적으로, 첫째, 원가족에서의 가족분화경험은 기혼여성이 지각하는 가족건강성에 직・간접적으로 영향을 미치는 중요한 요인이다. 둘째, 바람직하고 긍정적인 부부 의사소통은 부부 친밀감을 향상시키며 부부간의 향상된 친밀감은 건강하고 기능적인 가족의 원동력이 된다. 셋째, 기혼자에게 있어 원가족의 경험은 핵가족의 상호작용과 건강성에 지속으로 중요한 영향을 미치지만 부부간의 긍정적이고 바람직한 의사소통과 친밀한 관계를 통해 혹시나 있을 수 있는 원가족의 병리적이고 부정적인 영향을 감소시킬 수 있을 것으로 생각되어진다. 따라서 부부의 의사소통을 향상시키고 친밀한 관계를 유지할 수 있는 부부 상호 간의 교육과 프로그램이 지속적으로 연구되어야 할 것이다.

2. 레지릴언스

건강한 가족을 유지하기 위해서는 레질리언스의 개념 이해에서 출발하는 것이 바람직할 것이다. 레질리언스는 상황적 요구에 알맞은 융통성과 문제해결 책략을 동원할 수 있는 능력일 뿐만 아니라 자신이 처한 어려운 상황이나 위기를 성공적으로 극복하는 개인의 과정과 능력을 의미한다. 또한 자아탄력성은 환경에 따른 스트레스, 역경 혹은 위험에도 불구하고 행동적, 정서적 문제를 보이지 않고 건강하게 적응해 가는 아동들을 설명하기 위해 구성된 심리학적 개념이다.

탄력성의 사전적 의미는 '다시 되돌아오는 경향', '회복력', '탄성'이며 역경이나 어려움 속에서도 그 기능을 수행하며 이전의 적응수준으로 돌아오고 회복할 수 있는 능력을 의미한다.

1) 레질리언스의 개념

레질리언스는 존재하는(Being) 것과 되어 가는(Becoming) 과정을 의미하며 당사자 본인의 경험이라는 점이며 자신이 삶을 능동적으로 가꾸어 나갈 수 있는 능력이 있는 존재로 여긴다(전수미, 2014). 회복의 원칙은 자기-지시적이며 당사자 스스로에게 역량을 부여하고 회복을 위한 계획과 실행 평가를 통해 회복해 나가는 것이다.

회복의 목표는 정상적인 사회구성원으로 활동하는 것이라 할 수 있다. 사람들은 삶 속에서 끊임없이 스트레스 상황에 노출되더라도 모든 사람들이 부정적 생활사건이나 일상적 스트레스를 견디지 못하고 심각한 부적응 상태에 빠지는 것은 아니다. 그 어려움을 견디어 내고 새로운 삶을 살아가게 하는 원동력의 개념이다(김수안 외, 2001).

이 개념은 자신이 당면한 역경과 어려움을 도약의 발판으로 삼는 힘으로 학문적으로는 '정신적 저항력'을 의미하고(신우열, 2009) 앞으로 닥칠 어려운 역경을 예방하는데 긍정적인 영향을 미치는 것이다. 즉, 개인이 어려운 역경에 직면해서도 극복이 가능하고 적응적인 기능을 수행할 수 있다는 관점으로 보는 것이다(김희경, 2010).

2) 레질리언스의 기본요인

레질리언스가 낮은 사람은 스트레스 상황에서 경직되고 고집을 부리거나 혼란스러워하거나 산만해져 적응을 하지 못하고 자신의 실수나 역경을 회피하려는 성향이 매우 높지만 레질리언스가 높은 사람은 설령 실수를 하더라도 그로부터 피드백을 적극 받아들이는 습관이 들어 있다(이명훈, 2016).

알코올중독자의 예를 들면, 스트레스에 대해 일반인들보다 더 민감하게 반응하고, 영향도 많이 받기 때문에 더 쉽게 다시 음주를 하게 된다(박병선, 2001).

음주만이 유일한 취미이며 그렇지 않은 사람에 비해서 인지, 행동, 정서면에서 많은 문제를 가지므로 회복에 있어 사회적 지지가 중요한 요소가 된다(한미영, 2003).

자아탄력성에 영향을 미치는 보호 요인들을 규명하면 다음과 같다.

첫째, 개인적 수준에 해당하는 보호 요인들은 활동적인 기질, 성별, 연령, 사회적 기술, 지능, 자기효율성, 유머, 타인에 대한 매력, 공감 능력 등이다.

둘째, 따뜻하고 지지적인 부모, 좋은 부모 자녀 관계, 부모의 화합 등이다.

셋째, 가족 외의 사회적 관계망에 해당되는 보호 요인들로 가족 이외의 사회적 지지는 개인의 대처 능력에 영향을 미치는 중요한 변수가 된다.

넷째, 자신들에 닥친 사건들에 대해 긍정적이면서도 개관적이고 정확한 스토리텔링을 할 수 있는 능력이다. '부정적인 스토리텔링은 나에게만 일어난 일인가? 아니면 이번에만 어쩌다 그런 것인지, 나만, 언제나, 항상 다 그런가?'라는 식으로 생각하고 그 의미를 축소해서 받아들인다. 회복탄력성이 높은 사람은 이와 반대로 나쁜 일은 덤덤하게 그 의미를 축소하고, 좋은 일에 대해 일반화해서 받아들인다.

다섯째, 대인관계 능력이다. '자기 자신과 타인을 얼마나 동일시하는가?' 하는 태도에 달려 있는 관계성은 긍정적 지지를 해 주면, 긍정적 정서가 높아지고 자아확장력이 높아져 관계 맺기에 적극적이 된다(김주환, 2001).

3) 레질리언스(resilience) 구성

레질리언스는 위험에 직면하였을 때 이를 극복할 수 있는 가족의 회복력을 강조하며 구성요인은 학자마다 다양하게 제시하고 있다.

Cowen & Hetherington은 응집력, 유연성, 공개적 의사소통, 문제해결과 신념체계 확신으로, McCubbin은 가족형태, 가족쉐마, 가족자원, 가족기능, 사회적지지, 문제해결과 대처 Singer & Power은 유연한 의미 해석, 균형잡힌 대처, 유연한 상호의존으로 Walsh는 신념체계, 가족응집력, 의사소통과정으로 제시하였다(신준옥, 2013).

(1) 신념체계

신념체계는 가족기능의 핵심이며 레질리언스의 강력한 힘으로, 위기를 당한 당사자에게 응집력을 제공하고 당면한 문제에 대처하는 행동에 영향을 미친다. 그리고 당면한 역경에 의미를 부여하는 것은 위기극복 후의 삶을 어떻게 살 것인가에 대해 새로운 비전과 목적을 가지고 변화할 수 있도록 돕는다.

역경을 잘 이겨 내면 가족구성원과 주위 사람 사이에 믿음과 신뢰가 생기고, 과거에 어려운 역경을 극복한 경험 또한 현재 당면한 역경을 견디어 내는 데 큰 자신감을 줄 것이다. 역경에 대한 긍정적 시각은 인내, 격려와 용기, 소망을 주며, 위기나 실패를 도전으로 보고 더 강해지는 데 도움을 준다.

(2) 조직유형

가족의 조직유형은 가족 단위의 통합을 지지하고 관계를 정의하고, 행동을 규제하는 신념체계에 의해 강화된다. 이에 조직유형이 어떻게 가족체계에 영향을 미치는가를 각각의 하부개념을 통해 이해하는 것이 중요하다.

첫째, 역할 안정성 및 융통성은 가족생활주기의 주요한 전환점이나 경제적 어려움, 가족갈등, 기타 어려움 등 혼란의 시기에 중요하며, 위기상황에 대해 대처하기 위한 역할 변화에도 필요하다. 레질리언스가 있는 가족은 가족 간의 역할 분담을 통해 위기나 스트레스 상황에서 기능적으로 대처할 수 있다.

둘째, 연결성은 가족 간의 역할과 지지, 협력하는 능력을 말하며 지지적인 가족은 함께 시간을 공유하고 의사결정하며 서로 지지한다.

셋째, 사회, 경제적 자원은 가족 외부의 자원을 동원하고 활용하는 것으로 확대가족, 친척의 지지를 포함하여 지역사회지지망을 확립한다(홍정애 외, 2016).

(3) 의사소통 과정

의사소통은 사회경제적, 실질적, 도구적, 문제해결과 관련한 모두를 포함하는 정보의 교환으로 가족기능에 필요하며 명료성, 개방적, 정서표현, 상호협력 문제해결 등 세 개의 하위요인으로 구성되며 이러한 필요성은 역경의 시기 동안 더욱 확대되어진다.

첫째, 의사소통의 과정은 정보의 교환이라고 정의할 수 있으며(Walsh 1998), 명료성(명확화)은 명확하고 일관성 있는 언행을 뜻하며 가족구성원이 침묵하거나 왜곡된 해석을 통하여 견디기 힘든 정보들을 감추고 보호하려고 한다면, 의사결정에 대한 장벽을 만들기 때문에 스트레스 상황에 대한 명료화는 중요하다.

둘째, 개방된 정서표현(감정표현)은 가족구성원들과 관계를 다양한 감정으로 표현하게 하고, 자연스럽고, 감정과 욕구, 서로를 존중하는 사려 깊은 방식으로 표현한다. 이러한 개방적 의사소통을 위해서는 즐거움, 희망, 고통, 공포 등의 광범위한 감정을 공유할 수 있어야 한다.

셋째, 의사소통 과정의 마지막 구성요소인 상호 협력적 문제해결에 대해서 기능적인 가족은 문제가 없는 가족이 아니라 갈등을 잘 조정하고 문제를 함께 잘 다루어 나가는 가족이다. 가족은 이러한 관용을 바탕으로 갈등회피가 아닌 직면을 통해 갈등과 문제를 다루고 해결하는 기술을 향상시킬 수 있다

3. 부부 의사소통

1) 의사소통의 개념

의사소통이란 둘 이상의 사람들 간의 생각이나 감정, 느낌 등을 상호 교환하는 과정이다. 또 의사소통은 두 사람 간의 감정과 사고의 교류과정으로서, 의미를 창출해 내고 공유하는 과정이다. 사람은 누구나 의사소통을 통하여 다른 사람을 이해하고 자신을 정확하게 파악할 수 있는 기회로 삼으며, 사회 구성원으로서의 친밀한 인간관계를 형성해 나간다. 의사소통은 대화나 글자를 통한 언어적 요소는 물론이며 몸짓이나 자세, 접촉, 표정, 눈 맞춤, 억양, 목소리 등의 비언어적인 요소들까지 포함한다.

부부간 의사소통이 원만히 이루어질수록 양육 스트레스가 삶의 질에 미치는 부정적 영향이 낮아지며 의사소통을 부정적으로 인식할수록 양육 스트레스가 삶의 질에 미치는 부정적 영향의 정도는 높아졌다. 즉, 가족은 부부관계를 중심으로 자녀들과의 관계가 형성되며 가족 내의 다른 구성원들에 대한 역할과 관계를 재조정하게 된다. 더불어 협력적이고 원만한 부부관계나 부부간의 의사소통 수준은 어머니의 양육스트레스, 자녀와의 상호작용에 영향을 미치게 된다(이현지, 박석돈, 2003).

2) 남성과 여성의 대화특성

대화란 두 사람 이상이 말을 주고받는 것을 뜻한다. 말은 의사전달이어서 일방통행

인 반면, 대화는 의사교환으로 양방통행이라 할 수 있다. 이처럼 대화는 상대방과의 관계 속에서 이루어지는 것이기 때문에 감정이 실리게 된다. 그 감정과 함께 남녀 성별에서도 대화의 다른 특성을 관찰할 수 있다. 남성의 대화 특성은 사실과 정보전달, 문제해결과 일에 초점을 둔다. 그리고 업적과 결과를 중요시하고 이성적·논리적·객관적이며, 질문을 간섭이나 참견으로 인식한다. 또한 남성은 문제를 많이 생각하고 해결책을 제시하며 신뢰·인정·감사·격려받기를 원하고 경쟁심과 지배심이 중심이 된다.

여성의 대화의 특성은 개인적 관계와 감정적 지지, 공감에 초점을 두며 과정과 의견 나눔을 중요시한다. 감정적·비논리적·주관적이며 질문을 친밀감과 관심의 표현으로 인식한다. 대화 시 문제를 우선 말하고 이해받기를 원하며 관심·헌신·존중·공감받기를 원하며 친밀감과 대등한 관계가 중심이다. 이렇듯 남녀의 대화의 특성을 이해하고 다름을 인정하는 배려가 필요하다.

3) 부부의사 소통의 이해

부부간 의사소통 중 효율적 의사소통을 하지 못하고 갈등해결을 하지 못하게 되면 배우자의 양육스트레스가 되고, 부부 의사소통의 정도를 더욱 떨어뜨리게 된다(이선화, 2019). 이 때문에 아내의 가정에서의 역할부담에 대한 불안을 덜 느끼게 하고 양육스트레스를 감소시키기 위해서는 가정 내 아버지의 역할이 중요하다. 부부간 의사소통이 원활하고 부부 사이가 긍정적일수록 어머니의 양육스트레스가 낮아져 부모역할 수행에 긍정적인 영향을 미치게 되는 것으로 볼 수 있다. 또한 부부간 의사소통 중 효율적 의사소통은 아이가 학교생활에 적응하는 데 정서상태에도 큰 영향을 미칠 것이다.

자녀양육 측면에서도 남편과 아내가 협력하여 자녀양육에 대한 부부의 의견이 일치할수록 아내의 양육 스트레스가 적어질 것이다. 이를 해결하기 위한 노력으로는 우선 남성과 여성의 의사소통방식의 차이를 이해해야 한다.

일반적으로 부부간의 의사소통에서 남편은 아내의 이야기를 잘 들어주지 못하고 대화를 주도하며, 상대방의 이야기를 중단시키고 주제를 바꾸는 경우가 있다. 아내는 남편과 많은 이야기를 하고 싶어 하고 자신이 하는 이야기를 남편이 잘 들어주기를 원한다. 그러나 아내는 자기표현 기술 부족으로 인하여 대화부족 경험을 더 많이 하게되고 여성은 개인적 관계를 위해 감정적인 지지와 공감을 얻기 위해 주관적인 대화를 하게 되므로 구체적인 경험을 세밀하고 상세하게 이야기를 한다. 어떤 문제가 있을 경우 남편이 자신의 이야기를 들어주고 자신의 입장을 이해해 주기만 해도 자신감을 얻고 문제를 해결할 수 있다. 그러나 남편은 문제해결책을 제시해야 한다고 생각하므로 해결되지 않는 감정문제만 되풀이하면서 여성의 감정을 고쳐 주려고 한다. 바로 이점이 남성들이 가장 자주 범하는 잘못이기도 하다. 남성에게 대화란 문제해결책을 나누는 방법으로, 객관적 사실과 정보를 주고받는 것으로 생각하기 때문이다. 많은 남성들은 여성들이 자신의 문제를 이야기하며 공감해 주기 원한다는 것을 알아차리고 여성과의 대화에서 마음을 읽도록 노력해야 한다.

부부간의 의사소통에서도 남성과 여성의 방식에는 차이가 있다. 배우자의 자아를 근본적으로 존중한다는 것은 배우자의 존재를 받아들이고 가치를 부여해 주는 것으로, 존중을 나타내는 메시지는 배우자의 존재를 인정하고 배우자의 이야기에 적절히 반응하며, 배우자의 자아경험을 반영하고 수용하며 배우자와 기꺼이 관계를 맺고자 하는 것이다. 이를 위해서는 경청이 선행되어야 하며, 배우자의 느낌과 생각에 대해 수용하고 상호작용을 해 줄 수 있어야 한다. 또한, 부부의 성관계는 신체적 접촉 이상의 것이며 일종의 의사소통이다. 부부 두 사람 간의 성적 정체감, 상호욕구에 대한 지각, 성 표현에 담긴 메시지 등은 의사소통과 직접 관련이 있다. 즉, 의사소통이란 언어적 의사소통만을 의미하지 않는다. 침묵, 자세, 표정, 근육, 손놀림 등이 모두 표현된다. 따라서 상대방의 전달 의미를 정확히 파악하기 위해서는 충분한 시간을 갖고 전체의 의미를 파악하는 것이 좋다. 부부간의 대화 시간 및 대회 장소를 의도적으로 마련하도록 한다. 대화들의 동기가 되는 공통의 취미, 관심사, 정치, 경제, 문화 등에 대한 견해 등을 함께 나눈다(옥선화 외, 2006).

부부간 의사소통의 특징으로는, 부부가 자신의 문제를 표현하는 데 있어 다양한 차원의 관계적 의사소통 문제로 나타나게 된다. 첫째, 부부간의 대화에서 남편은 일반적으로 평어를 사용하면서 자신의 주장이나 의견을 자연스럽게 독단적으로 표현하는 반면 아내는 남편의 의견에 수동적으로 자신의 시각을 제시하는 경우, 부부간의 대화는 상호 의사소통이라기보다는 일방적인 의사표현으로 전개되는 것이라 하겠다. 둘째, 간접적 표현방식은 자신이 가지고 있는 의도를 명확히 표현하지 않으며 자기입장을 불분명하게 암시만 보내는 표현방식이다. 이러한 경우 상대방은 의도를 파악하기 힘들고 오해할 가능성이 높다. 셋째, 부부간에는 무례한 표현방식이나 감정적인 표현방식이 나타난다. 갈등 상황에서 나타나는 표현들은 매우 감정적이고 비이성적이며 무례한 표현방식들로 더욱 상황을 악화시킨다. 넷째, 배우자의 의견이나 생각에 대해 비난하거나 빈정거리는 표현들이 자주 나타남으로써 부부간 의사소통의 악순환을 초래하기도 한다. 대화의 논제를 벗어나 상대 배우자의 성격이나 능력에 촛점을 맞추게 되어 상대방이 방어적이고 소극적인 대화를 하도록 유도하게 되는 것이다. 다섯째, 대화를 회피하거나 중단하고 방관적인 방법을 사용하기도 한다. 이런 경우 부부간 대화 시간이 매우 적으며 틀에 박힌 표현들을 자주 사용하게 된다. 이런 표현들이 반복되면서 상대방과 부딪치지 않기 위하여 대화를 중단하거나 말을 해도 소용없다고 체념하게 되어 부부간 의사소통이 불가능해진다. 여섯째, 대화 주제의 선택과 친교적 대화 소재의 부족의 문제로, 부부는 많은 대화 소재에 대하여 공통적인 관심사가 다를 수가 있고, 남편과 아내가 서로가 싫어하는 대화의 주제가 무엇인지에 대해서는 알고 있는 것이 중요하다. 일곱째, 부부간의 대화에서 논쟁이 자주 발생하기도 하는데 이것은 서로 주고받는 내용이 불일치하기 때문이다. 남편과 아내는 같은 대화 주제라 하더라도 서로 다른 생각의 차이로 인해 갈등을 일으키게 된다. 여덟째, 부부간의 대화에서 일치와 불일치의 결정은 각자의 기준에 따라 다르게 판단되기 때문이다. 불확실한 추정과 일반화의 문제이다. 부부는 많은 시간을 함께 보내면서 서로를 잘 알게 된다. 그렇기 때문에 대화 중에도 상대방의 의도하는 바를 쉽게 추정하고 성급하게 판단을 내린다. 아홉째, 비교와 평가의 문제로서 가족이 함께 생활하면서 서로에게 변화를 요구하는 일은 자연스러운 일일 것이다. 그러나 상대방의 부정적인 면을 타인과 비교하거나 평가를 내리는 방식으로 의사소통을 하는 것은 바람직하지 않다. 비교와 평가의 의사소통은 긍정적인 내용일 수도 있고, 부정적인 내용일 수도 있지만 대부분은 부정적인 내용이다. 열 번째, 의사소통 관계의 불균형 문제로, 대부분 대화 참여 시간과 횟수에서 남편과 아내가 다르다. 아내는 점유율이 높지만, 남편은 결론을 내리거나 협의를 도출해 내는 과정에서 의사결정이나 판단 기준을 제시하는 등의 주도권 행사를 하려는 경향을 보인다. 열 한 번째, 부부의 역할에 대한 교차적 지각의 문제로 부부가 서로의 역할에 대한 생각이 다를 경우 두 사람 간의 의사소통에서 갈등이 발생할 수 있다. 자신이 당연하다고 생각한 일들을 상대방이 다르게 받아들일 때 특히 갈등이 더 심화될 수 있는 것이다. 열 두 번째, 성별(gender)에 따른 의사소통의 차이 문제로 차별화된 문화적 기대가 존재하고, 의사소통의 방식 또한 다르게 발전하게 된다. 남성과 여성은 행동과 언어에서 많은 차이를 기대하고 또 그 차이가 남녀의 역할로 인식하게 되었다. 이 모든 차이와 인식이 부부간의 의사소통 방식에 차이를 가져오게 되었고, 부부가 서로 이러한 차이를 이해하고 배려하는 부부만의 문화를 만들어 내어 원활한 의사소통이 되도록 노력해야 한다.

결론적으로, 첫째, 긍정적인 의사소통 행동으로 부부간의 부정적 감정이나 갈등을 완화하고 문제해결을 도우며, 결혼만족도를 높이도록 자기주장과 경청을 하여야 한다. 자기주장은 자신의 생각이나 감정을 상대방에게 솔직하고 분명하게 나타냄으로써 자신을 상대방에게 잘 이해시키는 기술이며, 경청은 상대방의 말을 충분히 이해하기 위해 주의 깊게 듣고 들은 내용을 바꾸어 말하기를 하며 이해하지 못한 부분은 질문을 통해 명료화하는 것이다(권유나 · 김득성, 2008).

4. 주부 우울증

현대 사회에서 우울 증상은 '심리적 독감'으로 불릴 정도로 누구나 경험할 수 있는 증상이며 개인의 능력과 의욕을 저하시켜 현실 적응을 어렵게 만드는 주요한 원인이다(권석만, 2013). 우울 증상은 자녀를 둔 어머니들에게 상당히 만연된 문제로(김춘경, 2011; Grace, Evindar, & Stewart, 2003), 가족의 일상생활을 어렵게 하고 가족 간의 적응에 악영향을 미치며 가족체계의 기능을 저해하는 요인이기 때문에 무엇보다 중요하게 다루어야 할 정신건강 문제이다.

여성의 우울 증상은 생물학적인 취약성뿐 아니라 사회적으로 남성에 비해 불리한 상황적 요인 등 다양한 원인들로 인해 남성에 비해 더욱 자주 발생한다. 특히 기혼여성의 우울 증상은 자신뿐만 아니라 가정 전체에 부정적인 영향을 줄 수 있다. 우울한 기혼여성은 자녀에게 정서적 거리감을 두면서 신경질적이고 예민하며, 가족과의 상호작용에 있어서 우울하지 않은 여성에 비해 배우자와 자녀에게 더 부정적이며 긍정적인 표현이 부족하고 반응을 더 적게 한다(Field, Healy, Goldstein, & Guthertz, 1990).

기혼여성의 우울 증상의 원인 중 하나로 부부관계 수행능력 부족으로 보았으며, 기혼여성의 우울 증상의 원인 중 부부갈등은 우울 증상을 예측하는 가장 중요한 요인 중 하나로 꼽히고 있다. 우울증 치료를 받으러 온 여성의 절반 이상은 심각한 부부갈등을 경험하고 있었으며 부부 갈등을 겪는 사람들의 절반 정도가 우울 증상을 호소한다고 나타났다(심수명, 2005).

1) 부부갈등

가족은 서로 상호작용하는 존재이다. 인간은 누구나 환경에 둘러싸여 있고 스스로는 그 환경의 일부를 이루므로 사회의 한 구성요소로서 다른 사람과 끊임없이 상호작용을 한다. 부부는 결혼을 함으로 일생의 큰 전환기를 맞게 된다. 결혼과 동시에 부부는 한 개인으로서가 아닌 부부라는 체계로 자신들의 정체성을 형성해야 한다. 부부라는 단위로 형성된 새로운 관계로 인해 부부체계는 관계에 대한 협상과 부부로서의 역할 정립에 대한 협의가 이루어져야 한다.

부부간의 역할수행은 사회에서 요구하는 남성과 여성에 대한 성 역할 개념의 변화에 따라 변화되고 있다. 전통적인 부부간의 역할에 대해 파슨스는 남편의 역할을 수단적 역할, 아내의 역할을 표현적 역할이라고 정의했으며, 남편의 수단적 역할은 가족의 균형 유지와 대외 목적에 대한 바람직한 관계를 수단적으로 수립하는 역할이며, 아내는 가족구성원을 통합하고 가족관계의 유지와 긴장을 완화하는 역할을 한다(유영주, 1980; 이정숙, 2010 재인용).

부부간의 역할은 이전 원가족의 경험을 통해 암묵적인 기대를 바탕으로 형성하게 되므로 부부로서의 역할 정립에 대한 협의가 제대로 이루어지지 않으면 부부간의 갈등이 생겼을 때 각자의 기대에 부응하기 전에 간극을 좁히지 못하고 평행선을 달리는 경우가 종종 있다.

2) 부부갈등의 요인

부부관계는 지속적이므로 적응해 가는 동안 인격이 성숙되고 만족한 관계로 발전해 나갈 수 있다. 역할은 사회와 밀접한 관계를 맺고 있기 때문에 시대·문화적 배경에 따라 그 기대나 수행 또는 인지의 변화가 일어나게 된다. 부부의 역할이 원만하게 수행되기 위해 여러 조건들을 갖추는 것이 필요하다.

원만한 부부 역할을 하기 위한 수행의 조건으로 최규련(2011)에 의하면, 첫째, 남편과 아내 각자가 여러 부부역할에 대하여 갖고 있는 태도가 일치되어야 한다는 것이다. 예를 들면, 아내가 평등주의적 태도를 가지고 있고 남편이 전통주의적 태도를 가지고 있다면 역할기대와 역할인지의 불일치로 인해 갈등이 발생할 수밖에 없다.

둘째, 부부는 자신과 배우자의 역할평가가 긍정적이도록 노력을 하여야 한다. 이를 위해서는 먼저 자신의 역할인지 수준과 배우자에 대한 역할기대 수준을 현실적으로 낮추는 노력이 필요하다.

셋째, 현대 사회에서는 부부가 역할에 대해 유연한 자세를 갖고 개방적인 대화를 하는 것이 필수적이다. 급변하는 현대 사회에 적응하고 원활한 가정생활을 영위하려면 역할에 대한 유연한 태도를 가지고 부부간 역할에 대한 기대와 인지에 대해 충분한 대화를 나누는 것이 필요하다.

넷째, 역할수행에서 부부간 균형이 맞는 것이 중요하다. 상황에 따라 일시적으로 남편이나 아내에게 역할이 집중되는 경우도 있지만 지속적으로 역할수행에서 부부간 균형이 깨지면 역할 과다 문제와 역할 과소 문제가 발생한다. 부부 한쪽에 역할이 과다한 경우 가정의 중심이 되고 피로와 시간 갈등 문제가 발생하게 되는 반면, 역할 과소인 사람은 가정에서 소외되고 외로움, 무력감 문제가 발생할 수 있다. 그뿐 아니라 자녀들의 성 역할 습득과 장래의 결혼생활에도 부정적 영향을 미칠 수 있다. 즉, 역할 과소의 무기력한 아버지와 역할 과다의 지배적인 어머니이거나 역할 과다의 지배적인 아버지와 역할 과소의 무기력한 어머니인 경우 모두 아들과 딸들은 남성 또는 여성으로서 그리고 동반자적 부부의 성 역할 모델로 부적합한 부모를 보면서 성장한다는 문제가 있는 것이다. 또한 우울 증상의 발생에 영향을 주는 부정적인 환경적 요인으로 생활사건인 가정불화, 가족관계의 악화 등이 주요하게 지목되고 있다(권석만, 2013). 특히 부부관계는 어떠한 대인관계보다 정서적인 개입이 크기 때문에 부부갈등은 관계지향 특성이 높은 여성에게 상당한 우울이나 불안을 초래한다. 또, 부부갈등이 많을수록 기혼여성의 우울점수가 높은 것으로 나타났다(이인숙, 2002). 여러 연구들을 종합해 볼 때 부부갈등이 기혼여성의 우울 증상과 밀접한 관련이 있음을 일관성 있게 보여 주고 있다.

부부갈등이 우울 증상에 미치는 영향의 경로를 설명하는 다양한 이론적 접근 중에 가장 많이 쓰이는 것은 Beck(1967; 1976)의 인지이론이다. 인지이론(Beck, 1976)에 따르면 인지는 정서와 행동에 강력한 영향을 미치는데, 특히 우울증 환자들의 부정적이고 비관적인 사고가 현실을 부정적인 방향으로 왜곡하여 우울증상이 초래된다고 한다.

심리적 장애를 경험하는 사람들은 어린 시절의 경험에 의해 부정적 인지도식(Schema)을 형성하고 있어서 이와 관련된 생활사건을 당면하게 되면 그 사건의 의미를 더욱 부정적으로 해석하게 되어 심리적인 장애를 야기하게 된다. 즉, 우울한 사람들은 생활사건의 의미를 부정적으로 해석하는 역기능적 태도(Dysfunctional Attitude)를 지니고 있으며 이를 인지이론에서는 우울한 사람들의 인지적 취약성으로 보았다. 기혼여성들이 결혼생활에서 경험하는 스트레스 사건인 부부갈등은 직접적으로 우울 증상을 야기할 수도 있지만 부부갈등에 대해 왜곡하여 더욱 부정적으로 해석하는 역기능적 태도라는 경로를 통해서도 우울 증상에 영향을 미칠 것으로 예측된다.

기혼여성의 부부갈등은 우울 증상에 직접적으로 영향을 미치기도 하지만 부부갈등이라는 스트레스가 역기능적 태도를 심화시키고 이것이 다시 우줄 증상에 영향을 미치는 것으로 보인다. 결국 부부갈등 자체가 기혼여성의 우울 증상에 직접적으로 영향을 미칠 수 있지만 부부갈등이라는 생활사건에 대해 성취지향성 및 사회적 의존성 등 역기능적 태도를 많이 지닌 기혼여성은 부부갈등의 의미를 왜곡하거나 과장하게 되고 그 결과 우울 증상을 가지는 것으로 보인다.

부부관계에 갈등을 표출하는 부부의 역기능적인 의사소통 방식에는 권위지향형, 소심지향형, 불성실지향형, 희생지향형, 지배지향형이 있으며 유형별로 다음과 같은 특징이 있다.

첫째, 권위지향형 의사소통의 남편은 계층서열의식이 강하고 체면을 중시한다. 부인을 무시하고 장점보다는 단점을 지적하여 비난하고 부인으로 하여금 두려워서 복종하게 한다. 전통적 가부장적 제도에서 볼 수 있다. 둘째, 소심지향형은 과거에 집착하는 보수적인 성향을 지니고 있다. 의사소통에 불평불만이 많고 무슨 일이든 소극적이며 비관적이다. 비사교적인 경향이 있고 남편보다 아내들이 이 유형이 많다. 셋째, 불성실지향형은 정확한 답변을 회피하고 거짓말을 하며 무책임한 말을 하는 특성이 있다. 자신의 무력감이나 부정행위를 숨기려는 방어 전략을 사용하며 임시변통적인 말로 둘러대는 경우가 많다. 넷째, 희생지향형은 쉽게 결정을 못하고 말할 때 딴전을 피우거나 무조건 동의하고, 해 봐야 소용없다는 생각을 한다. 표면적으로는 수용하지만 내면적으로는 비판적인 태도를 가진다. 다섯째, 지배지향형은 남편의 경우 아는 척, 잘난 척, 호언장담을 잘하고 자신의 능력을 과시하면서 상대방을 명령적・지시적으로 지배하려 한다.

부부관계는 어떤 유형의 관계가 바람직한 유형이라고 단언하기는 어렵지만 부부관계에서는 부부가 사회적으로 동등한 위치에서 서로 존중하는 평등한 관계를 유지하며 사랑하는 관계가 유지되도록 하는 것이 매우 중요하다. 성별의 특성상 차이를 인정하고, 서로의 역할에 대한 고정관념 또한 버려야 한다. 부부간에는 서로를 격려하고, 경청하고, 인정하고, 신뢰함으로서 공감지수를 높여야 좋은 관계로 동행하며 행복할 수 있다. 부부관계란 일방적인 것이 아니라 상호작용으로 만들어짐을 알고 배려의 미덕을 실천해 봄이 바람직하다.

다함께 생각해 봅시다

1.부모님의 대화방식을 관찰해 보고 효과적인 부부 의사소통 방안은 무엇인지 생각해 봅시다.

2. 우리 가정에서 나를 위해 보여 주는 가족구성원들의 레질리언스는 무엇인지 생각해 봅시다.

10

이혼

Marriage & family | chapter 10

이혼

본 장에서는 이혼 예방을 위해 결혼 전 준비교육을 위한 방안으로 우리나라의 실제적 이혼에 대한 내용을 살펴보며, 이혼이 정체 혹은 감소가 아니라 꾸준한 증가로 진행되어 가고 있는 것과 이혼율의 증가는 이혼 건수의 축적과 함께 사회복지의 일환인 공공부조의 증가를 시사한다는 것을 언급하고자 한다.

부부가 결혼을 통해 가정을 이루고 가정을 운영하며, 자녀를 출산하여 자녀를 양육하고, 중년기와 노년기의 삶을 함께 영위해 나가는 것은, 부부를 중심으로 한 사적부조의 영역이라 할 수 있다. 하지만 부부해체를 통해 사적부조의 영역이 무너지면서 공공부조로 삶을 이어간다는 것은 사적영역에서 의무와 책임의 상실 혹은 회피하는 결과이며, 사회복지 차원에서는 사적영역의 대안으로 공공부조가 사적부조의 영역을 대신하고 부족한 부분을 채워 넣어야 하는 복지지원이 작용할 수밖에 없다.

이혼은 그 자체가 문제라기보다는 이혼 이후에 겪게 되는 한부모 가정의 경제적, 교육적, 정신적 어려움과 이혼가정과 한부모 가정의 자녀가 겪어야 하는 장기적이고 부정적인 영향으로 인해 개인적·사회적 부담이 가중되고 있는 것이라고 할 수 있다(차유림, 2011; 성지희, 2006; 성정현, 2003). 이러한 과도한 비용과 시간을 지불하였음에도 불구하고 가족과 가정이 원상태(原狀態)로 회복이 불가할 수 있는 경우도 있다. 가령 가장의 실직 혹은 배우자와의 사별, 자녀의 질병이나 사망 등 가족 내의 문제가 발생하게 되면 가족은 문제 해결을 위해 가족 구성원이 결집하여 문제해결에 집중하거나 원가족이나 친족에게 해결을 위한 자원을 요청하며 문제 해결과 원상태로의 회복을 위해 노력하게 된다. 하지만 가족해체(family dissolution)와 관련한 이혼은 원상태로의 회복이 불가능할 수밖에 없다. 특히 이혼을 통해 발생되는 영역에 주목해야 할 것은 자녀가 있는 일반가정에서의 결혼생활 영위와 미성년 자녀 양육의 전반에 걸쳐 부부를 중심으로 한 사적영역이 일반적이고 통상적이라 할 수 있기 때문이다. 하지만 이혼으로 가족이 해체되고 미성년 자녀는 부부 중 일방에게 양육권이 주어지면서 부족한 양육비 와 양육권자의 경제활동 등으로 인해 일상생활의 위협을 받게 된다.

1. 이혼의 개요

한국사회에서 전통적으로 가족해체가 되는 주된 원인의 하나는 배우자와의 사별(死別) 이후 가족 구성원들 간의 갈등으로 인해 자연적으로 일어나는 현상 중에 하나였다. 그러나 최근에는 이혼으로 인하여 가족해체의 과정이 급속히 이루어지고 있고 가족형태도 다양화되어 가고 있다. 이러한 가족해체 관점은 부모의 혼인관계가 소멸되므로 양친으로 구성된 전통적인 가족형태가 해체되는 것으로 남겨진 자녀에게는 정서적, 양육적, 돌봄의 측면에서 부정적인 영향을 미치고 가출이나, 사회적 일탈 등의 사회적 불안정을 초래할 수도 있다고 생각한다. 그러므로 사회안정을 위해 이혼을 예방하는데 큰 관심을 가져야 할 것이다.

2020년 통계청 조사에 따르면, 1990년 45,700여 건의 이혼 건수가 1998년 IMF시기를 거치면서 10만 건 이상으로 증가하였으며, 이러한 수치는 좀처럼 떨어지지 않는 양상을 보여 주고 있다. 특히 2015년 이후부터는 혼인 건수가 매해 30만 건 이하로 떨어지고 있음에도 이혼 건수는 10만 건 이상을 유지하는 것으로 혼인에 대한 이혼율비가 약 40%에서 50% 가까이 증가하는 것으로 나타났으며 2019년도 이혼 건수는 11만 8백 건으로 전년대비 2.0% 증가(2천 1백 건)한 것으로 조사되었다(통계청, 2020).

1) 이혼의 개념

이혼이란 사회의 근본을 이루는 최소단위의 가정이 해체되는 것으로, 법률상으로 유효하게 성립된 혼인관계를 결혼한 당사자들이 협의 또는 재판에 의해 해소하는 것을 의미한다(이성희 외, 2019). 결국, 이혼은 혼인으로 맺어진 두 남녀의 결합된 관계가 해체되는 것으로 인간생활에서 때로는 혼인관계의 파탄을 피할 수 없이 나타나는 일반적인 현상으로 각 사회의 습성, 도덕, 종교, 정치 등의 존재 양식에 따라 변천해왔으며, 혼인의 자유와 마찬가지로 이혼의 자유 또한 인간의 기본권에 속하는 것으로, 거의 모든 나라가 이혼제도를 인정하고 있다.

이혼을 경험하는 가족은 경제적 불안정, 자녀 양육에 대한 부담, 사회적 위축 등과 같은 다양한 어려움을 겪으며, 이러한 어려움은 이후 변화된 가족구조에 적응하는 것에도 영향을 미치게 된다. 이혼은 이미 형성된 혼인공동체를 해소하는 것으로, 사회 및 자녀에게 미치는 영향이 적지 않으므로 이에 대한 합리적 규제와 재산분할, 자녀 양육 등에 대한 대책을 마련하여 이혼에 의한 파장을 최소로 하는 정책을 요구하고 있다.

2) 이혼 가족의 현황

우리나라의 이혼 건수는 2003년을 정점으로 다소 감소 추세를 보여 2018년에는 10만 8천 7백 건, 조이혼율(인혼 천명당 이혼 건수)은 2.1 건으로 나타났다. 2019년 통계청이 발표한 혼인지속 기간별 이혼율에서도 전체 이혼 건수 11만 건 가운데 혼인 지속기간이 20년 이상인 경우가 33.4%, 4년 이하인 경우가 21.4 %로 나타났다. 과거에는 결혼을 '경제적인 후원과 자녀양육에 대한 책임 등 실용적인 사회제도'로서 제도적인 측면을 강조해 왔으나 오늘날은 사랑과 애정을 보다 더 중요시하는 관계적인 측면을 더 강조하는 것으로 변화되어 왔다(정옥분 외, 2020).

(1) 이혼현황

사회변화에 따라 나타난 가족의 변화를 보여주는 주요한 지표 가운데 하나로 단연 이혼율을 꼽을 수 있으나 오늘날 이혼율의 증가는 우리 사회에만 국한되는 현상이 아니라 세계적인 현상이다. 2020년도 통계청 자료에 의하면 2019년 이혼은 11만 8백 건으로 전년보다 2.0% 증가(2천 1백 건)것으로 보인다. 2019년 조이혼율(인구 1천명당 이혼 건수)은 2.2건로 전년보다 0.1건 증가하였으며 유배우 이혼율(유배우 인구 1천명당 이혼 건수)은 4.5건으로 전년과 유사한 것으로 보고하고 있다. 이혼 동향을 유형별로 살펴보면 다음과 같다.

① 이혼연령

평균이혼연령은 남자 48.7세, 여자 45.3세로 지속적인 상승 추세를 보이고 있으며 남자 평균이혼연령은 48.7세로 전년에 비해 0.4세 상승하였으며 10년 전에 비해서는 4.2세 상승한 것으로 보인다. 여자 평균이혼연령은 45.3세로 전년에 비해 0.5세 상승하였으며 10년 전에 비해서는 4.6세 상승하였다. 또한, 남녀 간의 평균이혼연령 차이는 3.4세로 2012년(3.9세)을 정점으로 감소 추세를 보이고 있다.

〈표 10-1〉 **평균이혼연령**, 2009~2019 (단위: 세)

	2009	2010	2011	2012	2013	2014	2015	2016	2017	2018	2019	증감	
												전년 대비	10년 전 대비
남자	44.5	45.0	45.4	45.9	46.2	46.5	46.9	47.2	47.6	48.3	48.7	0.4	4.2
여자	40.7	41.1	41.5	42.0	42.4	42.8	43.3	43.6	44.0	44.8	45.3	0.5	4.6
평균이혼연령차이	3.8	3.9	3.9	3.9	3.8	3.7	3.6	3.6	3.6	3.5	3.4	-	-

② 성·연령별 이혼

남자의 연령별 이혼율은 40대 후반이 1천 명당 8.6건으로 가장 높은 추세를 보였으며 연령별 이혼 구성비는 40대 후반(17.5%), 50대 초반(15.7%), 40대 초반(14.4%) 순서를 나타내고 있다. 전년대비 30대 초반(-3.5%)과 30대 후반(-2.0%)의 이혼은 감소, 50대 이상의 이혼은 증가하고 있으며 남자의 일반이혼율(15세 이상 남자인구 1천 명당 이혼 건수)은 5.0건으로 전년대비 0.1건 증가한 것으로 보인다. 남자의 연령별 이혼율(해당연령 남자인구 1천 명당 이혼 건수)은 40대 후반이 8.6건으로 가장 많고, 40대 초반·50대 초반(8.1건)과 30대 후반(7.1건) 순으로 나타나고 있다.

〈표 10-2〉 연령별 이혼율(남자), 2009~2019 (단위: 해당 연령 남자인구 1천 명당 건, %)

	2009	2010	2011	2012	2013	2014	2015	2016	2017	2018	2019	전년대비	
												증감	증감률
일반 이혼율*	6.0	5.6	5.4	5.4	5.4	5.4	5.0	4.9	4.8	4.9	5.0	0.1	1.6
15 - 19세	0.0	0.0	0.0	0.0	0.0	0.0	0.0	0.0	0.0	0.0	0.0	0.0	-64.8
20 - 24세	0.6	0.5	0.5	0.5	0.5	0.5	0.6	0.6	0.6	0.6	0.6	0.0	2.4
25 - 29세	2.8	2.5	2.4	2.3	2.3	2.1	2.0	1.9	2.0	1.9	1.9	0.1	3
30 - 34세	7.0	6.3	5.8	5.5	5.5	5.5	5.1	5.2	5.1	4.8	4.8	-0.1	-1.5
35 - 39세	9.9	8.9	8.6	8.3	8.1	8.0	7.4	7.3	7.2	7.1	7.1	0.0	-0.2
40 - 44세	11.2	10.4	9.9	9.6	9.6	9.5	8.7	8.3	8.0	8.0	8.1	0.1	1.5
45 - 49세	10.5	10.0	9.7	9.9	9.9	9.9	9.2	8.9	8.6	8.6	8.6	0.0	0
50 - 54세	8.3	8.0	8.2	8.3	8.4	8.2	8.0	7.8	7.7	7.9	8.1	0.2	2.6
55 - 59세	6.2	6.0	6.0	6.1	6.1	6.1	6.0	5.9	5.7	6.2	6.4	0.2	2.7
60세 이상	2.9	2.8	2.7	2.8	2.9	2.9	2.9	2.8	3.0	3.3	3.5	0.2	5.1

여자의 연령별 이혼율은 40대 초반이 1천 명당 9.0건으로 가장 높은 것으로 나타났으며 연령별 이혼 구성비는 40대 후반(17.5%), 40대 초반(15.5%), 30대 후반(15.1%) 순으로 나타났다.

전년대비 30대 후반(-2.8%), 30대 초반(-2.4%)의 이혼은 감소경향을 보였으며, 40대 후반 이상의 이혼은 증가한 것으로 보인다. 여자의 일반이혼율(15세 이상 여자인구 1천 명당 이혼 건수)은 4.9건으로 전년대비 0.1건 증가했으며 연령별 이혼율(해당연령 여자인구 1천 명당 이혼 건수)은 40대 초반이 9.0건으로 가장 많고, 40대 후반(8.8건), 30대 후반(8.6건) 순으로 나타났다.

〈표 10-3〉 연령별 이혼율(여자), 2009~2019 (단위: 해당연령 여자인구 1천 명당 건, %)

	2009	2010	2011	2012	2013	2014	2015	2016	2017	2018	2019	전년대비	
												증감	증감률
일반이혼율*	6.0	5.6	5.4	5.3	5.3	5.3	5.0	4.8	4.7	4.8	4.9	0.1	1.5
15 - 19세	0.3	0.3	0.3	0.2	0.2	0.2	0.1	0.1	0.1	0.1	0.1	0.0	0.7
20 - 24세	2.8	2.5	2.5	2.4	2.3	2.1	1.9	1.8	1.7	1.7	1.6	-0.1	-5.6
25 - 29세	6.2	5.7	5.6	5.4	5.3	5.4	4.9	4.8	4.6	4.3	4.2	-0.1	-1.8
30 - 34세	10.3	9.3	8.7	8.4	8.4	8.2	7.7	7.7	7.8	7.6	7.6	0.0	0.3
35 - 39세	11.4	10.6	10.1	9.9	9.7	9.7	8.9	8.6	8.6	8.7	8.6	-0.1	-1.0
40 - 44세	11.0	10.4	9.9	10.0	10.2	10.2	9.6	9.2	8.9	8.8	9.0	0.2	2.5
45 - 49세	8.9	8.6	8.7	9.0	9.1	9.1	8.7	8.6	8.2	8.6	8.8	0.2	2.3
50 - 54세	5.9	6.0	6.1	6.2	6.4	6.4	6.3	6.3	6.3	6.7	6.9	0.2	3.7
55 - 59세	3.6	3.6	3.7	3.8	4.0	4.2	4.2	4.2	4.2	4.7	4.9	0.2	5.0
60세 이상	1.0	1.0	1.0	1.0	1.1	1.2	1.2	1.3	1.4	1.6	1.8	0.2	11.0

결국, 이러한 이혼의 증가는 한부모 가족의 증가를 가져오게 되었으며 한부모 가족의 수가 늘어나게 되는 것은 한부모 밑에서 자라나는 아동 증가와 함께 사회의 관심도 증가하게 된다. 자녀가 있는 한부모 가족의 비율은 1990년 11.5%에서 2010년 18.4%로 증가하였으며 2018년에는 전체 한부모 가족 중 18세 이하 미성년 자녀를 둔 한부모 가정이 26.5%로 구성되어 있다(통계청, 2020).

2. 이혼가정을 위한 정부지원

이혼에 대한 대책을 논하기 전에 우선 이혼은 가능하면 하지 않도록 해야 한다. 그러기 위해서는 혼인 적령기 성인을 위한 혼인 준비교육에서 부부대화와 이해의 중요성을, 예방적 차원에서 부부간의 갈등해소를 위해 대화와 타협을 위한 교육이 있어야 한다.

이혼은 사회적 현상으로 보아야 하며 이혼을 보는 시각이 긍정적이든, 부정적이든 그 과정에서 당사자는 심리적 아픔과 현실적으로 많은 어려움을 경험하므로 사회적으로 해결할 수 있는 개입 방안을 모색해야 한다.

우리나라 「사회보장기본법」에 명시된 사회보장의 종류는 크게 사회보험, 공공부조, 사회서비스 세 가지로 나누고 있는데 그 대상자는 심각한 경제적, 사회적 위험에 노출되어 지원이 필요하게 되면 선별주의(selectivism)에 입각하여 선정하게 된다.

이혼한 대상자와 연계하여 지원받을 수 있는 제도로는 국민기초생활보장제도, 기초연금, 장애인연금, 근로·자녀장려금, 한부모 가족지원 등이 있으며, 이 제도 중에서 이혼 후 경제적 어려움을 겪는 이혼 가정이라면 국민기초생활보장제도는 무엇보다 소중한 수입원이라 할 수 있다. 이밖에 근로장려금은 2009년에 도입하였고, 이후 저소득층의 양육비 지원을 목적으로 2015년에 자녀장려금을 추가 도입하였다. 근로장려금은 저소득가구로 배우자 혹은 만 18세 미만의 부양자녀가 있는 경우에 신청 가능하며, 자녀장려금은 만 18세 미만의 부양자녀가 있는 경우, 혹은 만 18세 이상이지만 중증장애인인 경우에도 신청이 가능하다. '저소득층의 양육비 지원을 목적'으로 한다는 취지에 맞게 이혼 이후 복지제도를 통한 사회적 보호 장치의 하나라 할 수 있다.

1) 대책방안

첫째, 이혼에 대한 인식변화이다. 이혼에 대한 인식변화를 위해서는 이혼에 대한 부정적 견해를 바꾸어야 한다. 이러한 의식의 변화를 위해서는 방송은 가치규범이나 생활양식 혹은 프로그램의 소재가 일정한 가족유형뿐만 아니라 다양한 가족유형에 초점을 맞추면서 그들의 건강한 삶을 조명해야 할 것이다.

둘째, 이혼 후 가장 심각한 문제 중의 하나는 주거의 문제이다. 특히 자녀를 어머니가 양육하지만 집의 소유자가 아버지인 경우는 더욱 그렇다. 그러므로 법원은 가족이 살고 있던 주거가 배우자 중 한편의 소유라 하더라도 판사가 다른 한편에게 임대계약을 양보할 수 있도록 법을 개정할 필요가 있다. 특히 배우자 학대의 피해자가 이혼을 청구할 때 법원은 현재의 거주 장소에서 피해자와 자녀가 함께 살 수 있도록 주거사용권을 인정해야 한다. 이것은 '자녀의 복리'에 대한 기준 설정과 긴밀한 관계가 있다.

셋째, '자녀의 복리' 기준의 합리화이다. 우리나라의 법에 자녀의 복리에 대해 구체적으로 명시된 바는 없지만 자녀양육에 있어서 '자녀의 복리'의 기준이 부모위주에서 자녀중심으로 바뀔 수 있도록 부적합한 어버이의 기준, 자녀의 의사의 존중, 이혼원인으로서 배우자의 부정, 자녀의 복리와 부모의 권리(예, 면접교섭권의 행사)에서의 우선성과 같은 사항에서 인식의 전환이 요구된다.

넷째, 심리적 지원으로서 이혼상담의 전문화를 그 예로 들 수 있다. 이혼상담은 이혼을 고려하는 사람들 또는 이혼자 요구의 충족 여부 결정에 도움을 주는 것이 목적이다. 이혼상담은 민간 부분 내 상담가 또는 치료자들, 사회 서비스 기관들, 법원 상담자들, 결혼 그리고 가족 치료자들, 공무원 또는 이혼 중재자들에 의해서 제공될 수 있다. 그러므로 이혼상담의 전문화가 필요하다.

다섯째, 사회복지 서비스 측면이다. 정부나 정부의 지원에 의한 사회단체에서 자녀양육 및 교육을 위한 시설이나 프로그램을 운영 실시한다. 취학 전 자녀의 양육을 위한 다양한 형태의 아동보육시설(주간탁아, 종일탁아 등이나 시설탁아, 가정탁아 그리고 며칠간의 위탁탁아 등), 취학자녀의 양육 및 교육을 위하여 방과후 아동보육프로그램을 활성화해야 한다. 유기된 자녀를 위한 가정위탁보호시설의 확대방안을 고려해야 할 것이다.

여섯째, 재혼기회의 마련으로서 재혼으로 인한 가족문제를 통찰할 수 있는 교육실시를 전제로 해야 할 것이다.

일곱째, 자녀를 위한 지원으로서 부모의 이혼을 경험한 자녀들과 가족들을 위한 상담적 접근은 특별히 개발되어야 한다. 성인을 위한 상담처럼 이런 프로그램들은 구조화되어야 하며, 기간은 제한적이며 그리고 문제해결이 목적인 치료프로그램을 발달시키는 것이 효과적이다.

3. 이혼이 가족구성원에게 미치는 영향

1) 부부에게 미치는 영향

이혼 후 남녀모두 경제적 부담, 시간관리, 가사노동 등의 현실적 문제에 직면하게 되며 이러한 문제는 이혼 전에 뚜렷한 역할분담에 익숙해져 있을수록 더욱 심각하다. 사람들이 생각하는 이미지 속의 이혼은 아마도 이혼을 선택했을 때 얻어지는 것보다 잃는 것이 많다고 보고 있다. 결혼이 최선의 선택이라고 믿었던 부부는 이제 이혼이 최선의 방법이라고 생각하며 부부관계에서 갈등이 고조되어 그 한계에 도달했을 때 대안으로 선택되는 해소과정이 이혼이다. 이 갈등관계에서 서로 주고받은 상처들은 회복 불가능한 경우도 발생한다. 이혼을 생각하며 고통과 애착의 양가감정이 너무 크면 이별과 재결합 사이를 오가기도 한다. 관계를 끊어 내기 위해 부정적인 측면을 부각시켜 상대방을 떠나도록 이끌어 내거나 자신을 거절하게 하는 경우도 있다. 어떤 사람들은 자신의 감정을 청산하기 위해 성급하게 새로운 관계를 형성하기도 한다. 법적 이혼 후에도 정서적으로 이혼이 따라오지 못하는 경우도 종종 있다. 이혼은 결혼

관계를 끝낸 것일 뿐 이전 배우자는 각각의 삶을 유지하며 새로운 관계를 이어가고 있다. 아이가 있을 경우 공동의 부모역할을 해야 하는 경우로 다시 접촉하게 되어 고통과 상실의 경험을 느껴야 하는 경우도 있다.

이혼은 남성보다 여성에게 더 많은 경제적 어려움을 가중시키는 요인이다. 이혼을 통해서 여성은 정서적 어려움에서는 벗어나지만 경제적 어려움이라는 또 다른 문제를 경험하게 된다. 또한, 많은 부부들은 이혼을 고려하기 시작할 때부터 이미 이혼문제로 인한 심리적 갈등으로 인한 신체적, 정신적인 건강문제를 경험하게 된다.

이혼이 우리 사회에 계속 증가하고 있는 사회문제로 대두되기는 하지만 이혼으로 입은 심리적 손상 때문에 크게 위축되어 친밀한 대인관계를 기피할 수도 있고, 거주지 이동과 같은 생활환경의 변화로 이웃과 관계가 단절되기도 한다. 남성뿐 아니라 특히 여성, 전업주부의 경우 대인관계망이 크게 축소가 된다면 친구, 가족과의 관계망도 축소될 수밖에 없다.

2) 자녀에게 미치는 영향

부모가 이혼을 선택할 경우 어린 연령의 자녀일수록 이혼에 관여할 기회는 전혀 없는 것으로 보아야 할 것이다. 이혼한 부모도 혼자서 자녀를 양육하거나 비친권 부모로서 역할을 하는데 따른 어려움이 크지만, 자녀도 마찬가지로 어려움을 경험한다. 자녀들은 부모들의 갈등이나, 반응, 부모들의 이야기를 통해 느낌으로 뭔가 불안감을 가지기는 하지만 대부분은 선택의 여지없이 일방적으로 전달된 통보형식으로 이혼이라는 것을 전달받게 됨으로 하늘이 무너지는 것과 같은 슬픔과 충격에 휩싸이게 된다. 그러나 자녀가 경험하는 적용문제는 여러 요인에 따라 상이하게 나타난다.

양쪽의 부모 중 어느 한쪽을 선택해야 한다는 당혹스러움과 선택하지 못한 부모 중 하나를 보지 못한다는 마음에 공포의 감정을 가지게 되고 어린 나이에 아무것도 할 수 없었던 자신을 마주하기 힘든 장면에서 도망가고 싶은 회피 감정을 경험하게 된다.

모자 가족의 경우 아버지의 부재에 따른 소득 감소뿐만 아니라 안정적인 주거문제, 모의 재취업의 문제 등, 부자 가족의 경우 자녀들 양육과 가사 일을 수행하는 일로 인한 직업선택의 기회가 축소되고 잦은 직장이동의 가능성으로 인한 경제적 문제가 뒤따르게 된다.

부모의 이혼으로 그 자녀들은 한부모 가족의 경험을 하게 되며 한부모는 자녀들의 양육비나 교육비와 연결된 경제적 어려움, 자녀양육과 경제활동의 병행으로 인한 어려움, 경제적, 심리적으로 취약한 경우가 많다. 이에 사회복지 측면에서 부모이혼이라는 외상을 경험한 자녀들의 어려운 환경을 이해하고 그 자녀들이 가지고 있는 내면적 욕구를 탐색하는 중요한 역할이 필요하다.

3) 이혼 후 회복을 위한 노력

이혼을 선택했을 경우 어떻게 이혼을 처리하는가는 자신은 물론 가족의 회복과 적응에 있어 매우 중요하다. 이혼을 선택할 경우 쉽게 결정하는 경우는 드물다. 이혼한다고 해서 모든 관계와 자녀들의 삶이 부정적으로 영향을 받는 것은 아니다. 이혼한 부모와 자녀의 관계가 성인일수록 부모의 갈등에 영향을 받지 않으며 오히려 개선되는 경우도 있다.

사람들은 일반적으로 첫 번째 배우자와의 이혼 후 실패를 극복하고자 하는 새로운 꿈을 꾸며 재혼하는 경우가 종종 있다. 이번에는 더 나은 선택을 하고 좀 다르게 살 것이라고 생각한다. 부부간의 갈등적 관계는 증상을 심화시키고 상대와 멀어짐에 편안함을 느끼고 비밀스러운 애정행각을 통해 활기를 얻는 것을 당연시하며 관계의 호전을 기대할 수 없을 때 관계를 청산하는 방법을 고려한다. 결혼제도가 점차 진보해 가고 있으며 최선의 제도가 아닌 역동적인 계약으로 볼 수도 있다. 관계를 지속하기 위해서는 서로의 약속과 상호기대를 발전시키며 새롭게 재조정하는 노력이 필요하다.

4) 이혼예방을 위한 결혼전 준비교육을 위한 제언

정부에서는 예비부부, 신혼부부를 대상으로 건강가족에 대한 인지향상, 가족공동체 인식, 결혼관과 가족관, 사랑관, 성(性) 의식, 성 역할 인식교육, 성에 대한 태도변화, 재정관리교육, 의사소통과 갈등해결에 있어서 교육, 결혼 전 준비(marriage preparation)와 결혼유지(marriage preservation)를 위한 교육을 실시하는 것이 효과적이라 생각한다.

특히, 결혼 전 준비교육의 내용면에서는 부부관계 증진을 중심으로 하는 의사소통, 갈등관리 및 해결, 부부역할 수행, 성관계, 임신과 출산, 부모 되기, 자녀와의 대화법, 재정, 여가활동, 부부탄력성, 헌신, 경청 및 공감 등 다양한 프로그램을 진행하기를 기대한다.

이 같은 언급을 토대로 제안을 하게 되면, 첫째, 결혼 전 준비교육이 통합적 교육으로 이루어져 한다. 둘째, 예비기, 신혼기, 중년기, 노년기에 맞는 교육 프로그램을 개발하고, 또한 청년들을 대상으로 할 때에는 올바른 결혼관과 부부생활에 대한 가치인식을 갖게 하여 청년들이 결혼준비교육을 통해 올바른 성인의식과 책임의식을 갖고, 부부의 삶을 통해 전 생애를 이해할 뿐 아니라 자신의 부모를 이해하는 계기를 갖는 기회를 제공하여야 한다. 셋째, 가족상담의 서비스 대상이 되는 가정에서 가정 스스로가 해결할 수 없는 문제가 발생했을 때 실제로 도움을 요청하는 가정폭력 및 이혼예방상담기관 등의 접근 용이도를 높이는 방안이 마련되어야 할 것이다.

가족상담은 개인이나 가족문제가 사회문제로 확대되지 않도록 조기예방이 목표이므로 예방적 서비스 중심으로 전문적 서비스를 제공해야 한다. 결론적으로 이혼과 관련한 문제에 대해 우리나라의 가족정책은 가족해체 이후에 발생하게 되는 사회문제에 대한 사후 보장적 성격을 갖고 치중하는 것을 볼 수 있다. 정부의 이러한 가정복지정책은 제한된 조직, 인력과 예산을 기초로 하고 있다.

문제는 가족의 분화와 해체를 이유로 국가와 사회의 보호를 필요로 하는 가족이 점차 증가하고 있으며, 지원가족의 증가는 복지지원금의 증가로 이어지게 된다. 이에 이혼예방을 위한 교육이 적극 도입되어야 할 것이며 결혼생활에서 부부의 갈등을 줄여 주고, 어려움을 해결하는 기술을 습득하도록 도와주어야 할 것이다.

다함께 생각해 봅시다

1. 한국 사회에서 이혼의 원인은 무엇인지 조사해 봅시다.
2. 이혼 가정을 위한 가족정책에 대해 조사해 봅시다.
3. 건강한 가족을 유지하기 위한 노력은 무엇인지 생각해 봅시다.

참고문헌

강란혜, 공계순, 도미향, 박인전, 박정윤, 송순, 이경희, 이소희, 조성연, 최영희(2004). 아동학대 전문상담. 서울: 시그마프레스.

고명수, 이승현, 서진숙, 신선희, 허은진(2018). 인간행동과 사회환경. 경기: 정민사.

권미경, 지영숙(2005). 동거(同居)에 대한 고찰. 서울: 생활과학.

권석만(2007). 우울증: 침체와 절망의 늪. 서울: 학지사.

권석만(2013). 현대 이상심리학. 서울: 학지사.

권석만(2017). 성격심리학. 서울: 학지사.

권중돈, 김동배(2007). 인간행동과 사회환경. 서울: 학지사.

김동기, 김은미(2010). 사회 적응의 노인 심리학. 서울: 학지사.

김용미, 서선희, 옥경희, 정혜정(2009). 결혼과 가족의 의미. 경기: 양서원

김재엽(2007). 한국의 가정폭력. 서울: 학지사.

김주환(2001). 회복탄력성. 서울: 위즈덤하우스.

김춘경, 이수연, 이윤주, 정종진, 최웅용(2016). 상담학 사전. 서울: 학지사.

문혁준, 손서희, 김상림, 양성은, 임양미, 전영주(2015). 건강가정론. 서울: 창지사.

문혁준, 양성은, 김상림, 손서희, 윤수정, 천희영(2014). 결혼과 가족. 서울: 창지사.

문혁준, 양성은, 김상림, 손서희, 윤수정, 천희영(2020). 결혼과 가족. 서울: 창지사.

박광배(2000). 다차원척도법. 서울: 교육과학사.

박귀영, 안우상, 오현숙, 정왕용, 허영숙, 황동섭(2011). 노인복지론. 서울: 양서원.

박영신, 김의철(2004). 한국인의 부모 자녀 관계: 자기 개념과 가족 역할 인식의 토착 심리 탐구. 서울: 교육과학사.

박주현, 정미현(2019). 가족과 젠더. 서울: 창지사

오창순, 신선인, 장수미, 김수정(2018). 인간행동과 사회환경(개정3판). 서울: 학지사.

옥선화, 정민자, 고선주(2006). 결혼과 가족. 서울: 하우.

유영주, 김순옥, 김경신(2013). 가족관계학. 경기: 교문사.

유영주, 이인수, 김순기, 홍성례, 최희진(2009). 건강가족의 이해. 경기: 교문사.

이규은(2016). 삶 깨달음 그리고 행복. 서울: 공동체.

이동원 외(2000). 대중매체와 가족. 경기: 양서원.

이성희, 한은주, 왕석순, 임선영(2019). 가족복지론. 서울: 창지사.

이현림, 김영숙(2016). 인간발달과 교육. 경기: 교육과학사.

임택호, 강정원(2013). 조직과 인간관계론. 서울: 북넷.

장성숙, 노기현(2016). 한국인의 심리상담 이야기. 서울: 학지사.

장휘숙(2006). 청년심리학. 서울: 학지사.

전병재 외(1994). 위기에 선 가족. 서울: 다산출판사.

정명숙 역(2007). 사회복지와 심리학(원저: C, Sutton). 서울: 시그마프레스.

정문자, 정혜정, 이선혜, 전영주(2017). 가족치료의 이해. 서울: 학지사.

정옥분(2014). 발달심리학: 전 생애 인간발달. 서울: 학지사.

정옥분, 정순화(2016). 예비부모교육(2판). 서울: 학지사.

정옥분, 정순화(2019). 부모교육(3판). 서울: 학지사.

정옥분, 정순화(2020). 결혼과 가족. 서울: 학지사.

정옥분, 정순화, 홍계옥(2006). 결혼과 가족의 이해. 서울: 시그마프레스.

정현숙, 유계숙(2001). 가족관계. 서울: 학지사.

조복희, 도현심, 유가효(2016). 인간발달. 서울: 교문사.

조흥식, 김인숙, 김혜란, 김혜련, 신은주(2010). 가족복지학(제4판). 서울: 학지사.

최규련(2011). 가족관계론. 서울: 공동체.

허혜경, 박인숙(2010). 사회변동과 성역할. 서울: 문음사.

현성용, 김교헌, 김미리혜, 김아영, 김현택, 박동건, 성한기, 유태용, 윤병수, 이봉건, 이순묵, 이영호, 이재호, 이주일, 진영선, 채규만, 한광희, 황상민(2016). 현대 심리학의 이해. 서울: 학지사.

홍길회, 이혜란, 왕영희, 정미자(2016). 사회·가족 변화에 따른 부모교육. 서울: 창지사.

학술지 부문

강민정(2014). 부모양육태도와 부모양육스트레스가 영아 정서지능 발달에 미치는 영향. 배재대학교 대학원 석사학위논문.

강석임, 전희정(2013). 기혼여성의 우울변화에 영향을 미치는 요인. 보건과 사회과학, 33(2),

강진희(2011). 남녀 대학생의 교제유형, 정서경험특성, 갈등해결 전략 및 이성관계 만족도 간의 관계. 명지대학교대학원 석사학위논문.

강호선(2014). 1366 상담원이 실천 과정에서 경험하는 전문가 사고에 관한 연구. 한국가족 복지학, 19(1), 103-130.

고준기(2012). 노인학대의 방지와 홀로 사는 노인 지원 및 부양자의 효향 장려 지원에 관 한법률제정에 관한 연구. 원광법학, 28(4). 원광대학교 법학연구소.

고효정, 이은주(2007). 대학생의 성별에 따른 성역할 정체감과 성태도의 차이. 여성건강간호학회지, 13(3), 192-200.

곽명순(1998). 청소년의 자아존중감, 우울 정도 및 불안정도 조사연구. 공주문화 대학논집, 25, 389-405.

곽영호(2012). 대안학교의 유형별 실태 분석과 발전 방안, 경성대학교 교육대학원 박사학위논문.

권유나, 김득성(2008). 부부간 역기능적 의사소통 행동 척도 개발: Gottman의 네 기수 개념을 중심으로.. 대한가정학회지, 6(6), 101-113.

권지은(2011). 아동기 가족의 가족여가활동 실태와 가족여가 만족도 및 장애들에 관한 연구. 울산대학교 대학원 석사학위논문.

김경호(2014). SNS 환경에서 미아 방지를 위한 얼굴 검색과 인증 시스템. 조선대학교 대학원 박사학위논문.

김나연(2013). 부모의 학대와 방임이 청소년의 문제행동에 미치는 영향: 사회적 지지를 조절변수로 하여. 경기대학교 석사학위논문.

김명윤(2012). 전통과 현대의 효교육 비교-가정교육을 중심으로. 청소년과 효문화, 20, 131-185.

김미애(2006). 우울이 청소년의 자살생각에 미치는 영향: 사회적 지지의 중재효과를 중심으로. 연세대학교 대학원 석사학위논문.

김민경(2011). 대학생의 가족학대경험, 가족스트레스와 행복의 관계: 사회적 지지와 가족탄력성의 매개효과를 중심으로. 한국가정관리학회지, 29(6): 41-54.

김빛여울, 조경숙, 강진령(2018). 한국 부모-자녀관계에서 성인초기 자녀들이 지각하는 자녀 역할부담의 요인 탐색 연구. 학습자중심교과교육연구, 18(11), 249-267.

김선태(2016). 노인학대 재신고 제공 서비스에 대한 전문가적 개입 연구: 2014년 노인학대 사례를 중심으로. 중앙대학교 행정대학원 석사학위논문.

김성현, 정재은(2019). 부모의 양육태도, 훈육방식이 부모가 인식한 유아기 자녀의 문제행동에 미치는 영향. 열린교육연구, 27(4), 207-228.

김성희(2008). 청소년의 형제자매 신체폭력 가해에 관한 연구. 한국가족자원 경영학회지, 12(4), 47-62.

김소영(2010). 가정폭력경험이 대학생의 데이트 폭력에 미치는 영향. 호남대학교대학원 석사학위논문.

김수안, 민경환(2001), 탄력성 척도의 비교 및 탄력성과 정서적 특성의 관계탐색. 한국심리학회지, 25(2), 223-224.

김엘림, 윤덕경, 박현미(1999). 성폭력·가정폭력 관련법의 시행실태와 과제. 한국여성개발원.

김연옥, 박인아(2000). 가정폭력의 유형별 관련성과 아동의 정신건강에 관한 연구. 한국가족복지학, 103-127.

김예진(2017). 유아기 자녀를 둔 부부의 의사소통 패턴이 아내의 양육스트레스에 미치는 영향: 남편의 양육참여도의 매개적 역할. 덕성여자대학교 문화산업대학원 석사학위논문.

김은경(2006). 소송과정에서의 폭력피해자 보호현황과 쟁점들. 가정폭력피해지원 시스템의 문 제와 과제. 가정폭력추방 연속토론회 3차 자료집, 31-63. 한국여성의전화연합.

김은영(2013). 사회적 지지와 부부 의사소통이 발달 장애아동 어머니의 양육스트레스에 미치는 영향. 꽃동네대학교 사회복지대학원 석사학위논문.

김은영, 윤민우, 박선영(2013). 가정폭력 피해여성의 신체적, 감정적, 성적 폭력피 해에 영향을 미치는 위험요인에 대한 분석연구. 한국경찰연구, 12, 49-78.

김은정, 하은혜, 배성윤, 오경자(1997). 기혼 여성의 우울증 상과 심리사회적 기능. 한국심리학회 학술대회 자료집, 6(1), 101-114.

김재철, 최지영(2001). 부모학대가 공격성에 미치는 영향: 자존감, 학교폭력 피해경험의 매개 효과. 아동교육, 20(1), 19-32.

김정란, 김경신(2003). 아내학대에 대한 생태체계적 접근. 한국가정관리학회지, 21(2), 88.

김정원, 이기숙(1999). 부모교육 프로그램의 개발 및 실시에 관한 연구. 아동학회지, 20(3), 183-197.

김종한(2012). 사회적 지원, 부부갈등, 자기 효능감, 양육스트레스와 영아기 어머니의 양육행동 간 경로 분석. 한국산학기술학회지, 13(9), 3924-3933.

김주현(2008). 가정폭력피해여성이 폭력에서 벗어나는 과정에 관한 연구. 한국가족관계학회지, 13(1), 271-297.

김춘경(2011). 중년기 우울 여성의 심리학적 경험 양상에 관한 현상학적 연구. 특수교육재활과학연구, 50(3), 25-51.

김향숙(2001). 대학생의 애착 · 사랑 유형에 따른 성 행동. 동국대학교 대학원 박사학위논문.

김현경(2009). 다문화가정 유아의 유아교육기관 적응관련 변인 분석. 덕성여자대학교 대학원 박사학위논문.

김현미, 도현심(2004). 어머니의 양육스트레스 양육 효능감 및 양육행동과 아동의 사회적 능력 간의 관계. 아동학회지, 25(6), 279-298.

김현진(2014). 유아의 교육기관적응과 자아탄력성 및 자아존중감 간의 관계 분석. 중앙대학교 대학원 석사학위논문.

김희경(2010). 알코올중독자 성인자녀인 대학생의 극복력. 인하대학교 석사학위논문.

나정숙, 이배, 김경숙(2016). 어머니 효능감 및 어머니 · 자녀 간 의사소통이 유아의 교육기관 적응에 미치는 영향. 한국영유아보육학, 96, 237-258.

류정현(2007). 한국적 부모-자녀 관계, 가족주의, 효. 부모교육연구, 4(2), 81-94.

박경(2003). 부정적인 생활 스트레스와 대인관계 문제가 여성의 우울에 미치는 영향. 한국심리학회지, 8(3), 581-593.

박경선, 문혁준(2014). 어머니의 양육태도와 유아의 기관적응의 관계에서 유아의 자기조절능력의 매개효과. 유아교육학논집, 18(3), 135-157.

박병선(2001). 남성알코올중독자의 우울과 삶의 만족도의 관계 가족기능과 가족지지의 역할을 중심으로. 정신보건과 사회사업, 38, 172-204.

박애리(2014). 지각된 방임이 아동의 우울에 미치는 영향: 자아존중감과 사회적 위축을 매개로. 청소년복지연구, 16(4), 39-401.

박영란(2006). 여성인권의 시각에서 본 가정폭력 추방 정책의 현황 및 과제. 가정폭력추방 연속 토론회 2차자료집, 한국여성의전화연합.

박은경(2001). 동거는 빨리 혼인 신고는 천천히. 주간동아Vol 274, 2001. 03. 06.

박은실(2019). 청소년이 경험한 방임과 학대가 주의집중에 미치는 영향: 휴대전화 의존도의 매개효과. 한영대학 대학원 박사학위논문.

박은주(2002). 여성의 경험을 통해 본 동거 양상과 대안적 가족 개념의 모색. 한양대학교 석사학위논문.

박해웅(2007). 건설 일용근로자의 가족역할 갈등이 직무몰입에 미치는 영향 연구. 연세대학교 박사학위논문.

배진희, 정미순(2008). 노인이 인식한 가해자 특성이 노인학대에 미치는 영향. 한국노년학, 28(3). 통권 제63호. 443-457.

범죄백서(2018). 통권 제34호. 법무연수원.

보건복지부(1998). 보건복지규제개혁 백서.

보건복지부(1999). 보건복지백서.

보건복지부(2001). 아동학대 실태조사.

보건복지부(2013). 2013 전국아동학대 현황보고서.

보건복지부(2014). 2014 전국 아동학대 현황보고서.

손애리, 천정수(2005). 전국 대학생의 성의식, 첫성경험 및 성행동에 대한 성차. 보건과 사회과학, 18, 73-100.

신승일(2015). 성 역할 정체감과 운동참여종목이 20대 여성의 신체적 자기개념에 미치는 영향. 서울대학교 석사학위논문.

신우열, 최민아, 김주환(2009). 회복탄력성의 세 가지 요인이 청소년의 온라인게임 중독 성향에 미치는 영향. 사이버커뮤니케이션 학보, 사이버 커뮤니케이션학회. 51p.

신준옥(2013). 장애인 활동지원 서비스가 가족 부양부담에 미치는 영향. 성결대학교 대학원

심수명(2005). 한국 기혼여성의 우울증 역학 분석 및 치료 전략 연구. 한국기독교상담학회지, 10, 53-87.

안창현, 김진이(2008). 부부의 자아존중감 의사소통 및 가족 응집성 적응성과 갈등 대처방식 간의 관계. 한국가족치료학회지, 16(2), 95-114.

양미선, 조복희(2001). 영아기 자녀를 둔 어머니의 산후우울과 양육스트레스의 관계. 생활과학논집, 5(1), 48-87.

연은모, 윤해옥, 최효식(2015). 부부갈등, 양육스트레스, 우울간의 종단적 관계-자기회귀교차지연모형

의 적용. 한국영유아보육학, 93, 1-29.

우근희(2011). 대학생의 성지식, 성태도 및 성행동에 관한연구. 공주대학교 대학원 석사학위논문.

유가효(2007). 해방이후 혼전교제와 배우자선택과정의 변화. 한국학논집, 34권, 319-346.

유계숙(2005). 성의 의미와 성관계의 동기에 대한 대학생의 인식. 대한가정학회지, 43(4), 125-139.

윤덕경, 이미정, 천재영, 차인순, 윤정아(2015). 여성폭력 피해자 보호·지원의 통합적 운영을 위한 법제 정비방안 연구. 한국여성정책연구원, 166p.

윤정숙, 송원역 (2017). 노인학대행위자 상담 · 교육 커리큘럼 개발. 중앙노인보호전문기관 연구 용역 보고서.

윤혜진(2008). 아동학대에 대한 보육교사의 역할에 관한 연구: 수도권 지역 보육교사들의 인식을 중심으로. 경희대학교 행정대학원 석사학위논문.

이경숙, 박진아, 이미리, 신유림(2013). 한국판 부모자녀관계 척도(Korean-Parenting Relationship Questionnaire -Preschool; K-PRQ-P) 신뢰도 및 타당도 연구. 한국심리학회 한국심리학회지: 여성, 18(3), 441-458.

이경희(1998). 부인이 지각한 갈등과 친감에 따른 부부관계 유형. 서울대학교 일반대학원 박사학위논문.

이명훈(2016). 공업계 고등학생들의 회복탄력성, 전공만족도, 취업준비도간의 구조적 관계. 대한공업교육학회, 41(1), 44-45.

이옥희(2011). 남편의 심리적 폭력이 아내의 우울 및 심리적 안녕감에 미치는 영향: 인지요인을 매개변인으로. 대구대학교 일반대학원 박사학위논문.

이윤주, 김진숙(2012). 영유아기 자녀를 둔 기혼여성의 양육 스트레스와 우울의 관계: 자아존중감 안정성의 조절 효과와 매개효과. 상담학연구, 13(5), 2229-2249.

이인숙(2002). 기혼여성의 우울과 배우자 지지. 여성건강간호 학회지, 8(4), 482-493.

이제영, 이경숙, 정유경, 신의진(2011). 산후 우울 성향 어머니와 6-8개월 영아의 상호작용분석. 아동학회지, 32(3), 203-220.

이현지, 박석돈(2003). 가출 여성 청소년들의 삶과 사회적 환경에 관한 연구. 청소년학연구, 10(3), 1-20.

장덕희(2001). 가정폭력 경험자녀의 적응을 위한 사회복지실천 개입방안에 관한 연구. 대구대학교 대학원 박사학위논문

장현섭(1993). 한국사회는 핵가족화하고 있는가: 가족정책의 발전을 위한 기초연구. 한국사회학회 사회학대회 논문집, 191-195.

장혜경, 민가영(2002). 재혼가족의 적응실태와 지원방안에 관한 연구. 한국여성개발원.

장희순(2013). 아동의 신체적 학대경험과 반응적 공격성과의 관계에서 의도적 통제와 사회 정보처리의 매개효과. 이화여자대학교 대학원 박사학위논문.

전수미(2014). 회복패러다임에 근거한 알코올 의존 회복척도 개발. 가톨릭대학교 대학원 박사학위논문.

정유림, 정성화, 한삼성(2018). 기혼 여성의 남편지지와 우울과의 관련성: 결혼행복감을 매개로. 한국

콘텐츠학회논문지, 18(12), 263-271.

조미숙, 이윤로(1999). 아내구타가정과 아동의 적응: 연구 논점과 과제. 한국가족복지학, 3.

조아미(2000). 청소년의 성에 대한 태도유형과 교육적 시사점. 청소년정책 전문연구Ⅱ. 한국청소년개발원.

조아미, 오부운(2002). 부모교육 프로그램이 참가자의 자녀양육 태도 및 자녀의 심리에 미치는 영향. 여성가족생활연구, 6, 135-160.

조형숙, 김지혜, 김태인(2008). 영유아기 자녀를 둔 아버지가 추구하는 아버지상에 대한 연구. 유아교육학논집, 12(1), 239-264.

최규련(1993). 맞벌이부부의 결혼만족도와 우울증에 관한 연 구-학동기자녀를 둔 맞벌이부부를 중심으로. 대한가정학회지, 31(1), 61-84.

최규련(1995). 가족체계의 기능성, 부부간 갈등 및 대처방안 과 부부의 심리적 적응과의 관계. 대한가정학회지, 33(6), 99-113.

최상진(2000). 한국 문화심리학의 이론과 실제. 한국심리학회지: 문화 및 사회문제, 6(3), 25-40.

최상진, 류승화(1995). 우리나라 부모의 자녀에 대한 영향력 원천 탐색. 중앙대학교 사회과학연구소: 사회과학연구, 8, 85-111.

최성희(2001). 기혼여성의 성역할 정체감과 우울과의 관계. 가톨릭대학교 일반대학원 석사학위논문.

통계청(2013). 한국의 사회 동향.

통계청(2015). 가족실태조사보고서.

통계청(2019). 2018 인구주택 총 조사 집계자료.

통계청(2020). 2019 혼인 이혼 통계.

한경순, 함미영(2000) 일개 대학 대학생들의 성지식, 태도 및 경험에 관한 조사 연구. 한국간호교육학회, 6(1), 115-131.

한국보건사회연구원(2019). 전국 출산력 및 가족보건・복지 실태조사.

한미영(2003). 단주자조모임에 참여하는 알코올중독자의 지각된 가족지지와 희망과의 관계연구. 이화여자대학교 석사학위논문.

허세희(2016). 청소년 방임과 또래애착간의 관계에 대한 자아탄력성의 매개효과: 비저소득 가구와 저소득 가구 비교 분석. 서울시립대학교 석사학위논문.

홍정애, 추진아, 김혜진, 박수연, 양화미, 유지현, 권오영(2016). 지역사회 취약계층 아동의 신체활동 관련요인. 한국간호과학회 학술대회, 한국간호과학회. p228.

홍창희(1997). 가정폭력과 여성의 정신건강. 여성연구논집, 8, 41-58. 부산여자대학교 여성 문제연구소.

http:/korea139.org/new_index/

kbs뉴스(2019. 10. 30.)

www.babynews.com, “미혼남녀 66.2% ‘연인과 혼전동거 찬성’” 2014.

yoonseul@newsis.com 2019. 11. 06.

경남 도민신문(2019. 05. 08.)

경인일보(2014. 04. 24.). 지켜주지 못해 미안해. "아동방임, 엄격한 미국… 느슨한 한국”

네이버 지식백과(2000. 10. 30.). 사회학사전. 고영복.

세계일보(2012. 04. 27.).

세계일보(2015. 12. 21.).

세계일보(2017. 09. 14.). ‘독박육아’부담에 사회와 단절・・・참극 부르는 주부 우울증.

에이블뉴스(2019. 10. 02.).

연합뉴스(2014. 10. 16.).

연합뉴스(2014. 10. 30.).

전북도민일보(2019. 09. 22.).

조선일보(2010. 07. 12.).

헤럴드경제신문(2019. 09. 21.).

외국문헌

A. A. Hane, C. Cheah, K. H. Rubin, & N. A. Fox(2008). The role of maternal behavior in the relation between shyness and social reticence in early childhood and social withdrawal in middle childhood. *Social Development, 17*(4).

Achenbach, T. M. (1991). *Manual for the child behavior checklist.* Burlington, VT: University of Vermont.

Afifi, T. O., Boman, J., Fleisher, W. and Sareen, J. (2009). The relationship between child abuse, parental divorce, and lifetime mental disorders and suicidality in a nationally representative adult sample. *Child Abuse & Neglect, 33*, 139-147.

Agresti, A. & B. Finlay(1997). *Statistical Methods for the Social Sciences*. Prentice Hall.

Ahn, G. Y. R. (2006). Research Review about Psycho-social Risk Markers related to Dating Violence. *The Korean Journal of Health Psychology, 11*(4), 709-726.

Akers, R, L. (1998). *Social Learning and Social Structure: A General Theory of Crime and Deviance.* Boston: Northeastern University Press.

Allen, J., Aber, J., & Leadbeater, B. (1990). Adolescent problem behaviors: The influence of attachment and autonomy. *Psychiatric clinics of Moth America, 13,* 455-467.

Allison, M. & Sabatelli, R. M. (1988). Differentiation and individuation as mediators of identity and intimacy in adolescence. *Journal of Adolescent Research, 3*, 1-6.

Anderson, C. A., & Hammen, C. L. (1993). Psychosocial outcomes of children of unipolar depressed, bipolar, medically ill, and normal women: a longitudinal study. *Journal of Consulting and Clinical Psychology, 61*(3), 448-454.

Anderson, S. A. & Sabatelli, R. M. (1992). The differentiation in the family system scales: DIFS. *American Journal of Family Therapy, 20*, 89-101.

Bachrach, C., M. J. Hindin, & E. Thomson(2000). The Changing Shape of Ties That Bind: An Overview and Synthesis. pp. 3-18 in L. Waite, C. Bachrach, M.J. Hindin, E. Thomson, and A. Thornton (eds.) *Ties That Bind: Perspectives on Marriage and Cohabitation.* Hawthorne, NY: Aldine.

Baek, W. H. (2010). The Experiences of Dating Violence and Perceptions of Dating Relationships in High School Students. *Korean Journal of Youth Studies, 17*(1), 1-32.

Barnett, O. W. (2000). hy battered women do not leave, part I: External inhibiting factors within society. *Trauma, Violence, and Abuse, 1,* 343-372.

Barnett, P. A., & Gotlib, I. H. (1990). Cognitive vulnerability to depressive symptoms among men and women. *Cognitive Therapy and Research, 14*(1), 47-61.

Bartle-Haring, S. & Sabatelli, R. A. (1998). An intergenerational examination of pattern of individual and family adjustment. *Journal of Marriage and the Family, 60,* 903-911.

Beach, S. R., Sandeen, E., & O'Leary, K. D. (1990). *Depression in marriage: A model for etiology and treatment.* New York: Guilford Press.

Beavers, W. R. (1977). *Psychotherapy and growth: A family systems perspective.* New York: Brunner/Mazel,

Beck, A. T. (1967). *Depression: Clinical, experimental, and theoretical aspects.* Philadelphia: University of Pennsylvania Press.

Beck, A. T. (1976). *Cognitive therapy and the emotional disorders.* New York: International Universities Press.

Beck, A. T. (1983). *Cognitive therapy of depression: New perspectives. Treatment of depression: Old controversies and new approaches*. New York: Raven press.

Beck, A. T. (1987). Cognitive models of depression. Journal of Cognitive. *Psychotherapy: An International Quarterly, 1,* 5-37.

Beck, A. T., Rush, A. J., & Shaw, B. F., & Emery, G. (1979). *Cognitive therapy of depression.* New York: Guilford.

Blehar, M. C., & Oren, D. A. (1997). Gender differences in depression. *Medscape Women's Health, 2*(2), 3-3.

Bowen, M. (1978). *Family therapy in clinical practice*. New York: Aronson, Inc.

Brodsky, B. S., Oquendo, M., Ellis, S. P., Haas, G. L., Malone, K. M., & Mann, J, J. (2001). he relationship of childhood abuse to impulsivity and suicidal behavior in adults with major depression. *The American Journal of Psychiatry, 158*(11), 1871-1877.

Bromfield, L. M., & Higgins, D. J. (2005). hronic and isolated maltreatment in a child protection sample. *Family Matters, 70*, 38-45.

Broucke, S. V., Vandereycken, W., & Vertommen, H. (1995). Marital intimacy: Conceptualization and assessment. *Clinical Psychology Review, 15*(3), 217-233.

Brown, G. W., & Harris, T. (1978). Social origins of depression: a reply. *Psychological Medicine, 8*(4), 577-588.

Bumpass, L. L. (1990) hat'happening to the family? Interactions between demographic and institutional change. *Demography, 27,* 483-498.

Bumpass, L. L. & Hsien Hen Lu(2000) rends in Cohabitation and Implications for Children. *Family Contexts in the United States Population Studies, 54,* 29-41.

Carnicael' mannul child Psychology, (3rd ed.). New York: John, Wiley & Sons. Sternberg,

Carole Sutton(2007). 사회복지와 심리학. [Social work, community work and psychology] (정명숙 역). 서울: 시그마프레스(원저출판: 1994년).

Casper, L. M. & S. Bianchi(2002). *Continuity and Change in the American Family.* Thousand Oaks, CA: Sage.

Cater, B, & McGoldrick, M. (1989). Overview: The changing family life cycle: A framework for family therapy: In B. Cater & McGoldrick,(eds), (pp. 3-28), Boston: Allyn & Bacon.

Cater, B, & McGoldrick, M. (1996). 가족생활주기와 가족치료. [Changing family life cycle : a framework for family therapy] (정문자 역). 서울: 중앙적성출파사(원저출판: 1989년 2판).

Cherlin, A, L. M. Burton, T. R. Hurt, & D. M. Purvin(2004). he Influence of Physical and Sexual Abuse on Marriage and Cohabitation. *American Sociological Review, 69*(6): 768-789.

Christensen, A. & Shenk, J. L. (1991). Communication, conflict, and psychological distance in nondistressed, clinical, and divorcing couples. *Journal of Consulting and Clinical Psychology, 59*, 458-463.

Cho, C. B., & Lee, H. (2013). The effect of physical child abuse on date violence in youths: Focusing on the mediating effect of aggression. *Studies on Korean Youth, 24*(4), 31-54.

Choi, E. (2016). Marital satisfaction and maternal depressive symptoms among mothers transitioning to parenthood. *Journal of Family Psychology, 30*(4), 516-521.

Choi, N. G., & Mayer, J. (2000). Elder Abuse, Neglect, and Exploitation. *Journal of Gerontological Social Work, 3*(2), 5-25.

Choi, Y. K., & Song, W. Y. (2014). The Effects of College Women' Domestic Violence Experiences on Dating Violence Exposure: Mediated Effect of Explicit and Implicit Gender Stereotypes. *Korean Journal of Woman Psychology, 19*(4), 433-446.

Coie, J. D., Watt, N. F., West, S. G., Hawkins, J. D., Asarnow, J. R., Markman, H. J., & Long, B. (1993). The science of prevention: A conceptual framework and some directions for a national research program. *American Psychologist, 48*(10), 1013-1022.

Cicchetti, D., & Rogosch, F. A. (1997). he role of self-organization in the promotion of resilience in maltreated children. *Development and Psychopathology, 9*(4): 797-815.

Cleminshaw, H., and J. Guidubaldi. (1980). Assessing Parent Satisfaction. pp. 1-23. Paper presented at the Annual Meeting of the National Council on Family Relations(Portland, OR) October: 22-25.

Costello, C. G. (1982). Social factors associated with depression: A retrospective community study. *Psychological Medicine, 12*, 329-340.

Cross-Barnet, C. and A. J. Cherlin(2008). ohabiting on the Edge: Living Together Apart. Paper presented at the annual meeting of the Population Association of America, New Orleans, LA. April 17-19.

D. H., Russell, C. S., & Sprenkle, D. H. (1983). Circumplex model of marital and family system: Theoretical update. *Family Process, 22*, 69-83.

Darling, N., & Steinberg, L. (1993). Parenting style as context: An integrative model. *Psychological Bulletin, 113*(3), 151-162.

Dalton, C., & Schneider, E. M. (201). *Baterd women and law.* New York: Foundation Pres.

DeLiema, M., Yonashiro-Cho, J., Gassoumis, Z. D., Yon, Y., & Conrad, K. (2017). Using latent class analysis to identify profiles of elder abuse perpetrators. *The Journals of Gerontology, Series B, 73*(5), e49 - e58.

Dienemann, J. E., Boyle, D., Baker, W., Resnick, N., and Campbell, J. (2000). ntimate partner abuse among women diagnosed with depression. *Issues in Mental Health Nursing, 21*(5): 499-513.

Dinkmeyer, D., and G. D. McKay. (1982). The Parent's Handbook: Systematic Training for Effective Parenting. American Guidance Service.

E. C. Klohnen(1996). Conceptual analysis and measurement of the construct of ego resiliency. *Journal of Personality and social psychology, 70*(5), 1067-1079.

Engler, B, (2006), *Persornality Theory: An Introduction*(7th ed.). Boston: Houghton Mifflin.

Eshleman. J. R. & Bukcroft, R. A. (2010). *The Family Boston.* MA: Allyn & Bacon.

Ethier, L., Lemelin, J. P., & Lacharite, C. (2004). longitudinal study of the effects of chronic maltreatment on children' behavioral and emotional problems. *Child Abuse and Neglect, 28*(12): 1265-1278.

Erich Fromm(2019). 사랑의 기술. [Art of loving] (황문수 역). 서울: 문예출판사(원저출판: 1996년).

Exner-Cortens, D., Eckenrode, J., & Rothman, E. (2013). Longitudinal associations between teen dating violence victimization and adverse health outcomes. *Pediatrics, 71,* 71-78.

Field, T., Healy, B. T., Goldstein, S., & Guthertz, M. (1990). Behavior-state matching and synchrony in mother-infant interactions of nondepressed versus depressed dyads. *Developmental Psychology, 26*(1), 7-14.

Finkel, E. J., Rusbult, C. E., Kumashiro, M. & Hannon, P. A. (2002). Dealing with betrayal in close relationships: Does commitment promote for giveness? *Journal of Personality and Social Psychology, 82*, 956-974.

Foshee, V. A., Bauman, K. E., Ennett, S. T., Suchindran, C., Benefield, T., & Linder, G. F. (2005). Assessing the effects of the dating violence prevention program "afe dates"using random coefficient regression modeling. *Prevention Science, 6*(24), 245-258.

Forrest, M. (1991). Family-of-Origin emotional health experiences as predictors of marital satisfaction. Unpublished doctoral dissertation. *University of Arkansas, Dissertation Abstract International-A, 53*(8), 2688.

Frederico, M., Jackson, A., & Black, C. (2008). Understanding the impact of abuse and neglect on children and young people referred to a therapeutic program. *Journal of Family Studies, 14*(2/3): 342-361.

Ganong. L. H, & Coleman, M. (2003). 재혼가족관계. [Remarried family relationships] (김종숙 역). 서울: 한국문화사(원저 출판: 1994년).

Geles, R. J., & Cornel, C. P. (1983). *International perspectives on family violence. Lexington.* KY: Lexington Boks.

Germain, C. B., & A. Gitterman(1995). Ecological Perspective. pp. 816-824. in *Encyclopedia of*

Social Work, edited by R. Edwards. Washington: NASW Press.

Giddens, A. (2000). *Runaway World: How Globalization is Reshaping Our Lives.* New York: Routledge.

Gilbert, R., Widom, S. C., Browne, K., Fergusson, D., Webb, E., & Janson, J. (2009). urden and consequences of child maltreatment in high-income countries. *The Lancet, 373*(9657): 68-81.

Glenn, N. D. & Kramer, K. B. (1987). The marriages and divorces of the children of divorces. *Journal of Marriage and the Family, 49*, 822-826.

Gordon, T. (1970). P. E. T.: Parent Effectiveness Training: A Preventive Program and its Effects on Families. pp. in Handbook on Parent Education, edited by M. Finn. New York: Academic Press.

Gotlib, I. H., & Colby, C. A. (1987). *Treatment of depression: An interpersonal systems approach.* Oxford: Pergamon Press.

Gottman, J. M. (1994). *What predicts divorce?: The relationship between marital processes and marital outcomes*. Hillsdale: Erlbaum. Gottman.

Grace, S. L., Evindar, A., & Stewart, D. E. (2003). The effect of postpartum depression on child cognitive development and behavior: a review and critical analysis of the literature. *Archives of Women' Mental Health, 6*(4), 263-274.

Harkness, S., & Super, C. M. (2002). Culture and parenting. *Handbook of Parenting, 2*(2), 253-280.

Harrington, R., Fudge, H., Putter, M., Pickles, A., & Hill, J. (1990). Adult outcomes of children and adolescent depression. *Archives of General Psychiatry, 47*, 465-473.

Havighust, R. J. (1972). *Development tasks and education*(3rd ed.). New York: David Makay.

Hendrick, C., & Hendrick, S. (1986). A theory and method of love. *Journal of Personality and Social Psychology, 50*(2), 391-402.

Hoffman,.L. W. (1960), Effects of the employment of mothers on parental power relations in the devision of household tasks. *Maring and Family Living, 22*. 27-35.

J. A. Seltzer(2004). ohabitation in the United States and Britain: Demography, Kinship, and the Future. *Journal of Marriage and Family, 66*(November), 921-928.

Jackson, S. L. (2014). All elder abuse perpetrators are not alike: The heterogeneity of elder abuse perpetrators and implications for intervention. *International Journal of Of ender Therapy and Comparative Criminology, 60,* 265-285.

Johnsen, J. A., Biegel, D. E., & Shafran, R. (2000). Concept mapping in mental health: Uses and adaptations. *Evaluation and Program Planning, 23*(1), 67-75.

Jung, H. Y., & Min, H. S. (2013). Development & Evaluation of Web-Based Dating Violence

Prevention Program for Middle School Students.

Jung, S, Y., Lim, C. Y,. & Lee, M. S. (2011). The Effects of Prejudice on Dating Violence and the Mediating Effects of Violence Acceptability and Relationship Conflict. *Social Science Research Review, 27*(4), 127-151.

Kamimura, A., Nancy, C., Jenifer, T., Jeanie, A., & Lenora, M. (2014). Prevalence of intimate partner violence and its impact on health: Female and male patients using a fre clinic. *Journal Care Por Undersery, 25*(2), 731-745.

Kann, L., Kinchen, S., Shanklin, S. L., Flint, K. H., Hawkins, J., Harris, W. A., ... & Whittle, L. (2014). Youth risk behavior surveillance–United States, 2013. *Morbidity and Mortality Weekly Report: Surveillance Summaries, 63*, 1 - 168.

Kane, M., & Trochim, W. M. (2007). *Concept mapping for planning and evaluation* (pp.1-200). Thousand Oaks, CA: Sage Publications.

Kelley, M. L., & Tseng, H. M. (1992). Cultural differences in child rearing: A comparison of immigrant Chinese and Caucasian American mothers. *Journal of Cross-Cultural Psychology, 23*(4), 444-455.

Kerr, M. E. & Bowen, M. (1988). *Family evaluation.* New York: Norton. Kieclt-Glaser.

Kim, D. K. (2009). The Study of relationship between family violence and dating violence, and mediation effect of the acceptability of violence. *Korean Journal of Youth Studies, 16*(6), 135-159.

Kim, E. K., & Om, A. S. (2010). The Mediate Effect of Patriarchal Attitudes between Family Violence Witness and Dating Sexual Violence among College Students. *Korean Journal of Woman Psychology, 15*(4), 759-777.

Knowlton, J., D. D. Bryant, D. A. Collins, T. D. Noe, T. N. Strader, & M. Berbaum. (1998). Preventing and reducing alcohol and other drug use among high-risk youths by increasing family resilience. *social work, 43*(4): 297-308.

Kuppens, S., Laurent, L., Heyvaert, M., & Onghena, P. (2013). Associations between parental psychological control and relational aggression in children and adolescents: A multilevel and sequential meta-analysis. *Developmental Psychology,* 49(9), 1697 - 1712.

Leaper, J. C., & Aderson, K. J. (1997). Gender developmentand heterosexual romantic relatonship during adolescence. in Shulman, S.,& Collins, W. Longitudinal associations between teen dating violence victimization and adverse health outcomes. *Pediatrics, 131*(1), 71-78.

Lee, Yean Ju(2006). isk Factors in the Rapidly Rising Incidence of Divorce in Korea. *Asian*

Population Studies, 2(2): 113-132.

Lesthaeghe, R. (1995). he Second Demographic Transition in Western Countries: An Interpretation. pp. 17-62, In K.O. Mason & A. M. Jensen (eds.) *Gender and Family Change in Industrialized Countries.* Oxford, UK: Clarendon.

Lesthaeghe, R. (2007). econd Demographic Transition. In George Ritzer(ed.) The Blackwell Encyclopedia of Sociology. Blackwell Publishing M. B. Spencer, Social and cultural influence on school adjustment: The application of an identity-focused cultural ecological perspective. *Educational Psychologist, 34*: 43-57, 1999.

McGolddrick, M.. & Gerson, R. (1985). *Genograms in Family Assesment*(p. 155). New york: Norton & Company.

Mischel, W. (1970). A Sex-typing and socialization. In P. H. Mussen(Eds.). *Carnicael' mannul child Psychology*(3rd ed.). New York: John, Wiley & Sons.

Moss, B. & Schwebel, A. (1993). Marriage and romantic relationship. *Family Relations, 42,* 31-37.

Murdock, G. P. (1949). *Social structure.* New York: Macmillian.

Napier, A. (1988). *The fragile bond: In search on equal, intimate, and enduring marriage.* New York: Harper & Row.

Okagaki, L., & Sternberg, R. J. (1993). Parental beliefs and children's school performance. *Child Development, 64*(1), 36-56.

Oliver, J. M., & Baumgart, E. P. (1985). The Dysfunctional Attitude Scale: Psychometric properties and relation to depression in an unselected adult population. *Cognitive Therapy and Research, 9*(2), 161-167.

P. S. mock(2000). ohabitation in the United States: An Appraisal of Research Themes, Findings and Implications. *Annual Review of Sociology, 26*, 1-20.

Parker, G., & Brown, L. B. (1979). Repertoires of response to potential precipitants of depression. *Australian & New Zealand Journal of Psychiatry, 13*(4), 327-333.

Paulson, B. L., Truscott, D., & Stuart, J. (1999). Clients' perceptions of helpful experiences in counseling. *Journal of Counseling Psychology, 46*(3), 317.

Pleck, J. H., & Masciadrelli, B. P. (2004). Paternal involvement by US residential fathers: Levels, sources, and consequences. In M. E. Lamb (Ed.), *The Role of the Father in Child Development*(p. 222 - 71). John Wiley & Sons Inc.

Powell, D. R. (1984). Enhancing the effectiveness of parent education: An analysis of program assumptions. pp. 121-139. in *Current topics in early childhood education*, edited by L. Katz.

Norwwood, N. J.: Ablex.

Rabiner, D. J., O'Keeffe, J., & Brown, D. (2004). A Conceptual Framework of Financial Exploitation of Older Persons. J*ournal of Elder Abuse & Neglect, 16*(2): 53-73.

Raley, R. K. (2000). Recent trends and differentials in marriage and cohabitation: The United States. In L. Waite (Ed.), *The ties that bind: Perspectives on marriage and cohabitation* (pp. 19 - 39). New York, NY: Aldine de Gruyter.

Raley, R. K. (2001). Increasing fertility in cohabiting unions: Evidence for a second demographic transition in the United States? *Demography, 38,* 59-66.

Ramsey - Klawsnik , H. (2000). Elder abuse offenders : A typology. *Generations ,14*(2), 17-22.

Riger, S. (1999). Measuring subjectivities: "oncept mapping as a feminist research method: examining the community response to rape." *Psychology of Women Quarterly, 23*(1), 91-94.

Robert A. & Lewis Ph. D. A. ( ) Developmental Framework for the Analysis of Premarital Dyadic Formation, Family Process Volume11 Issue1, p. 17-48

Robert J. (1986). A triangular theory of love. *Psychological review, 93*(2): 119.

Rohner, R. P., & Pettengill, S. M. (1985). Perceived parental acceptance-rejection and parental control among Korean adolescents. *Child Development, 56*(2), 524-528.

S. S. Luthar, D. Cicchett, andi B. Becker(2000). The construct of resilience: A critical evaluation and guidelines for future work. *Child Development, 71*(3), 543-562.

Sanders, M. (1999). Triple P-positive Parenting Program: Towards an Empirically Validated Multilevel Parenting and Family Support Strategy for Prevention of Behavior and Emotional Problems in Children. *Clinical Child Family Psychology Review, 2*(2): 71-89.

Schaefer, E. S. (1965). A configurational analysis of children' reports of parent behavior. *Journal of Consulting psychology, 29*(6), 552-557.

Straus, M, A., & Geles, R, J. (190). Physical violence in American familes: Risk factors and adaptations to violence in 8,145 familes. New Brunswick, NJ: Transaction.

Sternberg, R. J. (1986). A triangular theory of love. *Psychological review, 93*(2) : 119.

Sternberg, R. J. (1988). Triangulating love. *The psychology of love,* 119-138

Sternberg, R. J. (1997). Construct validation of a triangular love scale. *European Journal of Social Psychology, 27*(3), 313-335.

The Journal of Korean Academic Society of Nursing Education, 19(4), 627-639.

Tueth, M. J. (2000). Exposing fnancial exploitation of impaired elderly persons. *The American Journal of Geriatric Psychiatry, 8,* 104-11.

Walace, H. (2005). *Family violence: Legal, medical and social perspectives*(4th ed.) New York: Pearson Education Inc.

Walsh, F. (1988). *Strengthening family resilience.* New York: Guilford.

Walsh, F. (1998). *Strengthening Family Resilience.* New York: The Guildford Press. Walsh, F. (2002). A Family Resilience Framework: Innovative Practice Applications. *Family Relations, 51*: 130-137.

Weissman, A. N., & Beck, A. T. (1978). Development and validation of the dysfunctional attitude Scale: A preliminary investigation. Paper presented at the Annual meeting of the American Educational Research Association, Toronto.

Werner-Wilson, R. J., Zimmerman, T. S., and Whalen, D. (2000). esilient response to battering. *Contemporary Family Therapy, 22*(2): 161-188.

Youth risk behavior surveillance—United States(2013). Morbidity and Mortality Weekly Report: Surveillance Summaries, 63(4), 1-168.

찾아보기

저자소개

▌윤 명 길

•서울 신학대학교 사회복지학과 졸업
•숭실 대학교 일반대학원 사회복지학과 졸업
•서울 신학대학교 일반대학원 사회복지학과 졸업 및 사회복지학박사
•America Evangelical University a doctor of counseling 상담학박사

[약력]
前 서부재가노인복지센터 시설장 역임
前 한국가출청소년쉼터협의회 사무국장 역임
前 한국요양보호사중앙회 기획본부장 역임
現 행복을 만드는 아카데미 연구소장
現 행복한 쉴터선교회 대표
現 열린 사이버대학교 사회복지학과 겸임교수
現 글로벌 사이버대학교 사회복지학과 겸임교수
現 나사렛대학교 사회복지학과 출강
現 동원대학교 사회복지학과 출강
現 KC대학교 사회복지학과 출강
現 극동대학교 사회복지학과 출강
現 명지전문대학교 사회복지학과 출강
現 인천대학교 기초교양학과 출강
現 경기과학기술대학교 기초교양학과 출강
現 열린 사이버대학교 평생교육원 사회복지학과 운영교수
現 남서울대학교 평생교육원 사회복지학과 운영교수

[주요저서]
신용불량자가 사회복지학박사가 되다(2020)
학대와 방임(2020)
사회복지기초(2018)
백세시대 부모교육(2017)
인성아이(2017)
사회복지사 1급수기출문제집(2017)
사회복지사 1급수험서(2016)

결혼과 가족

1판 1쇄 인쇄 — 2021년 1월 4일
1판 1쇄 발행 — 2021년 1월 8일

저　　자 - 윤명길
발 행 인 - 강철원
발 행 처 - 양성원
주　　소 - 경기도 파주시 검산로 173번길 29-20
전　　화 - 031-946-3861(代)
팩　　스 - 031-946-3864
이 메 일 - tnwpub@naver.com
홈페이지 - tnwpub.co.kr
출판등록 - 2015년 8월 31일 제 2015-000211 호

ISBN 979-11-6126-334-2

정가 18,000원